Reading the Past

阅读过去

考古学阐释的当代取向

Current Approaches to
Interpretation in Archaeology

〔英〕伊恩·霍德(Ian Hodder)〔美〕斯科特·赫特森(Scott Hutson)著

徐坚 译

著作权合同登记号:01-2015-6652

图书在版编目(CIP)数据

阅读过去:考古学阐释的当代取向/(英)伊恩·霍德,(美)斯科特·赫特森著;徐坚译.—北京:北京大学出版社,2020.5
ISBN 978-7-301-31030-4

Ⅰ.①阅… Ⅱ.①伊… ②斯… ③徐… Ⅲ.①考古学—研究 Ⅳ.①K85

中国版本图书馆 CIP 数据核字(2019)第 295699 号

Reading the Past Third Edition (ISBN 978-0-521-82132-2) by Ian Hodder and Scott Hutson, first published by Cambridge University Press 2003.
All rights reserved.
This simplified Chinese edition for the People's Republic of China is published by arrangement with the Cambridge University Press.
© Peking University Press 2020

This book is in copyright. No reproduction of any part may take place without the written permission of Cambridge University Press and Peking University Press.

This edition is for sale in the People's Republic of China (excluding Hong Kong SAR, Macau SAR and Taiwan Province) only.
此版本仅限在中华人民共和国(不包括香港、澳门特别行政区及台湾地区)销售。
Copies of this book sold without a Cambridge University Press sticker on the cover are unauthorized and illegal.
本书封面贴有 Cambridge University Press 防伪标签,无标签者不得销售。

书　　　名	阅读过去:考古学阐释的当代取向 YUEDU GUOQU: KAOGUXUE CHANSHI DE DANGDAI QUXIANG
著作责任者	〔英〕伊恩·霍德(Ian Hodder)　〔美〕斯科特·赫特森(Scott Hutson)著　徐坚译
责任编辑	张　晗
标准书号	ISBN 978-7-301-31030-4
出版发行	北京大学出版社
地　　　址	北京市海淀区成府路 205 号　100871
网　　　址	http://www.pup.cn　新浪微博:@北京大学出版社
电子信箱	pkuwsz@126.com
电　　　话	邮购部 010-62752015　发行部 010-62750672 编辑部 010-62767315
印　刷　者	北京中科印刷有限公司
经　销　者	新华书店 890 毫米×1240 毫米　32 开本　9.75 印张　224 千字 2020 年 5 月第 1 版　2021 年 9 月第 2 次印刷
定　　　价	58.00 元

未经许可,不得以任何方式复制或抄袭本书之部分或全部内容。
版权所有,侵权必究
举报电话:010-62752024　电子信箱:fd@pup.pku.edu.cn
图书如有印装质量问题,请与出版部联系,电话:010-62756370

哈瑞丝创作的街头公共艺术作品

目 录

第三版序 / i
第二版序 / iii
第一版序 / vii

第一章 问题 / 1
    文化意义和情境 / 2
    个人与施动者 / 6
    历史情境 / 11
    结 论 / 14

第二章 过程主义和系统方法 / 21
    文化的唯物主义方法？ / 24
    能动性 / 32
    历史和时间 / 33
    行为考古学 / 35
    评估和预测思想：认知过程主义考古学 / 37
    新进化主义考古学和思想 / 41
    结 论 / 43

第三章　结构主义、后结构主义和符号考古学　/ 47

形式分析和衍生语法　/ 50

结构主义分析　/ 54

评　论　/ 62

后结构主义　/ 69

验　证　/ 72

结论：结构主义考古学的重要性　/ 76

第四章　马克思主义和意识形态　/ 79

马克思主义考古学　/ 79

意识形态　/ 84

意识形态和权力：结论　/ 93

第五章　能动性和实践　/ 95

实践和结构化　/ 95

抵　抗　/ 101

能动性　/ 105

第六章　具现考古学　/ 112

物质性和可塑性　/ 113

从身体考古学到具现　/ 119

身体的界限　/ 128

结　论　/ 130

第七章　考古学与历史学　/ 133

长时段历史　/ 139

历史学理论与方法：柯林伍德　/ 154

若干范例 / 159
　　结　论 / 161

第八章　情境考古学　/ 165
　　意义和理解 / 166
　　考古学中的意义 / 171
　　阅读物质文化 / 176
　　情　境 / 179
　　相似和差异 / 182
　　变化的相关维度 / 192
　　情境的定义 / 196
　　阐释和描述 / 200
　　批判性诠释学 / 203
　　结　论 / 212

第九章　后过程主义考古学　/ 215
　　多样性和物质性 / 216
　　过程和结构 / 223
　　历史意义内容：思想和物质 / 224
　　考古学和社会 / 226
　　结　论 / 243

第十章　结论：作为考古学的考古学　/ 246
　　检验阐释 / 249
　　考古学及其显著地位 / 252

参考文献　/ 259

第三版序

本书再版时,我们就已决定做出大幅修改,删除和添加某些章节,彻底重写另外一些章节。读完1986年初版和少量修改的1991年再版后,我们确信,本书已经不能充分地讨论考古学中的当代理论了。由于时代瞬息万变,我们感到,如果试图从特定视角评估考古学理论,本书非得做根本性修订不可。考古学领域中,对后结构主义、能动性理论和新进化主义理论,以及诸如现象学的全新理论分支的讨论如雨后春笋般涌现。因此,本书不仅有必要覆盖和评估这些论争领域,也需要回应女权主义考古学(女权主义第三次浪潮)、历史学方法(如文化史)和话语符号理论(符号语言学、对话模型)等方面的变化和发展。本书篇幅变得更长,覆盖范围变得更广。一般意义上,它仍可胜任考古学理论的入门书籍。基于对意义、能动性和历史的认同,本书维持了鲜明立场,并以此为出发点,评述理论论争。

本书一直以各种各样的读者为念,我们设法重写,以便回应不同的利益群体。一方面,本书为考古学和人类学的本科学生而作,我们相信,它仍然提供了这个层面上相对短小精悍和易于理解的阐释。我们将继续为世界各地的学生提供大量范例。另一方面，本书试图通过特定视角对理论论争作出贡献，因此，它也与那些直接投身于理论研究的人们对话。

英文第三版封面图像

新版封面图像仍然出自梅格·哈瑞丝（Mags Harries）之手。《对话的艺术》看起来充满了模棱两可——它需要仔细阅读，而且可以用多种方式解读。这究竟是两个人之间的对话，还是与像巨石阵一样，将言辞藏在石头里的纪念碑的对话？过去——藏在石头里的言辞——可以被阅读吗？阅读如同对话一样吗？画面上人物虽很渺小，但他们站在那里，试图解决这个问题。而在本书中，我们也在试图解决如何释读从遥远的过去存留至今的纪念物和器物的问题。我们力争对这场对话有所贡献。

我们感谢剑桥大学出版社对本书始终不辍的信任。赫特森（Scott Hutson）希望感谢有助于形成本书部分观点的拜罗·哈曼（Byron Hamann）、亚瑟·乔依斯（Arthur Joyce）、萝丝玛丽·乔依斯（Rosemary Joyce）和丽莎·斯蒂文森（Lisa Stevenson）。

第二版序

本书第一版撰就之时,后过程主义方法尚未成气候,因此,它不过是动荡之世的个人孔见。它是我在黑暗之中的沉思。从那以后,很多著作(特别是 Shanks and Tilley 1987a, 1987b; Leone and Potter 1988; Gero and Conkey 1990; Tilley 1990a, 1990b; Bapty and Yates 1990)以及涉及过程主义考古学的评论(如《挪威考古学评论》[*Norwegian Archaeological Review*, 1989] 收入的讨论及 Watson 1986, Earle and Preucel 1987, Preucel 1990)陆续发表,因此,本书有待更新,我的观点也要与时俱进。

本书仍然未能展现出统一的后过程主义立场,因为理论考古学中众说纷纭。起初,只是为了批判过程主义方法,后过程主义考古学才凝聚在一起。现在,这种批判已经大获全胜,后过程主义考古学家将更多地转向重建过去。在这个过程中,差异日益明显,但是,不同视角也给学科带来无限生机。尽管数种实质性的关于过去的后过程主义阐释呼之欲出(Hodder 1990a; Tilley 1990b),但依然相对稀缺。随着更多工作的完成,差异和争论将成为焦点。

20 世纪 80 年代,考古学中逐渐出现通过权力和控制、历史和性别等,阐释过去的文化意义的研究。考古学因而参与到人文和社会科学的更广泛的变革之中。正如崔格尔（Trigger 1989：776）指出的，"80年代，人类学和其他社会科学中出现了对行为复杂性的认知的复兴，以及对个性、特例和偶然性的兴趣的增长"。考古学投身到新的情境主义中。90年代，这种趋势持续发酵（Watson 1986）。然而，我们并没有完全摆脱扎根于过程主义考古学写作的"庞大的、盘根错节的和多重系统的怪物"（Ingold 1986）的控制。隔靴搔痒、玩弄数据的方法的诱惑首先带来灾难，继之以混乱的理论。得到科学资助的考古学非但没有带来与科学的成果丰硕的结合（参见第九章），反而将考古学推入狭隘的科学主义。这种趋势日益遭到科学、人文主义和批判理论相结合，生机勃勃而多姿多彩的理论立场和社会参与的有力回击。

英文第二版封面

人们常常询问我封面和扉页上图片的意义。也许，最好是按照第八章描述的方法，将图像留给多元阅读。我的个人意见只是为了开启意义，而不是终结它们。我对梅格·哈瑞丝作品的兴趣，部分原因已在第九章结尾部分提及，部分原因则非常肤浅，就像嵌入人行道的报纸一样——"阅读过去"的双关语。器物历久不变地散布在人行道上，看起来正是被带入现在，复活起来的考古学的贴切比喻。但是，真正令人思绪万千的是移动的双脚，就像哈瑞丝的作品中，栅栏招贴画下的脚一样，踩在石头和泥土中，流露出不确定和转型。考古学家的靴子、泥土之脚，常常陷于过去的现实之中。那双脚将不留任何痕迹，还是靴子里会充满考古学家的个人气息和过去的意义呢？我希望，90年代的考古学家能够更全面和更有批判性地把握阐释问题，而本书就是我个人所尽的绵薄之力。

第一版序

从某种意义上讲,这样一本讨论形形色色关于过去的理论方法的书能最终写成,我自己都惊讶不已。在一篇重要的论文中,戴维·克拉克(Clarke 1973)提出,20 世纪六七十年代,随着拥有公认的程式、模型及理论的严谨科学方法的融入,考古学丧失了纯真。浅薄的玄想时代结束了。

考古学家常常自诩从事严谨的科学研究。事实上,我(Hodder 1981)已经提出,如果拒绝与关于过去的众多方法展开辩论和试验,考古学将永远无法企及成熟。如果死守实证主义、功能主义和系统理论,排斥非主流视角,与其他学科相比,考古学将走不出狭隘与过时。

近年来,非主流考古学涌现于欧洲(Renfrew 1982),现在,我们既可讨论马克思主义和结构主义考古学,亦可讨论过程性实证方法。当然,这些非主流方法早就存在于学科边缘,只是未能成为拥趸众多的显学。旧有的规范性和文化—历史学派至今余烬不减。尽管诸多进展以及陈旧的"新考古学"论争的松动都远未尽如人意,但考古学最终开始丧失纯真,通过更全面地参与更广泛的当代论争,走向成熟。本书目的就是把握论争的新精神,从独特视角作出贡献。

与此同时,在我看来,通过参与更广泛的论争,考古学非但不会与其他学科消融成一体,反而能更有效地自我界定为特色鲜明、成果丰硕的学科。论争将分辨出考古学与其他学科的异同。考古学既非"历史学",也非"人类学"。甚至,它既不是科学,也不是艺术。随着不断成熟,考古学才能宣称自己是独具贡献的学科。

考古学不再是"新"的,也不再是单一向度、步调统一的。它已经成熟到能够容忍多样性、争议性和不确定性。从大灾难理论到社会生态学,都可以用来研究考古学的过去。正是在这种冲击下,更持之有据的类型应运而生,它吐故纳新,创造出独特的考古学探索。

对于任何人而言,掌握这门学科中业已出现的各种方法都非易事,本书也以此作为自身不足的借口。特别是,这种困难导致本书对生态学和古经济学方法讨论不足。第二章讨论了与系统理论相关的生态学方法,如需了解更广泛的讨论,建议读者参考贝利(Bailey 1983)和巴泽尔(Butzer 1982)的精彩阐述。我必须采纳观察考古学的独特视角。这已在第一章中勾勒出来,就是关注文化意义的本质,关注物质文化是充满意义地建构的。尽管生态学模式有助于相关论争,但是,这个领域的主要工作并不在本书范畴之内。

本书的撰就受益于众多研究者的阐释之功,我已试图在书中把握和总结其中一部分。对于他们的启发,我深表感激,同时,也为理解有限而提前致歉。我相信，我对他们的著述的批评也会得到充分回应。

书中若干观点曾经在整整一代剑桥大学本科学生中传播，而书稿最初成于1984年春季纽约州立大学宾汉顿校区的研究生讨论课上。参加讨论课的师生们积极、充满批判精神而又乐于贡献。本书因此受益良多。书稿最先向他们展示，由于他们的热情而成形。谢谢他们，特别是给予我机会和鼓励的梅格（Meg）。

1985年，我在巴黎第一大学担任访问教授期间完成本书定稿。师友间的意气相投和真知灼见对定稿的形成具有不可估量的贡献。我要特别感谢赛伽·克罗苏（Serge Cleuziou）、安尼克·科黛（Anick Coudart）、让-保罗·德莫尔（Jean-Paul Demoule）、麦克·依雷（Mike Illet）、皮埃尔·勒莫涅（Pierre Lemonnier）和阿兰·施奈普（Alain Schnapp）。

第一章　问题

　　许多人日益意识到，20世纪60年代和70年代早期的所谓新考古学是有缺陷的。尽管从诞生伊始，新考古学就遭遇抵制，但是，直到30年前，才出现实质性的认识论批判传统（Bayard 1969；Kushner 1970；Levin 1973；Morgan 1973；Tuggle *et al.* 1972）。然而，在缺陷的本质和范围上，尚未达成共识。可以说，新考古学试图融入诸如人类学和自然科学等领域，但却抑制了考古学自身的发展。事实上，人类学中，曾经激发新考古学家的唯物主义、新进化论方法已经让位于阐释、象征主义和结构主义方法。尽管克拉克坚持"考古学就是作为考古学的考古学"（Clarke 1968），他本人建立在从统计学、地理学和信息科学输入的概念基础之上的研究方法并没有衍生出生机勃勃、特色鲜明的考古学。

　　尽管新考古学在方法论上贡献良多，如果期待恰当的考古学讨论的话，仍然有必要重新发现新考古学时代之前的核心关怀。当然，传统方法自有缺陷，亦待解决。但是，无须像新考古学排斥"规范"考古学一样，全盘否定传统取向（Flannery 1967；Binford 1962，1965）。

我们的方法基本出自《象征符号实践》(*Symbols in Action*) 的民族考古学田野工作（Hodder 1982a）。在此类工作基础之上发展而来的三个主要观点都能在新考古学之前的考古学中找到类似表述，就是（1）物质文化是有意义地建构的，（2）能动性必须成为物质文化和社会变迁理论的一部分，（3）尽管考古学独立存在，但与历史学关联最密切。我们希望称之为三个"问题"。

文化意义和情境

施斐尔（Schiffer 1976，1987）已经指出，文化转型影响了物质遗存和制造它们的人类行为之间的关系。《象征符号实践》进一步阐发了施斐尔定义的"文化转型"（c-transforms）的重要性。

乍看起来，这种认识对作为通则性科学领域的考古学并无威胁。施斐尔展示了人们如何总结文化转型。比如，随着一个遗址的使用年限和频率增加，就有更多组织和次生活动将垃圾移至活动区域之外。而霍德（I. Hodder）对巴林戈（Baringo）的研究却非常清楚地证明，物质文化常常不是人类行为的直接映像，而是它的转型结果。

比如，此前有人提出，随着人们交流渐趋频繁，器物之间的风格相似程度将有所提升。但事实上，在巴林戈不同族群之间的边界地区，人们的交流越频繁，器物风格的相似程度越低。这些现象也能被新考古学勉强解释为这样的"法则"：物质文化的区分程度与族群之间的相互排斥程度相关（Hodder 1979）。当族群竞争加剧时，两者之间的物质文化边界就更加明显。

另一个证明物质文化不是人类行为简单或直接映像的案例是墓葬。宾福德提出，葬礼仪式的复杂程度和社会组织的复杂程度之间存在关联（Binford 1971）。但是，通过对剑桥现代和晚近的墓葬实践的研究，皮尔森精妙地说明，这些通则无法解释墓葬和人类之间的文化转型关系（Pearson 1982）。即使在当今高度分化的剑桥社会，人们仍会采用"平等主义"方式埋葬逝者。

然而，这些工作并不必然导致对新考古学的致命一击。可能有人会提出法规式通则，解释为什么不同社会的墓葬习俗的表达方式千差万别。比如在高度等级化社会的发展初期，墓葬中的社会身份常常被夸大和"自然化"，而到较晚阶段，各类墓葬的社会等级都"隐匿"起来。

在墓葬实践的案例中，此类通则缺乏说服力，物质文化是人类社会的非直接映像的认识变得日益清晰。而且，如果我们认同物质文化是能动的（正如随后将辨明的那样，这种认识的基础非常坚实），则"映像"一词就错误地表述了物质文化和社会之间的关系。相反，在历史性和文化性上，特定的观念、信仰和意义组合中，物质文化和社会相辅相成。因此，墓葬和社会的关系取决于对死亡的态度。

文化边界和垃圾埋藏大体同理。特定的器物类型是否标明族群边界取决于那个社会的人们对不同器物的观念，以及什么器物适合作为族群标志物的观念。垃圾和社会组织的关系取决于人们的污秽观。因此,即使是短期营地,垃圾也可能井然有序,而长期聚落的垃圾可能堆积到令今天的我们深感厌恶和不洁的程度。

看起来,由于所有的物质文化都被视为有意义地建构的,关于物质文化的文化态度和意义重创了新考古学的通则化目标。如果所有物质文化都拥有影响人和物之间关系的象征性维度的话,则无论经济考古学还是社会考古学,就都牵涉进来,概莫能外。

于是,问题不再是"我们如何研究过去的象征意义",而是"我们如何从事考古学研究"。新考古学中,阐释过去的方法论一度是"坚实"而普适的。简单地说,任何人都可以将物质文化模式与人类模式对应起来,通过在物质文化模式上运用通则和中程理论"阅读"人类模式。最终,物质文化被视为适应物质性和社会性环境的产物。因此,如果有人一直追问为何形成物质文化模式,他就会被带回到物质遗存的问题。通过这样的"化约论"方法,我们就可以预测任何环境性情境中物质文化的意义和反映的内容。

但是,如果表明文化是有意义地建构的,就势必最终宣称文化的各个侧面是"不可化约的"。如同我们即将看到的一样,在部分意义上,物质文化和人类组织之间的关系是社会性的。它依赖于一系列文化态度,这既不可从环境中预测,也不能化约到环境。文化关系不是任何外在存在的产物。它们就是自身存在的理由。考古学家的任务就是阐释文化中不可化约的成分,使隐藏在物质证据之后的社会能够被"阅读"。

我们如何进行"阅读"?人们常常声称,物质是无声的,它们不能说话，那又如何理解它们呢？来自过去的器物当然不能自言。当面对来自尚不知晓的文化的器物时，考古学家常常难以提出阐释。但是，仅仅讨论孤立的器物绝不是考古学。考古学关注处于地层和其他情境（如房屋、遗址、灰坑和墓葬）中的器物，这样，它们的年代和意义才能得到阐释。

如果知晓情境，器物就不再是完全沉默的了。情境提供了意义的线索。墓葬中遗骸颈部周围发现的器物被解释为项链，在精致的非居址情境中发现的器物被当作礼器。当然，我们不能宣称，只要在情境之中，器物就能表现出文化意义，但至少不是完全沉默的。对意义的阐释受制于对情境的阐释。

在《象征符号实践》中，对情境的强调引发了对墓葬、风格、交换、垃圾遗存、居址组织的讨论。所有这些物质文化领域都可以被视为各不相同的情境。不同的情境中，器物意味不同，但是，器物在一个领域中的意义可能以某种扭曲的方式与另一个领域中的意义相关。对考古记录的"阅读"必须考虑这种文化转型。

这个观点引起若干疑问。第一，什么是情境？情境本身需要在资料中进行阐释，情境的定义值得讨论。墓地中发现的特定的器物类型的情境究竟是身体局部、墓葬、墓葬群、墓地、地区，还是其他？我们如何界定情境的边界？

第二，即使假设我们可以从情境组合和异同中建构意义，这是否就是人们头脑中的文化意义？很多文化意义是无意识的。我们几乎不能意识到导致我们为特定场合选择适宜服饰的全部原因。我们是否有必要了解人们头脑中有意识和潜意识的意义，或者这些文化规则和实践是否可以从外部观察呢？我们是否可以仅仅描述一个社会的无意识文化法则，还是必须把握人们对这些法则的认知呢？比如，是否可以认定，在特定文化传统中，墓葬多样性与社会多样性相关，或者墓葬是通过文化或自然转型组织起来的，抑或我们需要了解人们对死亡的态度，获取"内在观念"？

这样，就触及第三个问题。我们能够在多大的程度上对人们头脑中的观念提出通则？一些关于结构性对立、关联、近同、情境与意义等关系的通则被用于阐释过去和今天的世界。甚至意义来自情境关联的观念也是一个通则理论。这种通则在多大的程度上有效？进一步说，考古学的目的是什么？是不是提供通则？如果我们说意义取决于情境，那么我们所能做的就是独立地理解每种文化情境，视之为文化处置和实践的独特组合。我们不能将一种文化的通则推广到另一种文化。即使我们需要利用一些通则观念阐释过去，本质上，它们只是尝试性的，而不是科学探索的焦点。我们在多大程度上能对独特的文化情境进行通则性总结？我们为什么需要通则总结？

这些问题也与《象征符号实践》提出的第二个问题相关。

个人与施动者

物质文化并不自然而然地存在，它由人创造，它因特定目的而生。因此，它不会被动地反映社会——相反，它通过社会施动者的行动创造社会。

能动性问题来源于一个更古老的话题——个人在社会中的地位。一方面，我们知道多恩（John Donne）的名言"没有谁是座孤岛，人人都是大陆一支，整体一叶"，我们认同并强调，有必要考察社会如何影响个人。但是，多恩的观点最终表明，对于人类历史潮流而言，个人是无关紧要的。另一方面，古典利己主义者密尔（J. S. Mill）说，"即使集合在一起，人也不会转变为其他形式的存在"。

新考古学认为，能动性的可能性落在社会理论之外，因而对这个问题避而不谈。正如弗莱纳利（Flannery 1967）指出的，研究目的不是探求器物之后的每个印第安人，而是印第安人和器物背后的系统。考古学中的过程主义学派指出，本质上，系统是基础性的，文化和个人都无力扭转。这是走向决定论的潮流——旨在发现决定性因果关系的理论建构。放弃文化信仰的观念，就近同于放弃能动性的观念。在考古学证据中，文化信仰和能动性都是毋庸置疑，不可预测，也不能进行通则化总结的。

20世纪80年代，一些作者反对新考古学的决定论趋势（Hodder 1986；Shank and Tilley 1987a，b）。然而，在热情洋溢地重建结构和能动性之间关系时，有的作者不加批判地建立起一种特殊的能动性形式，仅仅赋权予某种施动者，即个人。批判和哲学思辨都显示，"个人"是非常晚近的建构，与西方现代性的发展密切相关（Foucault 1970；Handsman and Leone 1989）。其他文化或者其他时代的人们可能以迥异于我们自身社会的方式建构个人，这意味着，能动性的概念不应该局限于"个人"。

强调社会理论中的能动性并不意味我们需要确认"伟大的男性"或者"伟大的女性"；但是，每件考古学器物都是具体的个人（或者群体），而不是社会系统生产的。每个陶罐都是由具体的行为者制成特定形态，绘制特定图案的。因此，考古学敏锐地提出能动性和社会的关系问题。什么是具体的陶罐和整体的社会之间的关系呢？

新考古学中，这个核心问题被一带而过。每个陶罐仅被当成社会—文化系统的被动映像进行研究。考古学观察每个陶罐、每件器物如何对整体性系统发挥功能。比如，陶罐反映身份，因此有助于规范系统中能量和资源的流动。此外，系统被认为是"长时段"发展而来的。因此，对于系统的长期延续而言，对整体性系统无甚裨益的个案是无关紧要的，在考古材料中也难觅踪影。

这两个观念——整体性适应系统和长时段——导致考古学理论对个体的排斥。结果，物质文化成为社会系统的被动映像。不管施动者在制作陶罐时有什么想法，唯一重要的是陶罐如何在社会系统中发挥功能。个人如何使用器物就变得无足轻重。

《象征符号实践》的民族志工作揭示出这种观点的不足。比如，在罗兹（Lozi）村落中，陶器之间的近似并不被动地反映学习网络和交往频率。陶器风格反而被用来创造村落中的社会差异和忠诚，它与生俱来地拥有能动地位。同样，在肯尼亚的巴林戈，有些器物标明了社会边界，不过矛却不在其列。这是因为矛头的风格被年轻人用来对抗年长者的权威，它们也扮演了非常活跃的角色。

过程主义考古学容易接受物质文化可以反作用和影响生产它的社会和行为的观点（Rathje 1978：52）。特别是，城镇布局和房屋建筑明确表达和影响了随后的行为。然而，物质文化不能独立行动：如果"反作用"于社会，它必须遵循社会的意义框架。物质文化作用于人们的方式是社会性的，行为只能存在于由信仰、概念和意图构成的社会框架之中。

物质文化及其相关意义构成社会策略的一部分。施动者并不是简单地按照预定的角色或脚本行事。否则，就无需能动地运用物质文化，协调社会立场和创造社会变迁了。我们不是游戏中由系统决定的行尸走肉，相反，我们运用包括物质文化的象征意义在内的各种方法，创造全新角色，重新定义现存角色，以及否定其他角色的存在。

可能有人指出，过程主义考古学也关注个体多样性。归根结底，它不是从不反对规范方法，而强调环境性适应行为的重要性吗？本书将详尽讨论过程主义考古学是否摆脱了规范性立场。现在，有必要厘清考古学中"规范"的若干含义。第一，它常常指文化—历史方法。在这个情境中，它有时带有贬义；它指描述式文化史。这不是本书打算使用的含义。第二，"规范"指文化由一系列共享信仰构成。有时，这个概念的使用表明共享观念（规范）掩盖了局势多样性。第三，"规范"包含了约定俗成的成分——暗示什么是该做的。在这个意义中，规范指行为规则。当然，我们可以批评规范方法（第一种意义），而对第二和第三种定义的规范情有独衷。但是后两者都不认同个人足以胜任社会行为者的角色。本书需要对这种规范性立场提出更具通则性的批评。

重新强调考古学阐释的能动性时，我们的用意不是辩争史前时代的变化是"自由意愿"的结果，或者历史上的特定个人有可能，也理当被确认出来。相反，我们的目标是将意义和能动性融入考古学理论中。我们对过去的解释需要与文化意义、意图和愿望相结合。社会并不具有目的性（Shanks and Tilley 1987：124），但是每个施动者却有。当然，我们可以指出，尽管愿望、意义和意图早已在历史轨迹中形成，但是能动性观念允许在具体的环境中，个人拥有改变结构的能力。主体操控物质文化，令其成为资源和符号系统，以便创造和转换权力和统治之间的关系。我们认识到，具体环境中存在偶然情况，意义和控制的结构是逐步重构的，因此就规避了决定论（Giddens 1979；Bourdieu 1977）。约翰逊（Johnson 1989）对近期考古学写作中结构与能动性的辩证关系提出了建设性批评。他注意到，理论阐释尚未得到包含社会结构和人类能动性之间真正自反性关系的应用的支持（第五章将详述结构和能动性）。为了检验个体、有意义地建构的事件和长时段结构之间的关联，我们必须对多样性进行详尽的小尺度研究。约翰逊自己的案例来自历史考古学，并且构成更大潮流的小尺度历史研究的一部分（Ladurie 1980；Le Goff 1985；Duby 1980；参见第七章）。类似的小尺度方法论也适用于强调具体事件和长时段结构之间对抗的史前情境（Hodder 1987a, b）。

历史情境

对抗文化历史和规范考古学时,过程主义考古学家祈灵于人类学。新考古学在欧洲从未如同在美洲一样深入人心,究其原因,欧洲考古学在智识和(大学)管理上都与历史学,而不是人类学密切相关。美国的过程主义考古学中,全新的研究方法是跨文化的,通过与环境的关系观察系统,提出普适性判断。实际上,这就生成了没有时间的过去。虽然系统轨迹得到研究,但时间被切割成碎片,研究重心放在从类型 a 转变为类型 b(比如从游动的狩猎—采集者到定居农民)的跨文化规则上。

本章的讨论已经表明,超越琐碎层面的跨文化法则实际上并不存在。历史法则指在特定情境中经受得住时间考验的通则,那什么是历史法则的可能性呢?因为部分意义上,世界上的行为依靠观念,而观念是通过在每个人生于兹、长于兹的世界中的实践习得的。文化传统中可能存在长时段连续性,虽然它持续不断地协调及转型,但却是内在地生成的。考古学的目标之一就是确认是否存在这种长时段连续性,以及它们如何转型和变化。

此前,我们已经意识到,对文化意义的强调只是表明文化不可化约到物质效应。在解释为什么某种文化形式具有特定的意义和用途时,我们必须考察它以前的组合和情境,它的传播和序列。传播和文化延续是社会过程,预先存在的文化形式也影响了随后生成的文化形式。这是因为人类必须通过他们创造和长期生活的文化载体感知和行动。正如柴尔德（Childe 1936）所说，人创造传统，传统也创造人，——人类创造自身。

可能有人会认为，这样就存在新形式的化约论的危险。我们并非将文化行为化约成生存，而是采取以既往文化解释后继文化的无限回溯方式，一直可以追寻到旧石器时代文化中最初的石器。尽管并无必要走入如此的历史深度，但是，我们也绝无理由否定文化—历史工作的重要性。在决定打制最早的手斧时，一定存在人同此情，心同此理。只有考古学才能把握此中原委。我们探索某些观念的渊源时，绝不应该追溯到观念之外。文化形式应该是可创造的、特定的和不可化约的。

我们可能最终期待在遥远的过去中找到现代的创生的痕迹，但是，在如此漫长的时段上，意义转变也是显著的。更为常见的是，我们可以通过观察更为晚近的历史情境，获得对文化意义的充分洞察。

因此，考察事物从何而来就非常重要。这是传统考古学中文化历史的焦点。我们现在必须将文化特征的传播看成社会性、充满意义的过程；在其他或者原来的文化情境中的关联都会影响物件在新情境中的使用。正如常常宣称的那样，传播是解释性的，而非描述性的。

尽管我们强调文化意义，强调文化传统的继往开来与"推陈出新"（Hobsbawn and Ranger 1984），但并不认为，历史仅仅由观念结构构成，我们也不希望建立唯心主义历史学（参见21页和第七章）。环境性和技术性制约、社会生产关系都会引起变化。它们为社会转型提供了历史可能性，为变化提供了赖以存在的资源。物质与精神的分离最好被看成历史对话，充满意味地调用了物质资源及其关系，无论物质还是精神，都不拥有优先地位。

有人提出，考古学需要重申与历史学相结合的欧洲纽带，但是，了解考古学和历史学的差别也同样重要。如果历史学解释被界定为参考预先存在的情境和事件的话（一个简单而片面的描述，我们将在第七章予以讨论），考古学就是历史学的一部分。但是，考古学关注物质文化而非文献。纸上墨迹本身就是一种物质文化，从这些证据中探寻意义，与从物质中探寻意义别无二致。在这个意义上，历史学则成为考古学的一部分。如果我们能够辨识书写语言，文献就包含更多的情境信息，但是，推理过程仍然是赋予过去的物质世界以意义的方式之一。当然，即使文献可以被阅读，我们也不应该认为，相对于历史记录而言，考古材料是贫乏的。考虑到过去的识字率（常常比较低），文献仅仅记录了少数人的声音，这就赋予考古学家在揭示历史上弱势群体的行为上，优越甚至独特的地位（Deetz 1977）。

这种考古学方法在多个领域中风行一时。受到人我之别（无论他者是文化的、心理的，还是历史的）的意识的鼓励，包括弗洛伊德、福柯、拉康和本雅明在内的作者们都宣称皈依"考古学"，或者以考古学暗喻表明他们的方法（Shanks 2001）。

结 论

本书中，我们希望讨论第一章提出的问题。我们的目标就是通过明确文化意义、能动性和历史的重要性，迎接针对考古学的挑战。总而言之，我们可以发现，这种认识已经影响了考古学论争的三个主要方面，它们是（1）物质文化和社会的关系，——物质文化如何和人们联系在一起？（2）变化的动因，——什么导致社会、经济或者文化变化？（3）认识论和推理，——考古学家如何解释过去？

1. 行为—物质文化

行为和物质文化之间的关系常常被认为是考古学要解决的核心难题。起先，这些问题被局限在物质"文化"与"人群"的局部对应上（Childe 1951）。

过程主义考古学的贡献就是尝试系统地思考行为和物质文化的关系。在大多数早期著述中，核心主题是：行为→物质文化。物质文化是人类行为的被动副产品。这个观点可见于从母居假设（Longacre 1970）、人口和聚落区域关系理论（Naroll 1962）和风格与互动关系理论（Plog 1978）。如果能用于文化过程，宾福德建立中程理论的尝试（Binford 1983）就和施斐尔法则（Schiffer 1976）一样，重申了对物质文化和人类行为之间笃定而明确的关系的渴求。最近，如同我们已经提及的，跨文化方法（Rathje 1978）已经扩展到囊括物质文化反作用于社会的观念，形成双向关系：行为←→物质文化。

本书中，我们希望更进一步，提出行为和物质文化的关系取决于特定的文化—历史情境中的人类行为。

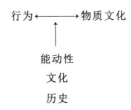

因此，行为和物质文化之间没有直接而普遍适用的跨文化关系。意义框架错综复杂，需要由考古学家阐释。即使研究主要关注经济和社会组织，而不是象征符号，也必须由准备像考古学家一样检视过去的人们承担。即使因为特定遗址野生动物骨骼比例甚高，我们推测该遗址的经济建立在狩猎多种野生动物基础之上，仍然需要提出若干针对动物、骨骼和垃圾的态度的假设。比如，我们需要假设，人们在遗址现场进食和抛弃食余垃圾（而不是在遗址以外进食和抛弃垃圾，将骨头扔到河里，或者焚成灰烬，无法在考古学中保存下来）。不论我们希望谈论什么人类行为，都需要假设文化意义。在第九章中，我们将讨论来自现象学和心理学的启示，即物质文化在建构文化、能动性和历史中起到至关重要的作用，作为主体存在的我们无法与包含我们的行为在内的物质世界清晰地分割开来。

2. 动因—效果

第二个主要研究领域是社会变化的动因。同样，通过引入系统、反馈链、多重效果和多重动因,由因及果的简单想法(比如,技术变化导致人口增殖)被因果之间的双向关系所替代。大部分当代考古学家都认同,社会变化的动因是复杂的,包括了众多不同的经济、社会和意识形态因素。最近有诸多尝试将这些因素组合成为复杂、互相关联的系统(第二章)。

但是,在这些工作中,在某种程度上,动因具有普适、可预测的效果的观念流行如故。另一方面,如果强调对动因的个性认知,就会衍生出不同观点。

以(有意或者无意的)事件、条件和结果为形式的动因,如果不通过人类认知和评估,就无法产生社会效应。因此,土地侵蚀可能成为人们放弃村落,四处逃离的动因。但土地侵蚀的事实本身并不能决定任何特定的回应,因为处理、规避或防止土地侵蚀的方法众多。土地侵蚀及其结果如何被认知,可能的反馈如何被评估,都取决于在特定的文化—历史情境中,土地侵蚀如何牵涉到不同的社会策略。

这意味着意识形态不仅仅在人类适应性中举足轻重,而且以多种方式发挥功能。在大多数对意识形态的考古学讨论中,信仰系统被看成适应系统的可预测的回应(第二章)。但是,本书提出,通过历史渠道建立起来的立场和实践的特定内容就是产生适应的媒介。因此，(社会性或物质性)动因并没有社会效应，而历史传统在与世界中的事件的关系中复制了自身。

3. 事实—理论

在早期发展阶段，考古学持经验主义立场，事实被认为是自言的——"让陶罐说话"。因此，18世纪英国考古学家霍尔（Colt Hoare）写到，我们以事实而不是理论说话。人们相信，只要和事实紧密联系，即使不是全部，至少部分事物有可能被确切知晓。正如我们随后所见，这是过程主义考古学崛起之前，考古学家持有的一整套复杂信念的简化版本（Wylie 1989a, b; 1993）。一般而言，推理可以用以下方式表示：资料→理论。

近期，另一种观点异军突起，认为资料的采集与理论相关。假设—演绎方法就包括从理论中推测各种结果，以资料检验结果。宾福德（Binford 1967）的烟熏坑范例就极好地说明了这个程式。伦福儒（Renfrew 1982）将理论和资料的关系描述为资料⟷理论。事实和理论相互对立，但也会因对方而改变（Wylie 1993）。

事实上，宾福德和萨波罗夫（Sabloff 1982）提出，理论和资料的关系非常密切，资料需在理论中予以观察，可被观察的资料实际上就是理论（按照宾福德和萨波罗夫的术语，可被观察的资料依赖于范式）。因此，上述所有方法都认为，真实世界独立于我们的观察之外，观察过程也越来越依赖于理论。如果只剩骨骼，别无他物，这将是我们无法观察的真实世界的事实。

后实证主义哲学提出的观察问题可以通过图1予以说明。在测量和比较这些物体之前,我们必须判断它们是什么。比如,我们要测量所有方盒的前视面时,究竟哪一面才是前视面?如果准备测量兔子耳朵的长度,我们首先要区分这究竟是兔子还是鸭子。

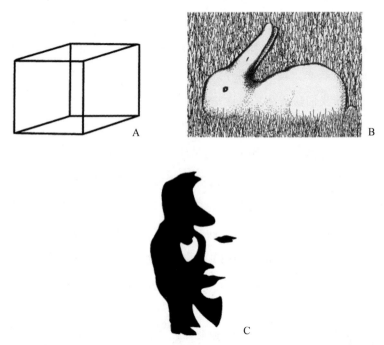

图1. 资料和理论的关系　A. 哪条线是盒子前面的边线? B. 这究竟是鸭子还是兔子? C. 你看到了一张面孔还是吹号的人? B和C出自罗杰·谢波德(Roger Shepard)的《思维信号》(*Mind Sights*)。罗杰·谢波德版权所有。复制得到Henry Holt and Company, LLC许可。

这些问题在史前艺术的研究中尤其尖锐,它们向所有的考古学提出了一个重要难题:在进行评估、统计、比较异同之前,我们必须先建构类别(陶罐的形式、情境、文化等等),这些类别都是在认知过程中形成的。

宾福德和萨波罗夫遵循的解决方案是借助中程理论（Binford and Sabloff 1992）。他们指出，物质文化和生产它们的社会之间的关系可以用独立的评估工具检验，这样我们就能"客观"检测范式。这个回答并不足取，因为（a）评估取决于认知和分类；而（b）事实上并不存在独立的评估工具，因为方法论本身也依赖于理论而存在。

尽管本书将提出，真实世界约束了我们对它的评估，但是同样清楚的是，"资料"的概念既包含真实世界，又包括与之相关的理论（参见第八章对客观主义和相对主义的讨论）。因此，在很大程度上，任何人信奉的关于过去的理论都依赖于他自身的社会和文化情境。崔格尔（Trigger 1980）、莱昂纳（Leone 1978）和其他学者（参见 Arnold 1990; Conkey 1997; Handsman and Leone 1989; Kohoe 1998; McCafferty and McCafferty 1994; Tilley 1989b）都极力证明，对过去的阐释的转变如何依赖于当下变化的社会和文化情境。社会中的人们在社会策略中使用过去。换言之，资料—理论关系在文化和历史情境中被认知和掌控。

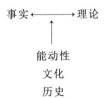

本书之末，我们希望反思，在认识到无法以资料"检验"理论，独立的评估工具并不存在，亦无关于过去的稳妥知识之后的

各种结果。在我们看来,大多数考古学家都在回避这样的问题,因为乍一看来,它们都是破坏性的:从诞生之初开始,考古学就被视为科学。现在,它的整体结构将遭到威胁。我们希望指出,如果考古学想要继续作为一门严谨的学科,如果考古学家还有社会担当的话,就需要直面这些问题。

第二章 过程主义和系统方法

第一章提出了问题：我们怎样从过去的物质遗存中探求文化意义？本章和随后诸章将讨论以此为目标的各种方法，旨在寻求一种能够充分考量历史和文化情境中的能动性的方法。

首先，我们有必要区分考古学家追随的两种主要方法，分别被称为唯物主义和唯心主义方法。我们将会发现，在不同的思想流派中，这些术语含义不同；因此，我们将尝试给它们临时但精确的定义。

根据科尔（Kohl 1981：89）的定义，唯物主义"将主要动因归之于社会行为，而不是思想、反思或者理由"。由于认为思想、反思和理由等"上层建筑"完全由构成社会"基础"的生产性经济行为决定，这种唯物主义被视为"庸俗"唯物主义。按照唯物主义理论，生产力和生产活动仅仅受到技术性和环境性限制的影响（关于其他形式的唯物主义，参见第四章）。这个定义需要扩充，将推理纳入到唯物主义方法中。本书中，我们将从人和环境之间的关系出发，探索文化意义的方法命名为唯物主义方法。在这个理论框架中，人们头脑中的想法可以从他们的经济、技术、社会和物质生产中推导出来。意识形态框架可以通过组织物质和能量的方式预测出来。

我们将认为人类行为中的某些因素无法通过物质基础预测，一定程度上来自人类思维或者文化的方法称为唯心主义。第一章中，我们指出，文化并不能完全化约为其他变量，在某种意义上，文化就是文化。在探寻过去的文化意义上，资源的社会性和物质性组织与文化观点和价值之间没有必然联系。

上述区分大体相当于格尔勒（Gellner 1982）提出的动因的"覆盖律"（covering law）和"流溢律"（emanationist）之别。前者将自身限定在经验世界之中，试图在类似经历、常规组合和可观察的法则中寻找因果关系。而后者则关注不可见的，通常是隐藏在表象之后或者与多种现象混为一体的内在本质。

本章中，我们将考察新近出现的复原过去的文化意义的方法，在我们看来，本质上，它们仍是唯物主义和"覆盖律"方法。由于宣称文化不是规范性，而是适应性过程，它们又都是"过程主义"。过程主义考古学是20世纪60、70年代新考古学派生出来的，衍生了诸如新进化主义、行为过程主义和认知过程主义考古学等分支。我们将评估这些方法如何探寻文化意义。首先，我们将关注过程主义考古学家的长期兴趣之一，即系统适应理论的应用。科尔（Kohl 1981:95）指出，唯物主义和系统分析之间没有必然联系。但是，实践中，系统分析常常是在可以预测的类似法则的基础之上，运用强调生态学和经济学的模型的载体。我们准备通过一些典型案例予以阐明。必须强调的是，之所以选择这些案例，是因为它们适用于理论框架。对它们的批评，并不代表对作者及其著述的批评，而仅限于他们采用的理论框架（其他个案参考 Conrad and Demarest 1984；Earle 1990；Jochim 1983；Braun and Plog 1982）。

特鲁皮特（Trubitt 2000）关于公元 12、13 世纪密西西比河谷卡合奇亚（Cahokia）的经济和社会的变化的文章是第一个案例，用来说明系统方法如何与包括礼制和纪念性建筑的观念子系统相结合。德玛拉斯等（Demarrais et al. 1996）也展示了长时段上，意识形态相对于其他子系统发生变化的方式。他们分别考察了丹麦泰（Thy）、秘鲁北部海湾的莫彻王国（Moche）和南美安第斯山脉的印加帝国从新石器时代到青铜时代酋邦的变化序列。

最近关于象征和风格的工作肇始于沃伯斯特（Wobst 1977）。这篇极富创见的力作讨论了风格和信息交换过程相互关联的方式。沃伯斯特将信息交换子系统与物质流和能量流联系起来。风格借助与其他变量的关系得到阐释，因此，我们将他的方法称为系统方法。

同样重要且影响广泛的是弗莱纳利和马库斯（Flannery and Marcus 1976）的文章。该文提出，长期以来，墨西哥的哈瓦卡（Oaxaca）峡谷中，意识形态在规范社会和经济子系统上发挥了作用。他们展现了萨巴特克人（Zapotec）的宇宙观如何被视为组织世界信息的方式。

文化的唯物主义方法?

表面上,晚近的两篇文章(Trubitt 2000; Demarrais et al. 1996)似乎挥手告别了早前的研究(Wobst 1977; Flannery and Marcus 1976)。早期研究认为风格、象征、意识形态和文化意义都具有适应性优势,而晚近的文章则更明确地关注政治行为者的策略。事实上,特鲁皮特推崇的"双向过程"方法就与新进化论理论针锋相对(Blanton et al. 1996: 1)。然而,所有四个案例都秉承了系统的唯物主义方法,因此,一旦有必要,都会将文化意义归因于适应。特鲁皮特认为,卡合奇亚地区纪念性建筑的减少、社会身份区分加剧及手工生产的增长都是从集体政治策略转向网络政治策略的结果。在前者中,社会不平等被掩盖,权力共有,礼制性活动表达社会共同的目标和意识形态。而在后者中,领袖个人垄断权力,通过威望物交换建立起支持网络系统。在这个模型中(同时参考 Blanton et al. 1996),仪式的形式(大规模、集体建造的纪念物的集体性再现)和内容(丰产、复兴和宇宙秩序等主题)都成为政治策略的积淀。在大多数案例中,政治策略本身由物质条件决定。特鲁皮特的目标不是最终断定什么因素推动了卡合奇亚地区由集体政治策略转向网络政治策略,而是表达,她已经注意到,人口数量减少可能会引起这个转向,迫使领导人尝试全新策略吸引追随者。同样,尽管布兰顿等人宣称双向过程方法超越了唯物与唯心之间的鸿沟,但是陈旧的唯物主义因素，比如人口规模（"规模限制"）和环境因素，却预测了大多数情况下将追求哪种策略。

类似模式也见于德玛拉斯等人的案例中。他们所举意识形态的物质化表现的三个案例贯穿新进化主义阶梯的高级阶段（酋邦、国家和帝国），每种文化所处的位置决定了意识形态策略的本质（Demarrais et al. 1996：19-20）。作者们将意识形态看成文化系统中的主导因素（Demarrais et al. 1996：15），但是，在他们的研究中，意识形态直接回应了环境或政治因素。比如，在泰地区，意识形态的变化是由当地的环境因素和外部技术因素决定的。在游牧武士时代（公元前2600—前1800年），由于缺乏可被垄断的本土物质资源，早期强势武士未能建立起酋邦。武士酋邦的发展和相关的意识形态都建立在异域青铜技术发展及传入丹麦的基础之上（丹麦本土不出产铜和锡）。青铜技术本身足够复杂，因而能够保证，除了野心勃勃的酋邦首领和依附的工匠外，无人能够掌握。在印加案例中，意识形态策略是对沟通难题和在广泛散居，文化、语言显著有别的臣民中建立政治权威的挑战的直接适应（Demarrais et al. 1996：27）。德玛拉斯等人在一定程度上注意到了不同的意识形态的内容和意义。但是，由于他们只是将意识形态看成一种适应性策略，礼制和意义就只是其他子系统的功能而已。

沃伯斯特明确地表示，他关心器物的使用情况，而不是生产。他关心器物在信息交换中具有的适应性优势。"习得的行为和象征能力极大地提高了人类行为者以器物为媒介与环境互动的能力。这……进而提高了他们管理和处理能量和事务的能力。"（Wobst 1977：320）在观察形式风格可能表达的适应性优势中，沃伯斯特提出了一系列跨文化通则。比如，如果可能的受体在社会关系上不过于密切（因为输出方和接收方互相熟悉），又不太疏远（因为信息解码不可靠）时，器物风格的价值将会增加。因此，随着社会单位规模的成长以及与社会中间媒介的互动增加，器物的风格性行为也会增加。另一个通则是"器物越不容易被群体成员看到，就越不可能带有风格意义"（Wobst 1977：328）。

　　这些研究都关注物质功能，将象征行为归因于实用和适应。通则性结论表明经济和社会之间的可预测性关系：比如，霍德（Hodder 1979）曾指出，族群之间的文化排斥越强烈，物质文化边界就越明显。同样，在南斯拉夫的民族服装上，沃伯斯特指出，"戴着标明唯一文化归属的帽子的人口的比例在族群竞争激烈的地区高于相对稳定的单一族群人口地区"（Wobst 1977：333）。

　　弗莱纳利和马库斯（Flannery and Marcnse 1976）为此类通则提供了更广泛的情境。他们表明，按照拉帕波特提出的生态学立场（Rappaport 1971），象征和仪式就是人类生态学的一部分。他们关心仪式怎样规范人类和环境之间的关系；萨巴特克人的宇宙观就被视为对自然事件的排序和规范之道。锥刺放血的仪式是为了向其他社会成员表示，某个农民遭受了损失，需要得到玉米的馈赠。人类生态系统包括了物质、能量和信息的交换。

　　在多大程度上，这些唯物主义系统方法可以解释文化意义、意识形态和仪式呢？首先，它们无意于解释文化产品的"生成"。

就像沃伯斯特清晰表述的一样，他的兴趣是器物风格的使用和功能，而不是它们的产生。所有的功能性和适应性解释都面临的窘境是，事件的"动因"也是其"效果"。因此，在解释某些事件，譬如锥刺放血是如何出现的，我们只能归因于事后效果和资源规范。但是，大多数系统理论家都意识到时间紊乱，因而宣称，考古学家只能观察长时段上生存选择表现的适应性优势。这种观点甚少顾及器物为何生产出来。

因此，仅就定义而言，考古学家发掘出来的文化变体大部分被排除在解释范畴之外。我们不能解释为什么使用锥刺，为什么放血，而不是其他的器物或者仪式？对于特鲁皮特的大型土丘，沃伯斯特以风格行为的增减进行解释，但它只是涉及文化行为的泛泛特征。在大多数案例中，我们不能解释在其他事物也能承担同样功能的情况下，为什么需要特定的仪式，甚至举行仪式本身，用于特定功能？如果我们不是从适应性功能，而是从纹饰——陶罐上绘制的特定曲线——着手的话，这个困难就更加明显。我们几乎无法断定，陶罐的曲线纹饰是由适应性优势决定的。系统方法在解释特定的文化变体上尤显力不从心，大量问题悬而未决。

这些研究如何获得观念性意义？意义真的只是思辨的结果？许多考古学家仍然坚持经验主义观点，对观念领域持怀疑态度，常常将其等同于玄想和非科学。他们倾向于讨论物质功能，而不是过去的人们头脑中的观念。但是，在我们看来，至少有三个原因，导致在讨论功能时，几乎无法摒弃观念领域。

第一,"功能"的概念就假定按照重要性排列的一个或者多个"目的"。比如,有人讨论,到底是有倒刺还是没有倒刺的箭头能更有效地实现功能,那么他就必须同时讨论功能是什么,以及功能之间的相对重要性。这些"目的"可能是刺伤或者杀死、攻击人或者动物、远或者近、快或者慢,以及是否需要再利用等等。当然,这些工具可能拥有影响使用和杀伐功能的重要的象征意义。种种"目的"都产生于文化意义的基体之中。

第二,在讨论器物的功能之前,我们常常提出器物的分类——尖状器、带翼尖状器、陶罐等等。然而,在设计类别时,考古学家会自然而然地将意义带入其中。只要它们有哪怕少许和我们现今的语言和认知编码相契合之处,分类方法就不可避免地带有当代的偶然的秩序感(常常和过去的意义和秩序的概念相去甚远;Shanks and Tilley 1987:16-18)。比如,从 17 世纪到现在,物种分类方法发生了显著变化。这种变化并不基于新发现,而是历史意义的突变:每次突变都会导致博物学家用不同的方法看待器物分类。比如,当"历史是可见的"这种 17 世纪观念被强调隐匿和不可见的 19 世纪观念替代时,解剖就得到重视,分类被重新定位在内部解剖,而不是外部结构的基础之上(Foucault 1970:125-38)。因此,我们的分类方法完全由我们关联器物的意义体系建构起来。现代西方考古学中的意义体系倾向于以形式为分类基础(Miller 1985b:51-74)。顿奈尔(Dunnell 1986:158)猜测,这可能是由于"形态貌似一个自然描述性范畴,对持英语者而言是顺理成章的"。甚至当我们试图通过复杂的统计方法(比如数值分类方法）消除"偏见"时，因为需要选择"合适的"变量和统计算法，我们自身的意义体系仍然进行了干扰（Dunnell 1986：184；Hutson and Markens；Read 1989：184）。即使是图录中器物分类的秩序，也可能隐含了什么功能被认为最重要的描述（Spector 1993；Hodder 1999a：53）。总之，一件器物的功能是它在特定的分类系统中的地位的产物，功能早就被特定的分类体系逻辑下的意义结构确定下来。

第三，功能的假设建立在器物意义的预设基础之上。将一种器物称为手斧就假定过去的人们和我们以同样的方式，将它看成砍伐树木的工具。功能和意义不可避免地联系在一起，当我们讨论器物的社会功能时尤其明显。这样的社会功能取决于我们常常悄悄地、不加批判地施加的概念性意义。

德玛拉斯等人宣称，墓葬纪念物与社会身份相关。在早期农业阶段，公共墓地用来强调群体身份，到随后的游牧武士阶段，向标志男女单人墓葬的低矮坟丘的转变被视为对个人身份的强调（Demarrais *et al.* 1996：20-1；同时参考 Tilley 1984）。而在青铜时代早期，此前已经确立的单人坟丘传统延续下来，坟丘新增了分割地面景观，划分属于不同首领的文化区域的功能（Demarrais *et al.* 1996：22）。除了霍德思考过坟丘和房屋之间的类比关系（Hodder 1990a），几乎无人尝试考虑对死亡的态度。墓葬可能标识社会身份，但是也可能携带其他的意义：不管我们提出什么样的结论，都包含着试图"自我代入"思考史前时代对墓葬的态度，有时，这种尝试是习而不察的。通过观察德玛拉斯等人展现的泰地区考古材料的其他情境，我们注意到，单人墓葬与男性墓葬随葬具有杀伐功能的兵器（戈、剑、战斧）而不是农具（如用于伐木的斧头）的传统几乎同步出现。尽管存在诸多断裂，如首领的出现导致坟丘规模分化，以及随葬兵器的材质变化（金属取代石质），单人墓葬和以兵器为随葬品的习俗一直延续到青铜时代早期。面对这些断裂，单人墓葬中随葬兵器的传统的延续暗示，长时段历史意义可以解释兵器和墓葬如何巩固酋邦统治。另一个范例是沃伯思特提出的南斯拉夫的头饰。他用这些材料支持一个通则性判断：越具可见性的文化载体携带了针对越多社会单位的意义——头饰是高度可见的。但是，在一定距离之内，用身体表示社会归属的可视办法很多，比如体态、裤子、外衣等等。沃伯思特的复原可能是正确的，但如果的确如此的话，他必然正确地假设了身体哪个部分在区分社会归属中具有重要意义的本土认知。头饰可能高度可见，但也有可能被认为并非如此，或者与身份表达无关。

霍德（Hodder 1984a）曾对欧洲的巨石文化提出类似看法。这些纪念性坟丘被普遍认为是地区或者族群的标志（Renfrew 1976），利用祖先使资源竞争合法化。尽管这个理论看起来非常有道理，但更重要的是认识到社会功能（竞争、合法化问题）的理论是建立在墓葬意义（祖先、过去）理论基础之上的。非常清楚，我们可以按照不同的方式认知墓葬，而在不同的个案中，墓葬的社会功能又不一样。似是而非的唯物主义和覆盖律的论点就建立在对文化内在感知的否定之上。对于"威望物"的考古学辨识也是同理。

在覆盖律和系统方法中,文化意义常常是在缺乏充分考量的情况下,从外部强加的。基于不言自明和未加讨论的西方态度,文化意义就被指定下来。墓葬、仪式、头饰和陶罐装饰被假定具有统一的社会功能,而这种功能又与它们统一的意义相关;器物被从情境中剥离出来,强行进行跨文化解释。

作为所有系统分析的起点,文化系统被分割成为不同的亚系统,这本身就建立在西方的世界观基础之上。生计、贸易、社会、象征之间的区分也许并不适用于过去的社会。覆盖律基础之上的分类本该等量齐观地对待所有亚系统,但实际上,正如我们所观察到的,"物质"亚系统占据了主导地位。弗莱纳利和马库斯试图更强调意识形态,指出所有系统必须在由一整套文化信念支持和组织的宇宙观中发挥功能。但即使如此,意识形态仍然只有被动的规范作用,在长时段上有助于作为整体的系统。任何系统分析都包括提出对文化意义的假设,我们已经注意到,考古学中,这类假设基本上都是唯物主义的。

我们已经提出,生态系统方法不足取,部分原因是,它们未能充分重视非物质力量和特定的历史意义。同时,我们也要回避完全忽视物质力量的唯心主义倾向。部分意义上,符号的象征意义来自与同一个结构中其他符号的关系(Shanks and Tilley 1987b:24)。因此,所有的意义都有抽象的概念性成分。在实践中,在具体环境中,符号可能衍生新意义。物质性外在世界以多种方式冲击象征结构(Hodder 1989a)。物质主要从诸如重量、硬度、脆性、分布和可接近性等因素获得功能性意义。特定任务中的器物既取决于这些因素，又取决于技术性和生态性过程和结构。大多物质文化意义是在使用和经历中生成的，既嵌入到符号结构系统中，又参与建构这个系统。器物体现了物质和观念之间的辩证。考古学的系统方法并没有为这种辩证提供平衡的探索。

能动性

大多数系统分析对意识形态的消极观点导致施动者在理论中作用甚微——他们只是受到覆盖律驱使的可预测的自动装置。在已经讨论过的个案中，按照普遍预期，个人被仪式控制；他们基本不能灵活地操控和沟通意识形态。

这个观点在形式风格上甚为明显。沃伯思特关注形式风格和信息交换；但真正至关重要的是信息是否能被有效地发出和接收。当然，在沃伯思特的研究中，信息有助于将能量和资源组织起来，所以信息组织是活跃的，但是由于他的研究对风格的产生漠不关心，我们很容易认为，施动者只能被动地充当预定角色，物质符号也只是使这些角色有效地组织起来。很少有人意识到，施动者必须在行为中、在熟练地操控象征符号世界中，创造全新角色，——我们都有印象，"其余相同"就是遵循规则的托词。活跃的个人在这样的理论中作用有限。

意识形态的系统方法的另一侧面是个人更容易被蒙蔽。他们容易招致主流意识形态的愚弄，也易于认可控制的合法性。礼制使族群内控制合法化。人人皆被欺骗，或者至少接受新的意识形态，而非质疑其合理性。

令人惊奇的是，尽管整体而言，新考古学或者过程主义考古学建立在对规范考古学的否定基础之上，但是，由于信仰和仪式、风格的意义都被当成社会群体成员共享的法则，系统的覆盖律本身就是规范性的。没有迹象表明，社会中不同的族群或者群体可能对同样事物（比如放血或者墓葬陈列）所见不同。相反，沃伯思特特别讨论了社会成员如何运用风格评估特定的个人行为符合群体行为规范的程度。对于戴头巾的社会而言，头巾具有泛社会的共同意义。

历史和时间

在系统方法中，如果每个社会都有一套术语，用于规范与环境的关系的话，那么社会变化是如何发生的？系统方法对时间采取区分的处理方式。文化发展被分割为时间段落，在各个时间段内独立评估对环境的适应。因此，难点就变成解释如何从阶段 a 转入阶段 b。通过提出社会和意识形态变化所必需的全新环境性和经济性情境，或者导致变化的内在问题和症结，这个问题得到回答。但是，如何发现针对新问题的具体解决方案，依旧不甚清楚。在所有的选择中，包括与进步相对的倒退或停滞，特定的选择是如何做出的？考古学的系统理论一直关注检验已经存在的事物的功能。如果忽视生产、创造和革新，只关注系统的适应能力,我们就无法解释这个系统如何发展而来。我们也不能解释人们如何接受新系统。新的意识形态系统、社会合法性如何形成的?新的信仰系统从何而来?人们为什么接受它?

为了解释系统变化,我们有必要观察阶段 b 是如何从阶段 a 中生成的。如果我们能够理解阶段 a 的社会和意识形态结构,就可以观察阶段 b 的变化是如何生成及被赋予意义的。因此,我们对系统变化的分析也必须考虑历史意义。系统轨迹是在已经存在但不断变化的文化框架中选择的。弗莱纳利和马库斯提出了最符合这些要求的系统分析,尽管他们的理论也有上述缺点,但包含了众多情境成分。萨巴特克宇宙观被认为与众不同,极富历史特定性。弗莱纳利和马库斯没有强加满意策略或效益最大化策略等西方观念,而是提出,萨巴特克人拥有"和谐伦理",与宇宙的特殊关系维系了礼制、社会和经济:

> 萨巴特克人的世界是井然有序的,人类行为基于经验性观察,并以统一的逻辑予以解释。一旦逻辑关系得以理解,萨巴特克人的所有行为——无论经济、政治抑或宗教——就都可以理解成为在同样的基本原则基础之上一系列相互关联、内在统一的回应。换言之,这是一套与西方截然不同的规范事物、能量和信息的交换的形上之学。(Flannery and Marcus:383)

尽管这是高度规范性的观点,但是它明确界定了社会和经济变化可以被阐释和理解的框架。萨巴特克的形上之学正是与变化的人类和物质环境相关的社会变迁的载体。

行为考古学

行为考古学是过程主义考古学中拒绝系统方法论的一个分支。行为考古学家"通过强调对人类和器物之间的关系的研究，寻求阐释人类行为的多样性和变化"（Schiffer 1996：644）。通过密切关注器物的关联性和空间性情境，积极投入到包括交流、仪式和宗教在内的全幅人类活动，行为考古学强化了对人和物质文化的兴趣（Rathje and Schiffer 1982；Walker 1998）。但是，尽管志向远大，和已经讨论过的系统方法和唯物主义方法一样，行为分析方法也不足以认识到意义、历史和物质文化的能动可能性的价值。

行为考古学的主要缺陷在于不能认识到物质文化是有意义建构的。比如，行为考古学家在人—物互动关系上发现的规律就暗藏了现代西方社会对物质意义的假设。这些假设忽视了物质对于过去的人们具有显著不同的意义的可能性。因此，麦克莱尔的假设提出，如果经常清理活动区域，相关活动的废弃物就很少保留下来（McKellar 1983），只有当考古学家和参与活动的史前人群在废弃物和清洁的意义上英雄所见略同时，这个假设才有效。

如果解释多样性和变化时拒绝将文化界定为动因，就会出现意义混乱（Schiffer 1996：647）。施斐尔将"文化"视为习得的行为，也就是文化传承的客体。而在实践中，行为主义者倒是常常将文化视为动因。比如，在讨论陶器生产时，施斐尔和斯奇博

(Schiffer and Skibo 1997，33-34）声称,"工匠已掌握制陶技术"的社会影响了生产的技术选择。尽管如此,大多数物质文化变体仍被当成追求与行为相关的高性能特征的产物。尽管施斐尔（Schiffer 1999）宣称已经扬弃暗藏了最优化原则的性能定义,但是对陶工的决策过程的讨论实际上充斥了效益最大化和理性原则。陶工看起来无所不能,尝试各种各样的可能方法,最终确定能够解决大多数问题的组合方式（Schiffer and Skibo 1997：40)。因此,这种方法将陶工的最终产品化约成为消费者的功能预期或者"环境因素"的镜像。物质文化成为消极的"效果"。尽管将陶工视为万能的试验者值得肯定,但是,这种方法过犹不及,它赋予陶工完全地、不受限制地进行试验的自由。在回应特定的技术问题时,陶工不可能意识到全部候选方案。相反,在任何特定的时间和地点,仅有若干方案可能被想到;很多选项被陶工习得的倾向无意识地选定,看起来都不像是"选择"一样。每个特定的选择和每件器物的特性,都是意义认知的漫长历史的产物。

行为取向宣称与历史和特例研究声气相通（Schiffer 1996：44),然而,施斐尔对无线电技术的历时研究却将历史当成一系列因果。也许,20世纪初无线电技术的进步是远距离船舶对无线通信需求的结果,但是,如果不弄清楚船舶的无线通信的理想距离为何变化,以及为何采纳适用于新距离的特定通讯方法,我们就无法提出任何解释。施斐尔对无线电通讯的历时研究和对陶器形式变化的动因的考量具有同样的缺陷。20世纪50年代,真空管被造价更高的晶体管替代,不仅被当成性能特征的结果（更高的电池效率），显然也被视为文化现象，即"现代性"的标志。施斐尔忽视文化、忽视意义的方法阻碍了他的进一步探索。最终，由于坚持所有的解释必须根植于已知的人—物互动关系（Walker 1998：250），这既否定了历史特定性，也否定了"过去是独特的"这一愿景。

在行为考古学的礼制行为研究中，忽视意义的困境表现得最淋漓尽致。沃克尔（Walker 1998）声称，在探索"礼制史前史"时，考古学家不应关注象征证据和象征多样性。因此，除开与人的物质性互动，器物别无意义。然而，沃克尔试图表明，美国西南部的某些器物埋藏是针对女巫的礼制性暴力遗存。这种判断恰恰建立在意义极其丰富的普韦布洛人世界观之上，包括巫术、它与死亡和环境问题的关系，以及通过礼制性暴力进行报复的逻辑。即使是沃克尔阐释的细枝末节，比如将某种考古学器物定义为"礼制性"或"神圣性"，也施加了象征意义。事实上，正如我们随后指出的一样，象征意义充斥了每一件器物和每一项活动。我们不能如沃克尔一样，否认符号和意义的重要性，但又悄悄地将意义夹带进来，我们应该有意识地将象征和意义当成探索主题。如果沃克尔正确地确认出礼制暴力，暴力的物质遗存就传达出关于巫术的重要价值，尽管这种价值落在行为考古学视野之外。

评估和预测思想：认知过程主义考古学

从历史和民族志资料中，弗莱纳利和马库斯得到了萨巴特克人的形而上学。但是，对于那些文化没有延续至今的史前社会，我们又从何知晓呢？格尔勒对覆盖律的描述表明，与系统考古学关系最密切的方法取法于自然科学。仪式、社会组织和意识形态都被认为与物质的、可观察的世界之间存在普遍的跨文化关系；因此，通过可以被评估的考古学资料，我们就能探寻意识形态，确凿无疑，万无一失。

伦福儒试图创建认知过程主义考古学，提出关于古代思维的另类视角（Renfrew 1983b；1993；1994a）。伦福儒以考察符号的运用方式为出发点，而不是寻找过去的符号系统的意义或形而上学。尽管伦福儒竭力避免本能地跃向意义，实际上，探求符号的功能必然包含了对意义的假设。正如我们在上文提及，象征符号或者类似"工具"发挥功能的所有终端都是文化意义基体的产物。比如，伦福儒声称，摩亨佐·达罗发现的砝码系统显示出对物质等量关系的意识（Renfrew 1983b：13-14），或者旧石器时代晚期的墓葬表达了与超自然力量的沟通（Renfrew 1994a：8）。这只有在我们本能地接受物质就是商品，以及死亡意味着超越等概念的情况下，才能是正确的，而两个假设并不始终都成立。最近，伦福儒（Renfrew 1998）检验了欧洲史前时代晚期陆地交通的符号系统，用来说明"认知群"（cognitive constellations）——相互关联的想法和概念群体的象征性再现——具有阐发和强化社会精神的功能。伦福儒成功地发现了若干经久不衰的符号组合，其中包括马和骑手形象，两千余年后仍见于西方的骑术塑像中。然而，假定主流精神通过艺术表现出来，实际上就赋予了"再现"这一行为特定的意义,也就是说,再现用来传递价值。而在一些社会中,艺术并不用来表达社会精神,社会价值可能通过其他媒介得到强化。此外,伦福儒也没有解释,为什么有的象征概念能延续数千年,而另外一些概念甚至都无法成为"认知群"。如果我们认同主流精神不是自然而然地生成的,那么,对支持主流精神的认知群的更细致的考察将质问,这种精神究竟是什么,使之延续下来的历史情境和斗争又是什么?

伦福儒的认知考古学的根本性困境可能来自于他对功能与象征、主位与客位及主体与客体等旧有两分法则的倚重。最终,两分思维不仅遍及伦福儒思考什么样的过去是我们能够知道的和不能知道的,也波及我们如何宣称知道什么。尽管暧昧地流露出资料并不完全客观的想法,伦福儒的认知过程主义考古学仍不免堕入绝对客观主义,"过去的物质记录,真正的物质遗存,都可以被看成不附带任何价值和不受观察者的偏见的干扰的"(Renfrew 1989:39)。而具有讽刺意味的是,这种因循守旧的客观性,即"资料拥有最终发言权",在伦福儒对宗教的研究(Renfrew 1994b:51)中几被彻底颠覆。伦福儒提出,调查受益于他提出的几乎普遍适用的宗教定义。但在另外的场合下,伦福儒(Renfrew 1994:10)宣称他的个人经历和其他人的并无本质差异。伦福儒毫不含糊的客观性与遮遮掩掩的主观性艰难地结合在一起。两者都毋庸置疑地遭到第一章讨论的事实和理论的关系的打击,我们将在第九章予以更详细的讨论。

尽管目标不同,伦福儒的认知考古学和弗莱纳利和马库斯的方法都提出，需要系统地理解精神建构和可被观察的物质世界之间的关系。伦福儒提出符号建构人类生活和事务的六种方式，认知系统因此拥有与度量、艺术和建筑的生产等可以通过物质遗存进行研究的种种活动的功能性关联。为了从物质符号上复原认知过程，伦福儒不断呼吁发展确凿可信的推理网络。

这个方向似乎表明对思维的普适性评估的存在。自然科学模型固然清晰明了，但内部张力也同样显而易见。一方面，伦福儒、宾福德和萨波罗夫（Binford and Sabloff 1982）呼吁评估过去的独立标尺；另一方面，他们又认同，过去是在我们自身的社会和文化基体之上得到认知的。如同弗莱纳利和马库斯指出的一样，伦福儒宣称，"在运用系统思维的术语时，每个文化都有自身的'交互作用圈'和独特的历史轨迹"（Renfrew 1989：25）。他声称，不同的情境中，思想的发展是不同的，不同历史都有自身的认识系统。在伦福儒看来，任何文化基体中，作为程式化概念和共享思想方式，"思维"都是作为参与者的所有公民的共同遗产（Renfrew 1989：26）。

自然科学驱动的观点和历史观点之间存在内部冲突。一方面，现在的"我们"和过去的"他们"都立足于各自的文化基体，"我们"和"他们"以不同的方式认知物质世界。另一方面却假定一种将思维方式与物质客体联系起来的普适方法和统一理论。我的关于物质和观念的关系的统一理论和明确方法又怎能适用于另一种有自身认知过程和"认知发生学"的文化呢？

只有最彻底的唯物主义者，才会对系统方法和过程主义方法中的推理深信不疑。他们宣称,"我可以在经济基础上运用覆盖律预测观念、想法和认知,而经济基础可以被客观认知和评估",这也无伤大雅。但是,一旦如此表述,人文主义的缺失就昭然若揭;在讨论"思维"时,弗莱纳利、马库斯和伦福儒有时就采用了一种规范性,甚至稍有唯心主义的立场,认为认知和感知不能纯由物质基础决定,而至少部分意义上是特定的文化发生学基础之上的历史偶然。只要认同文化相对主义,不可调和的冲突就出现了。从一种历史情境稳妥地推理和预测另一种历史情境的普适性自然科学理论和方法将不复存在。

因此,在追寻适宜的思想考古学中,我们必须与自然科学和覆盖律方法决裂。我们会发现,考古学家习以为常地奉行的推理程式就包含了"内在"地重建过去的文化基体。本书稍后将展示,面对思想问题时,自然科学模型的坍塌具有深远影响。

新进化主义考古学和思想

一个尚未崩溃的领域是进化主义考古学。尽管这个领域主要关注诸如工具技术、人口和生计方式等问题,考古学家也倾向于将进化主义方法运用到"意识技术"领域,诸如礼制建筑、雕刻纪念物、陶器风格和旧石器时代晚期洞穴绘画等(Ames 1996; Bettinger *et al.* 1996; Graves and Ladefoged 1995; Mithen 1996a; Neiman 1995; Rindos 1986; Shennan and Wilkinson 2001)。比如,申南(S. Shennan)最近试图用人口规模和信息的遗传性传播模型解释旧石器时代晚期的文化创新，比如个人装饰、乐器、复杂的艺术形态和全新石、骨、角和象牙器的出现。简而言之，申南运用模拟结果表明，文化革新使人们在大量互动人口，而不是少数互动人口中获得更大的适应性。因此，尽管最早的现代人类已经具有洞穴绘画和音乐创新的能力，但这些革新始终没有"变得流行"（没有成功地传播），直到互动人口规模达到了适于创新的等级，即大约50000年前时才发生。申南将文化创新看成突变，只有在人口规模足够大时才能传承，所以他完全没有考虑意愿或者意义。申南似乎也意识到，在严格的生物学意义上，诸如乐器等创新不是"适应"的，因此，他采用了另一个术语"吸引"。然而，令人费解的是，如果没有意义，什么样的创新看起来有吸引力呢？

进化主义心理学则另辟蹊径。米森（Mithen 1996a：80-2，1998a：10）以整体论、进化主义和生态学方法研究古代思维。这种方法关注古代生活的所有细节：艺术、宗教和经济，并且从未试图将认知和社会的其他部分割裂开来。在米森对过去行为的解释的中枢位置上，是在充分考量个人决策过程和创造的重要性的情况下，对适应的渐进式理解（1996a；1998a）。米森的跨学科方法产生了一系列雄心勃勃而匠心独具的解释（1996a，b；1998b），然而，在近期对旧石器时代手斧的分析中，进化主义心理学也陷入上文提及的同样问题。

科恩和米森提出（Kohn and Mithen 1999：524；Mithen 2001），"手斧是性选择的产物。手斧被当成潜在性伴侣质量的可靠标志"。看起来，和维斯纳的"自信风格"（Wiessner 1983；1985）一样，这个观点貌似在物质文化的运作中考虑了能动性和创造性的表达，但是由于进化主义框架的存在，能动性的空间消失了。手斧被认为是好的基因的标志，因此，个人行为就化约成，也决定于基因组成。但是，为什么手斧和基因捆绑在一起却缺乏令人信服的解释。那些基因上并不占优势但特别灵巧的人仍然有可能学会打制石斧。同样，这个理论也没有给性伴侣的选择可能受到社会偶然事件、非适应性偏好影响的其他可能性留出余地。科恩和米森的论点解释了众多手斧的特征——制作精致证明打制者的技艺、对称表明具有吸引力、不实用或者未曾用过表明手斧纯为社会陈列之物——尽管有人会问，为什么是手斧而不是其他的器物形态或类型成为性别关注的首要焦点。手斧高度发达的美学价值可能表明它们在求爱功能之外另有意义。最终，诸如"男性倾向于展现，因此明显不实用的手斧极有可能出自男性之手"（Kohn and Mithen 1999：523）等未经证实的论断揭示出性别问题。在我们看来，自然科学渊源使新进化主义考古学在讨论意义、能动性和历史上裹足不前，无法超越评估和预测。对于为什么有些物件显得有"吸引力"或者能够成功地传播出去的充分讨论将我们带到权力、社会行为和意义的领域——这是一个完全超越了自然科学，超越了在自然科学中最常见的覆盖律推理程序的世界。

结　论

本章中，我们将考古学中的系统理论和过程主义方法与格尔勒的覆盖律视为一体。不过，弗莱纳利（Flannery 1973）一直刻意否认系统解释和法则—秩序模型之间的关系，他提出，对过程性相互关系的分析无须引入覆盖律。

系统思考应该是情境式的，这种说法不无道理。我们的目标是检验特定的成分组合如何构成整体。可能有人认为，方法或者思考方式没有任何普适法则；但是，所有的方法论都是有理论导向的。系统论框架内的确不易表述其他观点，如马克思主义的矛盾、冲突和辩证的观念。同样，这种方法也不支持以"文化—自然"类比于"男性—女性"的形式描述社会的结构主义概念。

这种方法的确表明了一些特定的基本原则。尤其是，它假定社会可以分成若干亚系统——不同的活动形态。比如，我们可能发现难以断定今天的"饮食"究竟是经济、社会还是仪式亚系统，或者"饮食"的哪个部分应该归入哪个亚系统。我们自然高度质疑，在所有社会中，"饮食"是否属于同一个亚系统。而且，在解释某种活动（比如仪式）时，常常需要征引这种活动之外的资料（另一个亚系统，比如社会领域）。我们通过相对于其他事物的功能解释一种事物。在英语"饮食"中，我们同样发现令人失望之处。尽管实用性、社会性和意识形态性功能构成"饮食"的部分阐释，看起来，至少部分意义上，"饮食"必须按照不可化约为外部功能的方式予以理解。

尽管功能性关联的亚系统的观念是清晰无误的跨文化理论，但并不意味系统理论必然是唯物主义的：没有必要将物质基础放在首位。然而，正如我们所见，在实际研究中，物质在社会与意识形态功能的关系中占据了主导地位。这与霍克斯（Hawkes 1954）的"推理阶梯"理论不谋而合。考古学的过程理论的一个重要方面就是允许按照系统方式，沿着这个阶梯向上运动。对霍克斯而言，既往系统的技术以及经济是可能知晓的，但是位于阶梯高层的社会组织和宗教则是不可企及的。丹尼尔（Daniel 1962：134-5）认为，器物是人类思维的产物，但文化的物质性和非物质性侧面之间并不一致。由于系统理论认为物质世界和不易观察的生活侧面之间的系统关联可以被预测出来，它就提供了将社会（Renfrew 1973）和思维（Renfrew 1983a）纳入到切实可行的研究领域的方法。比如，在生计类别和墓葬实践之间（Binford 1971），在社会冲突和"挥羽"（feather-weaving）之间（Johnson 1982：405），在增产和仪式复杂化之间（Drennan 1976：360），种种关联都能得到证明。

系统和过程理论可能填补了意识形态领域的考古学研究的可信度空白，但在本章中，我们力图说明，它们实际上并不能让我们行之更远。这些方法并不能解释文化生产的巨大丰富性、多样性和特殊性，施动者和他们所共享的思想只被当成"系统"的被动副产品。人类活动是无休无止的系统性互动关系的产物，而不是历史产物。过程主义方法造成了内部自相矛盾的认知论。因此，我们正在寻找替代理论，这丝毫不让人感到意外。

本章对系统和过程主义分析的所有批评都暗示，这种分析目前仍流于"表面"阶段。分析程式不外乎对居址、雕像数目、人口填充和扩张的规模的直接评估。所有这些"可被观察的"资料都是相互关联的，在计算机模拟中，可以进行数学计算。抽象理论（比如物质基础的首要性）当然适用于这些资料，但所得印象无非是一切皆如所料。如果此类分析使用了"结构"一词，它实际上等同于"系统"。

然而，本章也不时暗示另一个层面的分析。为什么系统或者亚系统是这样？为什么选择锥刺放血？为什么是墓葬而不是窖藏展现社会竞争？为什么是挥羽而不是碎陶？"饮食"的结构是什么？在文化选择背后可能都有一种秩序或者结构，系统理论却令我们裹足不前。

我们已经发现解释象征意义，而不仅仅是认定象征功能的重要性。比如，在没有讨论墓葬的意义时，我们就无法讨论它们的社会功能。因此，我们需要转而追求着眼于结构和符号意义的方法。

第三章 结构主义、后结构主义和符号考古学

当李奇（Leach 1973）提出，考古学很快将步社会人类学后尘，从功能主义转向结构主义时，显然，他没有意识到，结构主义考古学早已存在。特别是勒儒瓦-高汉的著述（Leroi-Gourhan 1965），在一定程度上与列维-斯特劳斯（Lévi-Strauss）的著述一样，已经引起热议。当然，结构主义从来没有垄断过这个领域，但它无远弗届的魅力不容否认（Anati 1994；Bekaert 1998；Bintliff 1984；Campbell 1998；Collet 1993；Deetz 1983；Helskog 1995；Hill 1995；Hingley 1990，1997；Huffman 1981，1984；Kent 1984；Lenssen-Erz 1994；Leone 1978；Miller 1982a；Muller 1971；Parker Pearson 1996，1999；Richards and Thomas 1984；Schnapp 1984；Small 1987；Sørensen 1987；Schmidt 1997；Tilley 1991；Van de Velde 1980；Wright 1995；Yates 1989；Yentsch 1991）。这些论文，连同本章即将讨论的作品都表明，讨论结构主义考古学适逢其时。

然而，为什么对"结构性差异"的分析姗姗来迟且影响甚微呢？为什么结构主义未能在考古学中形成重要的、统一的理论呢？首当其冲的回答是，结构主义本就不是统一的方法，它包括各种各样的论述，从索绪尔（F. Saussure）的结构语言学和乔姆斯基（N. Chomsky）的衍生语法（generative grammar），到皮亚杰（J. Piaget）的发展心理学和列维-斯特劳斯的"深意"分析。在考古学中，这种多样性反映在从瓦什博恩（Washburn 1983）和希利尔等（Hillier et al. 1976）的形式分析、怀恩的皮亚杰式分析（Wynn 1979；参见 Paddaya 1981）到勒儒瓦-高汉的列维-斯特劳斯式分析（Leroi-Gourhan 1965, 1982）的差异上。

第二个回答与多样性相关，考古学中某些结构主义方法可以纳入过程主义考古学中，几乎不被人察觉，它们的诉求与新考古学目标完全一致。比如，福瑞兹（Fritz 1978）就曾经讨论空间和象征编码的适应性价值。事实上，系统分析和结构主义之间存在着太多的相似，我们甚至发现，对两者的批评也同出一辙。两者都关注"系统性"。两者都强调实体之间的相互关系：系统分析和结构主义分析都志在提供某种可以将各个部分组合成统一整体的组织。在系统分析中，结构就是流程图，有时具备描述各个子系统之间关系的数学功能；系统大于或者复杂于各组成部分，但是它们共存于同一个分析层面。然而，在结构主义中，结构处于更深层次，各部分通过二元对立、衍生原则等与整体联系在一起。在系统分析和结构主义分析中，各部分之间的关系都是最重要的。

系统理论和结构主义的另一项相似表现在两者都不时宣称包含了对可见资料的严谨分析。在某些类型的结构主义考古学（特别是我们描述为形式分析的类型）中，结构和概念框架都是实证的和可评估的。系统理论与实证主义紧密关联，即通过评估现实生活中可被观察的变量的协变关系，认知和确认系统。尽管考古学中某些结构主义和形式分析奉实证主义为"意识形态"，我们注意到，如同在系统分析中一样，资料的"确凿性"和方法的严谨性都是幻象。

对于为什么结构主义从未在考古学中形成统一理论的第三个回答是，某些类型的结构主义（比如形式分析）被认为是严谨和"确凿"的，而其他类型（特别是效法列维-斯特劳斯的论述）则被认为是"软性"和非科学性的。特别是，自从考古学之外的结构主义分析开始关注神话，人们就认为意义结构的假设无法得到证实。考古学以实证主义和唯物主义自居，因此难以自信地涉足这个领域。威利（Wylie 1982）表明，为了做出阐释，所有类型的考古学都得尝试超越资料，结构主义也英雄所见略同。但是，考古学中居于统摄地位的科学认知观与结构主义恰恰背道而驰。

考虑到考古学对李奇的吁求持质疑立场的三个原因，与过程主义考古学相处最和谐、本章也将最先讨论的结构主义类型是形式分析。形式分析意在描述现实世界，而不是预言内在本质。

形式分析和衍生语法

在索绪尔的结构语言学中,符号本身是任意而约定俗成的。换言之,任何符号(如珠子、鸭子、箭镞)都可以用来指代首领;在能指(signifier,此处指珠子)和所指(signified,此处指首领)之间没有必然的联系。由于任意性,索绪尔的意义分析就集中在差异的结构性组合上。因此,研究者以象征"首领"的珠子与没有珠子,或者另一种代表"非首领"的器物进行对比。分析着眼于形式,而非内容。

瓦什博恩(Washburn 1983)极其精彩地示范了考古学中的形式分析。她关注在文化内和文化之间确认和比较对称法则的方式。比如,对陶器图案的研究可以提出基于母题按对称关系组织起来的方式,而不是母题内容的分类。被确认的主要对称类型如图2所示。因为民族志研究(Hardin 1970)表明,图案内容并不是族群归属的有效指标,因此,研究者并不关心图案母题是逗号、三角形还是星形。图案结构才是文化归属的更稳定的指标。

在很多方面,对称分析是不可衍生的。它指检验陶器表面的静态纹样和确认基本结构。另一方面,对称是派生模式的法则。乔姆斯基强调"规则控制下的创造性",在法里斯(Faris 1972)发表的分析基础之上,我们可以在苏丹努巴人(Nuba)的葫芦装饰中发现衍生语法(Hodder 1982a)。

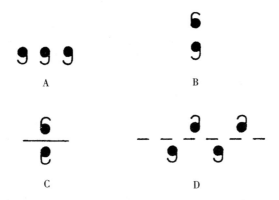

图 2. 图案的对称和重复类型　A. 平移　B. 对折旋转　C. 水平镜面反射　D. 移动反射。选自 Washburn 1983。

谈及图案语法或者语言时，我们就会注意到来自索绪尔结构语言学的结构主义分析。在努巴范例中，语法以十字形母题为基础（图 3：1）。"词语"和"语法原则"均由此总结出来，并衍生出葫芦装饰的丰富变体，从高度组织化的图案（图 3：10）到貌似"任意"的图案。因此，图 3.15 的领结母题条带可以通过选取"词语"三角形在角（而不是边）上对接相连而成，即▶◀。根据另一条规则，"领结"母题旋转 90°后产生▶◀▶◀等其他图案。图 3 描绘的所有葫芦图案都遵循了法则："词语"总在角（而不是边）上连接起来。

瓦什博恩（Washburn 1983：138）宣称，对称分析可以在广幅的时空范围内对图案进行系统而客观的评估和比较。聚落结构的形式分析（比较 Hiller et al. 1976；Fletcher 1977）似乎印证了这点。所有案例都显示，我们可以严格地用资料去描述和检测结构。统计学检测（Fletcher 1977）和计算机模拟的语法（Hodder

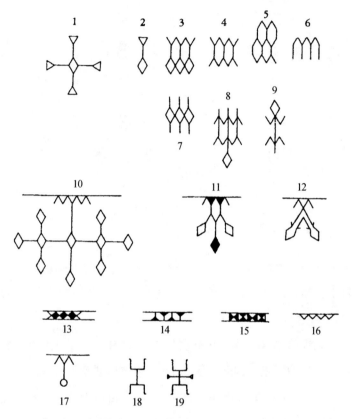

图 3. 运用基于十字形母题（1）的语法形成的努巴图案 语法"词语"为十字形母题中的三角形、直线和菱形，"规则"包括词语在角而不是边上结合，以 90°旋转。选自 Hodder 1982a。

1982a）可以揭示它们是否的确生成了可被观察的模式。这样的工作似乎不涉及信仰上的跳跃之险：没有指定任何意义，充满了科学严谨性。分析仅限于形式。因此，这样的工作很容易被实证主义的新考古学接纳——特别是与系统阐释结合起来，全无威胁（参见下文）。

第三章　结构主义、后结构主义和符号考古学　53

然而，形式分析真的不包含任何对意义的指定吗？它们真的对内容漠不关心吗？让我们看看瓦什博恩对 V 形图案≪≪≪≪≪≪的分析。她刻意消弭诸如"V 形"的"主观设计标签"（Washburn 1983：143），因而选择使用"类型 1-110：水平镜面反射形成的单向纹样"。瓦什博恩将 V 形图案看成放置了横贯水平轴后形成的，轴线之上部分是轴线之下部分的镜面反射：

≪≪≪≪≪≪ = -$\frac{6}{e}$- =水平镜面反射

另一种解释可能将 V 形而不是斜线当作图案单位：

≪≪≪≪≪≪ = ⌇⌇⌇⌇ =水平镜面反射

瓦什博恩试图通过将最小的非对称元素（如"逗号"）界定为分析单元，避免混淆。但是，显而易见的是，直线和圆圈并不适用于这个模式。定义本身就是武断的：在上述 V 形个案中，虽然它可能有助于客观分析，但也掩盖了其他层面的对称关系。同样，对称关系赖以确立的轴线是阐释，而不是描述。换言之，对称分析就是一整套阐释性决定中的描述。因此，这种分析就包含了将意义赋予内容——它们不仅仅是辅助比较的形态描述。将陶器上的符号看成"分析单元"，或者"图案母题"，就是赋予这个符号以意义，解释其内容，不论喜欢与否，它都包含了以史前人类的眼光观察图案的尝试。

我们将在本书稍后章节回到这一点，当前重要的是认识到，瓦什博恩假定的客观性后潜伏的主观性并不会令其研究失色。相反，这种主观性是所有考古学分析的必要组成部分。在后实证主义哲学中，我们已经发现认知问题的普遍存在（17—20页）。所有的考古学分析都建立在主观分类（陶器类型、聚落等等）和不可观察的结构或系统关系（正反馈或负反馈、交换关系等等）基础之上的。比如，在聚落模式上施加泰森多边形（Thiessen polygons）时，我们永远无法确认我们的"分析单位"（聚落中的地点或者节点）真正具有可比性。只有赋予意义（比如，居址、城镇和城市），我们才能提出它们之间或者背后的系统和结构关系。

形式分析的"坚硬"本质因此成为幻觉。对称分析之所以能够畅通无阻地融入考古学，就是因为考古学本身就受到同样的实证主义意识形态的指导，因此几乎无人尝试超越陶器纹饰的对称性，追溯信息内容。由于倾向强调对称性和社会互动过程的直接关联，象征意义的阐释就遭到排挤。比如，瓦什博恩提出："如果图案结构一致，这可能暗示了共同的文化结构和频繁的文化交流。"（Washborn 1983：140）如果能被民族志阐释"检验"，成功地用于考古学资料（同上），它将是一个卓有成效的假设，但是，将图案形式和社会直接联系起来，导致我们恰好忽视了图案结构在不同的文化情境中具有不同意义的真正可能性。究竟在何种程度上，我们可以假定主观界定的图案结构具有普遍的社会意义呢？因此，我们需要一个严谨而科学的分析，检验结构和社会功能之间的象征意义。

结构主义分析

当我们探求对称或者其他形式结构的意义，思考陶器装饰上的对称性结构是否是聚落空间关系或墓葬实践的转型,以及将这些结构与思维中的抽象结构联系起来时,我们就从形式分析过渡到结构主义分析。

我们可以提出,如勒儒瓦-高汉的著述(Leroi-Gourhan 1965;1982)所示,赋予结构的整体或者部分以概念,与界定陶器图案母题时赋予划痕以意义毫无区别。也许,唯一的区分在于,正如瓦什博恩谨慎而有说服力的分析所示,后者披上了一层客观科学的面纱。另一方面,勒儒瓦-高汉的早期作品就包含了指定意义的自觉尝试。勒儒瓦-高汉式工作将特定的意义带入开放的讨论中,而不是躲躲闪闪地运用,可能更加"科学"。

然而,在考古学中,常常在尚未充分考虑意义内容之时,结构就被确认和比较了。早期结构主义著述基本难辞其咎(如Hodder 1982b),即使在早已超越起步阶段,高度复杂的研究中,这些批评依然奏效。比如,在分析公元前 3000 年前后瑞典南佛尔森(Nämforsen)地区岩画时,提利(Tilley 1991:27-8)确认出七组图案,其中之一是船形。他进而揭示出构成七组图案的模式的二元对立关系;特别是麋鹿和船代表了自然与文化、内与外及陆地与水面的二元关系(Tilley 1991:105)。按照严格的结构主义方法,提利提出,图案的特性——内容——并不重要,因为意义产生于图案之间的关系,而不是任何孤立的图案:图案(能指)和图案的特性(所指)之间的关系是任意的。然而,如果船实际上是雪橇的话,"麋鹿—雪橇"与"陆地—水面"的结构就岌岌可危了,因为雪橇适合陆地而不是水面。提利承认船形图案

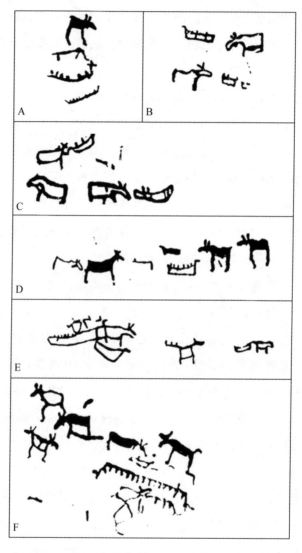

图 4. 仅见麋鹿和船形的南佛尔森岩画上，麋鹿—船组合类型　A. 相对；B 和 C. 相背；D. 相连和相背；E. 不同岩画中麋鹿和船形合并的三个范例；F. 相连、相背和相叠。授权复制于 Tilley 1991。

的含糊性和多样性,但从没放弃将其确认为船(Tilley 1991:73)。因此,当他否定这种"越来越缺乏说服力"的结构主义作业,转向阐释学方法(hermeneutics),试图寻找更适合意义和内容的说法时(Tilley 1991:114),"船还是雪橇"的问题依然存在。提利认为,因为船属于狂野不休的水面,所以它强调了不受人类控制(Tilley 1991:146)。但是,如果船实际上是雪橇的话,这个论点就不再成立。提利将意识形态结合到岩画艺术的尝试同样值得质疑,因为,只有将船形视为外来人的象征符号,才能提出对远距离海上人口及其异域物品的垄断性接触的阐释(Tilley 1991:164)。

  在岩画范例中,问题出自对结构性模式中特定元素的内容缺乏足够关注。在接下来的范例中,我们将说明结构性模式得到确认后出现的阐释问题。在苏格兰赫布里底群岛索拉斯(Sollas)的铁器时代聚落的研究中,坎贝尔(Campbell 2000)提及墓坑中保存良好的牛羊遗骸的异常组合。他注意到,相较于其他动物种类,牛在墓葬中往往是被焚烧的,而羊则是被掩埋的。垃圾资料和陶器残留物显示,羊常常被烤食,而牛则在泥质陶罐中被煮食。焚烧和烧烤都涉及露天用火,煮食和掩埋则涉及土和水的使用(因为索拉斯地下水位偏高,掩埋就会涉及水)。因此,在食物范畴中,因为牛肉是煮食的,而羊肉是烤食的,我们得到了这样一组关系:"牛—羊"对应于"水—火"。然而,在墓葬范畴中,因为牛是焚烧的,而羊是掩埋的,这组关系就颠倒过来,即"牛—羊"对应于"火—水"。在确认了这些结构性模式之后,坎贝尔解释，这反映了赫布里底群岛的世界观模式（比较 Douglas 1969：41-57）。坎贝尔因此提出，这种世界观实际上由诸如死（墓葬）与生（食物）、火与水、上与下等二元关系组成。

坎贝尔对这些二元关系也深感踌躇，转而关注其他阐释方式，比如幼年和成年动物之间的二元关系是否比牛羊之分更重要。然而，最重要的阐释性问题并不来自对结构模式的细节的追问，而是简单地质问"它们究竟是什么样的模式"？正如前文提出，坎贝尔假定，动物遗存模式与世界观相关。但是，他所记录的二分现象可能只是和相互对立的社会组织相关。为什么我们要相信在动物遗存和世界观之间存在着某种关系呢？坎贝尔将动物和世界观联系起来的判断建立在两个言之凿凿的前提之上：第一，将动物遗存局限在生计领域的狭隘动物考古学方法遭遇挫折；第二，确信动物的掩埋或者焚烧等"转型"深受宇宙观的影响。我们赞同这些前提，但是相信，动物和世界观之间关联的假设应该接受检验，而不是当成理所当然的真理。如果我们讨论赫布里底群岛铁器时代考古学记录中其他领域的动物的情境，或者如果索拉斯真的在动物埋葬的丰富程度上独一无二的话，讨论其他时期的动物的情境，都有可能强化动物和世界观之间的关联。在结论部分，坎贝尔进一步简要提及陶器和建筑之间的二分现象，但是，我们需要更彻底地调查这种二分现象，判断它是否与动物遗存的二分现象有关。

在没有充分考量器物的意义内容的情况下，贸然将一个结构与其他结构联系在一起的问题也出现在对聚落模式和墓葬的讨论中。比如，福瑞兹（Fritz 1978）在查科（Chaco）峡谷的聚落组织上确认出对称关系。无论是区域上，还是聚落内，都存在平衡和不平衡的对称关系（沿东西或者南北轴线）。因此，结构性布局被认为一方面与社会等级结构相匹配，而另一方面又与对称社会关系相关。有人倾向赋予空间对立以文化意义（比如神圣与世俗之分），但只有更细致地关注查科峡谷情境中聚落空间的内容，这种理论的可信度才有望大幅提升。我们必须期待更多证据，阐明聚落模式中不同的遗址或遗址不同部分的使用目的。

帕克·皮尔森（Pearson 1999）总结到，墓葬传递了对身体的态度，对尸体的处理方式揭露出活着的人们之间的社会关系。比如，英国铁器时代男女墓葬中随葬品的不同摆放位置反映了男尊女卑的性别关系。动物骨骼（猪献给精英阶层，而羊献给普通阶层）既标志了逝者的社会地位，又重申了生者治人和治于人的区别。没有遵循这种宇宙观的墓葬则被解释成对另一种需求的回应，即防止尸体造成污染，这些人死亡的方式可能对族群造成威胁。我们赞赏皮尔森关注动物象征符号、墓葬空间朝向，以及其他被忽视的结构性细节，但也注意到这种方法仍然受制于未经反思地将墓葬和社会组织直接联系起来的系统逻辑。我们仍有可能更全面地考虑死亡的官能体验（Kus 1992），或者墓葬可能表现的其他意义，诸如纪念、怀念和丧亲之痛（Chesson 2001；Hutson 2002a；Joyce 2001；Tarlow 1999）。

如果缺乏对装饰或空间元素的意义内容的概念，我们将难以通过与生活其他方面的关系阐释意义结构。但是，意义是如何确定的呢？我们有必要回顾勒儒瓦-高汉的开创性工作。他试图暂时搁置旧石器时代晚期洞穴图像的内容，避免赋予任何肤浅的意义。深层结构产生了诸如男女形象共存的模式和组合，意义就来自这些深层结构。然而，从具体内容转向结构关系之前，勒儒瓦-高汉必须对内容做出有意义的解释，比如他认定"饱满"的几何图案指女性，而"瘦削"的指男性（Conkey 1989）。在我们看来，他的学说的不足并非来自他试图阐释意义，因为我们已经知道，赋予物质文化以意义是不可避免的。相反，其不足来自结构主义方法的局限，以及他对旧石器时代所知不多。可能勒儒瓦-高汉没有投入足够的精力去关注旧石器时代晚期的其他视觉形象（小塑像、动物头骨雕琢和"掷矛"）。他对洞穴艺术所用符号知之甚少。

在一定程度上，为了确认图案的关联，我们有可能延伸到其他文化范畴（墓葬、器物和聚落空间等）。如果没有对社会地理和洞穴艺术家及其艺术表达的历史情境的更多研究的话（Conkey 1984，1989，1997，2001），我们就无法轻而易举地确认法国西南部旧石器时代的图案母题的特别意义。

为了解释意义内容，我们必须抽象总结考古学记录的关联和对比。在不同于旧石器时代晚期的情形中，如果不同类型的资料中存在更多关联信息，我们就能够更仔细、更严谨地实现这个目标。麦吉（McGhee 1977）对加拿大北极地区土勒（Thule）文化中史前考古学遗存的分析就是在不同活动的结构之间指定意义和建立关联的关联性和情境性分析的范例。最初，他观察到，象牙和海洋哺乳动物骨骼与鱼叉头相关，而箭镞由鹿角制成。为了理解这种二分现象，麦吉考察了土勒文化中其他包含象牙和鹿角的组合。象牙总是和捕捉海洋哺乳动物的器物（雪镜、独木舟支架和狗链等等）联系在一起。其他象牙制品（针线盒、顶针、女性装饰品、以及小型的女性人鸟雕像）与女性或者冬季活动相关。另一方面，鹿角和陆地哺乳动物（特别是驯鹿）、男人和陆地夏季生活相关。因此，在鹿角和象牙的情境关联基础之上，出现了这样的结构：

陆地—海洋：夏季—冬季：男人—女人：鹿角—象牙

鹿角和象牙被用于制作不同的狩猎工具或武器并无功能性原因，这进一步支持了差异的结构性组合。而且，民族志和历史证据都表明，因纽特人对环境的概念恰恰以陆地和海洋的两分法为中心。鹿肉和海兽肉不能在同一个陶罐中烹煮。鹿皮也不会在冰面上缝纫。女性与海兽的关联，陆地、男性与夏天生活的关联，在因纽特神话中都有证据。本质上，这些证据与考古学资料并没有显著差异，它们不过提供了更多关于假设的结构及其意义的情境信息。

通过一个清晰的范例，麦吉的分析说明，只要与情境和内容的分析（即土勒文化中象牙与海洋哺乳动物和女性之间的关联）结合起来，结构主义分析也有可能走向严谨。所以，我们有理由期待，随着逐步剥除考古科学"坚实"本质的神秘色彩，包含了指定意义的结构主义分析类型将会越来越常见和为人接受。因此，尽管目前尚未能实现，细致分析仍然大有前途。比如，我们有可能分辨房屋、聚落、墓地、墓葬、仪式场所等的左/右、前/后和中间/边缘的区别。我们还可探索礼制性与世俗性、生与死之间的其他二分现象。所有这些结构主义分析都会赋予观察对象以意义内容。

另一个可能让人感兴趣的范例是与聚落内外相关的家养/野生之分。理查兹和托玛斯（Richards and Thomas 1984）注意到，英格兰青铜时代礼制性石圈纪念性建筑中，尽管各种野生动物骨骼都出现在遗址边缘，但"内部"却不见它们的踪迹。托玛斯（Thomas 1988）和索普（Thorpe 1984）也指出，英国新石器时代墓葬和聚落中，猪、牛骨骼的摆放具有规律性。这种"结构性埋藏"并不仅见于礼制性情境。中欧新石器时代有一个明显转变，从在房屋旁挖坑填埋废弃物，到将废弃物遗弃到聚落的边缘地带（Hodder 1990a）。对"垃圾"的处置标明了洁净和肮脏、文化和自然、我们和他们之间明确的社会和文化边界。欧洲新石器时代遗弃行为的变化与越来越清晰地界定高于家庭层面的族群的边界相关。看起来，随着更大的群体越来越明确地浮出水面，原本标志房屋边界的遗弃"垃圾"被用来界定更大的群体（聚落边界的象征意义的其他论述参见 Hall 1976）。

评　论

本书关注寻求物质和精神之间关系的适当解释，但是，列维-斯特劳斯的主要贡献在于上层结构（superstructure）理论。基础结构之间的关系并不是他的研究重点。

索绪尔的著述对结构主义影响甚大。遵循其用于语言学的符号学方法,研究者着眼于考察符号的组织,使符号拥有意义。因此,针对所指(signified)概念,术语"陶罐"只是任意的能指(signifier)。当我们研究能指之间和能指与所指的关系时,对于器物本身——本例中真正的物质形态的陶罐——却不甚关心。鉴于诸如此类的原因,这种方法无助于我们研究物质和精神的关系(Hodder 1989a)。

能指　　　　　　所指　　　　　器物

首先,因为索绪尔只关注语言,而考古学家必须兼顾物质文化,索绪尔方法的符号和意义的抽象分析不适于考古学。物质文化器物与句子中的词语不同,没有按照线性叙述方式排列。同时,一件器物既可被视为生产过程和行为的结果,也可被看作符号,因为器物(陶罐)本身就是其他概念的能指。然而,当器物被当成符号使用时,器物和它所指代的对象之间的关系并不是任意的。比如,饭店用陶罐象征性地宣传它们的食物是传统的或者"家制"的,陶罐和特定的烹调风格之间的联系就不是任意的了。器物兼为物质性客体和符号,因此,将器物当作符号可能并非完全刻意而为。与之相对的,词语只是符号,因而不可避免地引起注意。作为符号的器物的无意识或者半意识性质造成含糊暧昧:

只要不刻意提及象征性，它的模棱两可就风平浪静，波澜不惊。最后，与词语不同，器物包含了词语所不具备的物质特性。器物以及它们的意义，更容易受到社会中某些群体的控制（Herzfeld 1992；Joyce 1998：148）。

最后一点至关重要。在探求结构和行为之间的关系时，结构主义发挥了必要但仍不充分的作用。因为器物（不仅仅是词语）可能是能指，人们可以通过操控器物而影响所指，即意义。因此，结构是行为的媒介，控制和操纵器物等行为可以通过改变意义而有效地改变结构。

这样，我们就面临施动者的可能性问题：我们观察人们可以怎样改变结构。即使我们忽略在物质文化中采纳他们的语言学方法造成的问题，无论是索绪尔的符号学，还是列维-斯特劳斯的结构主义都没有考虑施动者。尽管索绪尔模式赋予说话者以运用语言结构生成无限量句子的能力，但是，它毫不关心说话者对语言的实际应用，也没有考虑到授权可说和不可说的社会权力结构（Bourdieu 1977：25；1991）。换言之，我们必须从抽象、结构性"语言"编码转变到话语或者"情境交流"（Ricouer 1971；Barrett 1987；Hodder 1989a）。

结构主义和后结构主义中（Bapty and Yates 1990）都缺失能动性的空间。个人是被动的。虽然施动者不再由适应性规范法则决定，但转而受制于人类思维结构或者通则。事实上，相对于任何特定的"野蛮"社会中既丰富，又冲突的社会关系传说，列维-斯特劳斯更着迷于"野蛮思维"如何运作的普遍性问题（Geertz

1973: 345-59)。只要在图案或者活动的任何结构性领域中提出"什么是好的风格",这个立场的不足就一目了然了。所谓"时尚",不仅仅是跟上规则。欧尼尔(O'Neale 1932)发现,加利福尼亚北部海岸的印第安编篮者如果发现某个图案令人愉悦,设计整饬,就称赞这是"好"的,而结构混乱的图案则被认为是"差"的。但是,这种言语证据仅仅证明结构性风格的确存在——存在于结构之中或者超越结构,但都可能是"时尚"的。尽管在选择服装、装饰和性暗示上毫无章法可言,像乔治男孩(Boy George)或者玛丽莲·曼森(Marilyn Manson)一样的"流行明星"仍然可以创造新风格,并被奉为时尚,他们就是通过运用、玩弄或者转变与服饰相关的结构性规则,创造时尚。他们社会性地使用结构,创造了新的结构和社会。当然,无论是乔治男孩,还是曼森,都没有独立于社会结构之外。他们是两种机制的产物:(1)发达资本主义,使通过消费日用品创造独特个人成为可能(Jameson 1984);(2)以暴力为常规的亚文化传统:乔治男孩和曼森都属于通过发掘和依赖于精心算计的丑态而风光一时的标志人物(Hebdige 1979)。

我们的结构理论必须承认能动性的地位。在结构主义考古学中,规则构成了一整套共识:社会中每个人都被认为拥有同样的结构,都以同样的视角看待社会结构,也赋予社会结构以同样的意义。这是一种屡被尝试修改,但依旧强有力的规范性观念(Bekaert 1998),本书也尝试质疑。

批判的另一个方面是,尽管列维-斯特劳斯公开宣称关心历史研究（Lévi-Strauss 1963：1-30），但是，从三个层面上讲，结构主义是反历史的。第一，索绪尔强调符号的任意性。任何词语都可以用来标识陶罐的概念，而任何器物或空间都可以用来标识边界、性别、部落集团、夏天和冬天。显然，在符号通过长时期的历史秩序逐渐形成非任意意义的学科中，这种方法没有立锥之地。第二，特定符号常常被从历史和地理情境中剥离出来，抽象排列，以期揭示对立的深层结构。比如，勒儒瓦-高汉研究的旧石器时代晚期壁画实际上出自多个洞穴，年代跨度达 20000 年之久。第三，结构性变化如何发生还不清晰。当然，我们可以说，变化包含了结构性转型，这种意识十分重要；但是，结构主义分析本身基本不需要变化，也难以了解何以发生转型、为什么它们会朝一定的方向发生，以及结构本身为什么或怎样显著地改变。这个问题也来自于结构和过程之间关联不足，以及对结构的创造过程中活跃的个人重视不够。

当解释南美相邻社会的结构差异时，列维-斯特劳斯（Lévi-Strauss 1963：107）含糊其辞地提出经历了历史性移民、传播和融合的共同基础。但他很快否定了变化和差异的文化—历史解释，因为它无力"与向我们展现全球景象的现实"联系起来。考古学中，纳什（Nash 1977）将深层意义结构的渊源确定为荣格（Jung）的集体无意识的概念。根植于神经系统、世代相传、预先存在的原型将自身刻印成包括英雄、背叛者和母亲神等世间的形象时，意义就产生了。这种结构解释也不让人满意，因为它基本上否定了差异的存在：意义变成普遍适用、不受时空影响，放之四海皆准的人类生物学的一部分。而我们在社会性和物质性世界中的实际经历却毫无价值。

应该指出的是，以上讨论的有些问题——与物质文化的冲突、能动性的缺失及反历史倾向——都不是符号学本身固有的，而是由索绪尔阐发的符号学特定形式造成的。与之相对的，佩尔斯（Charles Peirce）的符号学能够将物质文化和能动性结合起来，就代表了考古学中卓有成效的方法（Bouissac 1994；Capone and Preucel 2002；Gottdeiner 1993；Maquet 1995；Preucel and Bauer 2001；Tilley 1991：4；Yentsch and Beaudry 2001）。索绪尔的方法中，符号是任意的，而佩尔斯的方法中，符号既可能是任意的（象征符号 symbol），也可能是非任意的（像似符号 icon 和指示符号 index）。像似符号显示与所指对象的形式关系，比如，绘制陶罐形状就代表了真正的陶罐。而指示符号与它们所索引的对象具有现实存在的关系：比如，空澡盆壁上的污垢就是澡盆内水面的指标。在对墓葬中的玉斧的虚拟讨论中，普鲁塞尔和鲍尔说明了三种类型的符号（指示符号、像似符号和象征符号）在考古学中的运用（Preucel and Bauer 2001；同时参考 Capone and Preucel 2002）。斧可能是埋藏地点和玉料来源之间跨地区贸易的指示，也可能是特定的时空情境的指示，进而指代墓葬及其随葬品。指示性因此界定了器物特定的、历史性和环境性的情境。由于形态近似，玉斧也可能是同一个地区实用斧头的像似。最后，在能指（斧）和所指（胞族）之间可能是任意性关系的情况下，玉斧成为胞族的象征。一个符号因此具有多重意义（其他意义参见

Maquet 1995)。

鉴于索绪尔的符号学是二元的，仅强调能指和所指，佩尔斯的方法则是三元的，允许符号、器物和"阐释者"之间的互动，我们可以简单地将后者定义为沟通器物和符号之间关系的行为者、言语者和阐释者。因此，符号学包含了符号如何和物质客体、符号使用者的经验和行为相关联的理论（图5）。由于强调人与情境、需求与结果之间的关联性，符号学是务实的（Preucel and Bauer 2001：88–89）。这样，符号学就给能动性和情境性沟通留出余地。符号学存在将沟通归纳为意义的编码和解码——而不是永不停息的过程——的倾向（Joyce 2002：15）。因此，能动性和情境性有回旋余地就格外重要。一个可能的缺点是，并不是所有物质文化都像符号一样行为。器物并没有最终指向外界，而有自身的生命周期，也不能够脱离主体的本我感而独立存在（参见第六章）。同时，在日常生活层面上，意义和器物（或事件）是偶然吻合的；这并不需要符号学解释：只是自然而然的事情（Bekaert 1998：17）。更进一步说，佩尔斯的三元说支持了一个值得质疑的两分法，一方面是器物，而另一方面是符号/解释（Thomas 1998）。

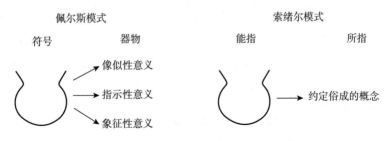

图5. 佩尔斯和索绪尔模式中物质符号的意义。

后结构主义

后结构主义提出了截然不同的批判（Tilley 1990a, b；Bapty and Yates 1990；Derrida 1976）。在结构主义中，能指通过与其他能指的差异获得意义。但是，其他能指也只有通过与更多能指的差异才能获得意义，依此无穷无尽地循环下去。同时，能指的意义根据所处情境而有所变化（Moore 1996：120-7）。因此，任何主张对立关系的封闭系统的结构主义分析都有可能被解构。事实上，任何宣称完整、完全或原创的意义，或者真理的分析都有可能被解构，因为意义的"原创"必然取决于其他能指。在另一个层面，即信息被接受的方式上，它的意义是开放的，罗兰·巴特（Barthes 1975）提出，作者在文本的意义上并不拥有任何权威。相反，读者带入了其他的声音和背景，由于写作和阅读时代之间存在年代跨度，读者"将理论和社会文化的交织历程编入文本之中"（Olsen 1990）。类似但略有不同的是，福柯提出，作者已死。福柯的意思是作者并不是观念的原创性渊源，因为观念及其借助表达的语言先于作者而存在。观念和语言都独立存在，作者不过承担了场地中介的功能。一个作者的写作只是观念再生产的众多地点之一。

和巴特、福柯一样，利科（Ricoeur 1971：78）也赞同，"文本的生命将摆脱作者经历的有限视域"。但他同时也指出，作者原意的某些侧面可能是固定的。换言之，利科提出，作者在一定程度上能够控制人们如何阐释他/她的写作。和奥斯汀（Austin 1962）和塞尔（Searle 1970）一样，利科确认表述具有多重效果。当表述被转换成为文本，远离作者时，作者就无法控制表述的语气（言外之意），也不能控制读者的反应（言后之意）。然而，书写的行为——将文字移拓到能持久保存的介质上——确保了所表述的内容（亦即命题内容或言内之意）不会被抹掉。因此，部分言论的意义就刻写于文本之中。意义并没有完全摆脱作者的意图。利科的作品无疑有利于考古学家，因为他表明，就像文本可以确定话语的部分意义一样，物质文化确定了部分行为意义（Hutson 2002a；Tilley 1991：118-21）。

保罗·康纳顿（Paul Connerton）、麦克·赫兹菲尔德（Michael Herzfeld）和萝丝玛丽·乔伊斯（Rosemary Joyce）讨论了固定意义的其他方式，即物质化（参见 Demarrais et al. 1996）。康纳顿从"具现实践"和"镌刻实践"的区分入手。具现实践是本质上短暂的单次表演和经历，比如舞蹈。而另一方面，镌刻实践，比如雕塑，则留下了超越原有表现的时间和空间情境的物质痕迹（Joyce 2000：9）。意义因而具有两种时间性："具现"是转瞬即逝的，而"镌刻"是永久长存的。物质化就是将意义刻写在永久的介质上，留下不可磨灭的痕迹的镌刻实践。当特定的意义以永久、长存的形式物质化后，意义变成永恒，物质化因而可能是政治策略。永恒之物看起来显得自然，也毋庸置疑，不可辩驳。因此，通过物质化过程，某些行为者可以将服务于自我的价值或者意见打扮成为自然、永恒和普惠大众的。我们在随后两章中将继续讨论，这样的尝试一直遭遇抵制。上述作者强调坚持其他阅读方式，他们对固化的观察与后结构主义走出驯化的倾向保持一致。然而，与激烈排斥个人施动者的后结构主义不同的是，意义蕴藏于政治策略中——意义并非始终无羁——与我们在过去的建构中寻找意义和能动性的地位的目标不谋而合。

总而言之，在两个层面上，过去结构的意义是不稳定的：（1）意义沿着无穷无尽的能指链扩散开来；（2）行为受制于多重阐释。后结构主义不仅关注过去结构的不稳定，也关心使考古学成为现代学科的权力系统。换言之，一个传统的考古学家可能说，考古学只关乎过去，考古学资料对于判断什么是优秀的考古学具有最终发言权。后结构主义者则会敞开这个领域，宣称评价标准扩展到瞬息万变的现代判断链。通过确定学科边界，考古学开辟了一个仅有少数事物可以被讨论（其他都是不值得思考，自然也是不予承认的），也仅有少数人（具备适当资格的）可以发言的空间。因此，对过去的判断的生产"一度受到一系列程序的控制、选择、组织和分配，这些程序的职能就是规避权力和危险的干扰，完全控制偶然事件，回避沉闷、可怕的物质性"（Foucault 1981：52）。考古学是"斗争场所，在这里发生的斗争决定合法身份和等级的条件和标准"（Bourdieu 1988：11）。考古学中的后结构主义方法试图确认考古学实践结构，使之去中心化，创造不那么绝对、唯一的与过去互动的方法。前者包含运用了实践、性别失衡、引文实践等多种修辞策略的文献（Claassen et al. 1999；Conkey with Williams 1991；参考 Gero et al. 1983；Hutson 1998，2002b；同时参考论文 Nelson *et al.* 1994；Tilley 1989，1990）。而后者则包括了全新文本策略的生产，从自反和对话，到超文本和半虚拟的"来自"过去的片段的引入（Edmonds 1999；Hodder 1992；Joyce 1994，2002；Moran and Hides 1990；Tringham 1991，1994）。在容许对考古学写作的绝对诉求的批判，追寻话语生产的真实效果上，这些方法作用巨大（Eagleton 1983）。

验　证

也许，对结构主义的主要批评集中在验证的概念上。怎样才能严谨地开展结构主义考古学研究呢？结构主义素以与无法证实的幻想和没有根据的争论的瓜葛而声名狼藉，因为所有的资料都可以被假想为相互之间或基本结构的转换。但是，很多结构主义分析的确看起来很严谨，能被广泛接受。人们可以评断不同的结构主义分析孰优孰劣，这表明，有理有据的论证过程是有目共睹的（Wylie 1982）。

结构主义考古学中，最广为流传的验证过程是证明在同样的历史情境中不同资料后面存在着同样结构。满足同样的组织原则的材料越多，组织原则就显得越可信。和系统分析一样，如果能够将以往互不相干的资料有机结合在一起，或者使它们有意义，结构主义分析就有说服力。正如我们所观察到的，仅仅去寻找模式（水平或者垂直带、对称等等）是不够的——我们同时需要对模式的意义进行一定的抽象化处理。因此，在迪兹（Deetz 1977）

对美国历史遗址中的垃圾、墓葬和陶罐形态的有说服力的分析中,我们可以发现,他提出的公共和个人伦理的抽象概念的历时性对比贯穿了整个研究,解释了广泛的不同类型资料。

近年来,帕克尔·皮尔森(Pearson 1999)通过证明考古学资料其他领域的相同结构原则,比如圆形房屋内活动的模式化空间组织,强化了英国铁器时代圆形房屋的房门朝向与太阳轨迹的象征性关联的观点。

在对格拉斯顿伯里(Glastonbury)铁器时代遗址结构关系的研究中,克拉克(Clarke 1972)用不同时代、不同居住组合中同样的男女对比结构支持他的论断。福瑞兹(Fritz 1978)在本地和区域层面上寻找同样的结构。提利(Tilley 1984)展示了如何通过同一时间段的陶器纹饰和墓葬习俗,观察抽象概念"边界"的变迁。在对奥克尼新石器时代遗存的分析中,霍德(Hodder 1982a)试图表明,尽管资料尚不充足,聚落、墓葬和空间的礼制性运用的结构的确是相互关联的。

结构验证——结构是否与资料相关——是个老生常谈的问题。所有的考古学分析都包括在观察过程中阐释真实世界,将自身理论放置在观察中,形成言之可信、行之有效的论点;除此之外,全为幻象。结构主义分析遵循同样的原则。比如,在对努巴艺术的分析中(参见上文,50、51页),衍生语法来自艺术,艺术内容越多,形式越多样,语法就越具可信度。我们可以提问,是否存在与这些规则不符的设计呢?比如,"词语"是否是在边上而不是角上结合在一起呢?事实上,我们发现符号⟶很少在艺术中出现，◆也是如此。这些母题不为语法所认可，而它们在艺术中的缺失就是对语法的支持。

我们必须意识到，结构不必具有普遍意义，而它们所假定的普遍意义不应该成为验证过程的主要部分。结构本身可能非常特殊（如努巴十字形图案的使用）。正是意义内容可能具备特定的历史价值。因此，努巴十字形不仅仅是图案结构，也是饱含情感的符号，具有强烈而特别的历史价值，影响了它在努巴艺术中的社会性运用（Hodder 1982a）。因此，在部分程度上，考古学中结构分析的验证必须关注与结构相关的特定意义的抽象总结。

在某些与现代拥有历史延续性的案例中，指定给过去的意义看起来具有可信度。18世纪美国离我们并不遥远，因此，格拉希（Glassie 1975）确认某些建筑类型、立面、房屋空间为"公共的"或"私人的"，以及将非对称与"自然"和"生态"联系起来，都颇有说服力。如果在肯尼亚或史前匈牙利将非对称与"生态"联系起来，我们就不那么笃定了。当跨文化施加意义，毫不考虑情境时，就会出现危险。因此，勒儒瓦-高汉（Leroi-Gourhan 1982）在确认旧石器时代洞穴中的"男性"或"女性"图案时异常谨慎。但是，如果史前时代的情境和关联资料更充分的话，意义就可能被谨慎地建立起来。在对欧洲新石器时代文化的研究中，霍德基于八个共同点提出墓葬象征房屋（Hodder 1984a）。情境和功能关联也支持对意义共性的探索。确实，尽管考古学家习以为常地提出假设，我们不能笃信，男性墓葬中发现的器物都具备"阳性"特征，或者在仪式性遗址中发现的器物都具有"礼制"意义。通过谨慎、批判性地思考情境，我们就有望提出可信的意义。

可能有人认为，结构性和功能性阐释是二元对立的，支持某种理论的重要方法之一就是证明资料不足以支持另一种理论。麦吉通过提出以象牙和鹿角制作不同类型的工具或武器并无功能性需求，支持自己的个案。这种论证的危险在于，它常常假定物质性和功能性侧面的主导地位：功能需要首先阐释，剩下的就是"思想"。这个论点也错误地假定了功能性和象征性意义的二元对立。麦吉的案例表明，一件器物可能既是一套工具的一部分，也是类别的结构性组合的一部分。作为考古学家，我们必须充分考虑埋藏和后埋藏因素，发现遗物间的功能性关联。这种功能性关联影响了赋予器物以意义——器物的部分象征性和认知性意义就来自于使用。在第二章中，我们看到，功能的认定取决于象征意义的认定。这样，我们又回到了物质文化既是器物又是符号、两者相互影响，但构成完整整体的观点。

让我们用一个纯属虚构的案例说明这个观点（相对真实的案例参见 Parker Pearson 1999）。假定在一个地区发现了史前时代长屋。它们都采用西北—东南方向轴线，门朝向东南。这样可以提出两种截然不同的"假设"：轴线是由当地主要刮西北风决定的，或者西北—东南轴线具有象征意义。两种假设都能得到支持，一方面，当地的主导风向确实是西北风，而另一方面，其他领域内存在同样的结构，比如在墓葬和礼制遗址，以及聚落空间使用的其他侧面都可以看到同样的西北—东南轴线。事实上，两种假设并不矛盾。在赋予周围的世界以意义时，我们通常会利用太阳、月亮、河流、山脉的位置及风向；同样，赋予风向和主导轴线的象征意义将影响到房屋和聚落布局。因此，功能性使用和环境性特征都是赋予世界以意义的过程的一部分，对意义结构的验证不应该忽略这些因素。

我们已经发现，通过表明结构可以解释众多不同类别的资料，就可以建立起可信的结构主义讨论。同时，结构必须被放置到它们的意义内容和使用情境中。通过各种办法，我们发现：有的论点无法经受住证据的检验。女性墓葬中发现的"阳性"器物，"群体性"行为中存在众多"个人性"特征，或者太多的箭头都是由象牙制成的。当然，有人可以在不"符合"时提出结构发生"转型"，但是，在某些层面，至少对他人而言，人的智识独创性变得不太可信时，就得寻找能够解释资料的不同结构了。

结论：结构主义考古学的重要性

本章重点转移到符号编码和思维结构。下一章将描述其他技术性和社会性结构。考古学中，此类工作的重要性主要在于，它将我们带入了分析的另一个层面。我们不再拘泥于表现的量化，也关注对缺失的阐释。系统不再仅仅指当下，——也包括它脱胎而来的结构。生命中变化的重重阴影压制了我们认知世界的能力，所以我们运用结构，有助于简化差异，以我们能够理解的类别组织起来。正如上文已经明辨，我们仍然没有充分发现文化和历史情境中的施动者,但是我们已小有斩获,特别是在理解文化是有意义地建构上。

结构主义为物质文化意义分析提供了方法和理论。过程主义考古学家普遍关注符号的功能,正如我们所见,功能是意义的重要侧面:对于陶罐的象征意义而言,陶罐与内容物、与烹煮内容物的火、与族群认同、与社会等级相关的使用和关联虽不起决定作用,但都很重要。但是,过程主义考古学家却毫不关心这些功能性关联是如何组成意义结构的。姑且不论它的局限性,结构主义至少迈出走向更广阔的研究方法的第一步。

此外,不管采取何种形式,结构主义对所有类型的考古学的主要贡献就是转型意识。施斐尔(Schiffer 1976)已经注意到了文化转型的重要性,但是结构主义提供了方法和更深层次的分析。正如法里斯(Faris 1983)指出的,物质文化不代表社会关系——相反,它代表了观察社会关系的方法。从表明"污秽"观念干预了遗存和社会之间关系的垃圾研究(Okely 1979; Moore 1982),到表明墓葬是社会的观念转型的研究(Parker Pearson 1982),结构主义功不可没。系统分析可以揭示出转型原理。

一个相关而且同样重要的贡献是,物质文化和人类活动的不同范畴(墓葬、聚落、艺术、交换)可能是同样的基本模式的转型形式,或者相互转换的结果。这样,与其将不同的范畴看成独立的子系统,不如将每个范畴都当成同样实践的不同、但相关的对外表现。在各种考古学资料和分析的整合上,"文化是有意义地建构的"观念的重要性表现得淋漓尽致。

至此，我们仍未关注结构主义和考古学相结合成果最丰硕的领域之一——美国物质文化的历史研究（Deetz 1967：86-93；1977；Glassie 1975；Leone 1988；Leone and Potter 1988；Palkovich 1988；Yentsch 1991）。在本章结束之际，我们将提到若干作者。他们的个案研究（Tilley 1991）既保留了结构主义贡献，又将讨论放置在活跃而富有挑战的情境之中。比如，叶辛（Yentsch）研究了17—18世纪美国陶器的等级意义如何和家庭空间划分的等级结构（公共/私人，男/女）相关联，这就超越了仅仅留意对抗领域的层面，而考虑到激活这些空间的人们（奴隶、妇女、儿童、更渺小或更伟大的人）。叶辛探索了通过占用特定空间(比如房屋中的房间）和使用适合不同空间的陶器类型，如何生产和再造同一社会和家庭中不同成员之间的不平等关系。博柯维奇（Palkovich 1988）和莱昂纳（Leone 1988）的论文揭示了人们挑战同样的意义结构（Deetz 1977提出的"乔治王朝世界观"）和附属的价值等级系统的方式。这些美国历史考古学案例揭示了宇宙观结构如何服务于部分社会成员的利益，以及这些结构如何成为不同集团之间冲突的介质。我们将在随后两章中讨论社会局部利益和社会冲突。

第四章 马克思主义和意识形态

本章的主要议题是考察马克思主义考古学对理解社会和意识形态关系的贡献。在这种情境下考虑社会结构，我们有必要确认它与过程主义方法的区别。本章中，"社会结构"一词并不指角色和关系的模式，而是在模式背后生产性互动的框架。然而，我们的着眼点并不是全面讨论其他著述已经充分阐发的马克思主义考古学（Spriggs 1984；Trigger 1984；McGuire 1992；Kristiansen and Rowlands 1998），相反，我们希望在考察马克思主义考古学对意识形态的讨论之前，简明扼要地梳理马克思主义考古学确认的社会结构类型。

马克思主义考古学

尽管有的马克思主义考古学家宣称回避唯物和唯心之分（Spriggs 1984），我们仍会回到唯物主义。在下文中，我们可以发现，在这一点上，马克思主义考古学与过程主义考古学同出一辙，在考古学中提出此类主张，实属无稽之谈。正由于结合了结构意识，马克思主义考古学才能与过程主义考古学分道扬镳。正如我们随后所见，这并不是宣称马克思主义考古学回避功能性讨论。真正令人耳目一新的是，所有的社会实践都包含辩证关系：社会在矛盾统一中得到发展。在可见的社会系统背后是各种各样的关系，有的相互冲突，有的相互兼容，有的则衍生变化。因此，为了评估马克思主义考古学的本质，我们必须转入矛盾和冲突的范畴。

在阿尔都塞（Althusser）的结构马克思主义和受其影响的考古学作者中，两种基本矛盾是不同社会集团利益之间的矛盾（如阶级斗争），以及生产力和生产关系之间的矛盾（下文定义）。在前一种矛盾中，马克思主义特别强调阶级区分，统治阶级控制生产方式，占有剩余产品。阶级之间利益相互冲突，因为一个阶级的利益的扩张以另一个阶级的利益的损失为代价。这个观念被运用到前资本主义社会和基于年龄、性别、家族谱系的社会区分上。因此，法里斯（Faris 1983）认为，在欧洲的旧石器时代晚期，男性占有女性劳动产品，在损害女性权力的基础之上拥有控制权。这些研究中的"社会结构"观念虽然阐发不足，但关注了显著的社会关系（男和女、首领和平民之间）背后的生产与支配关系。

与第一种矛盾明确相关，常常构成其基础的第二种形式矛盾是结构性排斥。生产力与生产关系形成矛盾。弗里德曼（Friedman 1974）曾经阐释这些术语及其关系（见下表）。

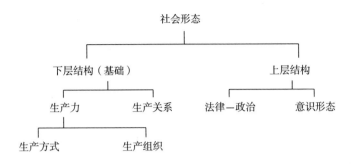

生产力包括生产方式（技术和生态系统，即自然环境转变成人类产品的方式）和生产组织（劳动力组织）。另一方面，生产关系是与生产力相关的社会关系。这些社会关系因社会不同而不同：比如，在某些社会中，亲属关系规范了生产力，但是在现代西方社会中，这却不多见。生产的社会关系规范了环境被现有技术运用的方式，它们同样决定了谁应该工作以及劳动产品如何分配。就像其他领域的马克思主义分析一样，考古学中，对生产力和生产关系的相对重要性的认识见仁见智。在有些著述中，生产力是自行发展、内部滋生的，并导致生产力和生产关系之间的矛盾。吉尔曼（Gilman 1984）对旧石器时代晚期革命的分析可以作为此类立场的范例。他提出，作为这个时期的标志的家户生产方式（Domestic Mode of Production）（Sahlins 1972）包含了内部矛盾。一方面，为了求生，本土集团需要外部联盟，但另一方面，他们希望保住对自有资源的控制。自力更生的集团希望退出联盟网络，随着技术进步，集团的自给自足程度提高，而联盟网络与本地生产之间的矛盾导致边界分明的本土联盟的出现。本土联盟划分出相互扶助的封闭小圈子，解除了帮助其他人的义务。尽管吉尔曼宣称（Gilman 1984：123），技术并不决定特定的社会变化，物质决定性也不重要，但是，技术变化的确占据了主导地位（图6）。它们就是石器上适者生存的达尔文式选择的结果（同上）。

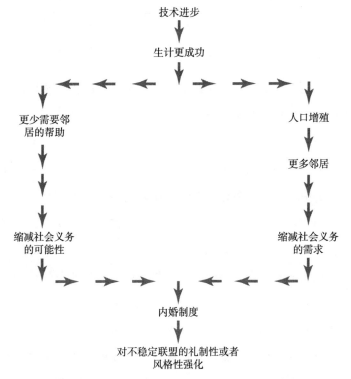

图6. 吉尔曼（Gilman 1984）提出的旧石器时代晚期技术进步和社会变迁之间的关系。

在这类分析中，生产力和生产关系的矛盾是生产力的变化造成的，如后文所示，这些矛盾最终导致风格和意识形态等领域的变化。这些观点看起来并不充分，如果有人追问技术变化的原因，或者社会关系特定形态的成因时，不足尤其明显。因此，现在，很多马克思主义者提出，至少在前资本主义社会形态之中，生产的社会关系要么控制生产力，要么与生产力形成双向辩证关系。

本德（Bender 1978）对农业的生成的讨论为社会关系居于主导地位的观点提供了有趣的案例。她提出，在农业产生之前，本土族群之间通过仪式、宴飨和交换等手段争夺控制权。正是社会控制策略导致对本土生计生产需求的增长，进而导致更密集的生产，最终走向农业的生成。因此，人类与自然环境的关系的变化，生产力的变化都取决于社会关系。

弗里德曼清晰勾勒出早期平等社会的统治和等级制度的成长（Friedman 1975）。弗里德曼和罗兰兹进一步阐发，将它运用到国家社会的出现上（Friedman and Rowlands 1978）。弗里德曼模式的一个侧面——威望物系统——已经广泛地运用于欧洲史前史（参见 Bradley 1984；Kristiansen 1979；Frankenstein and Rowlands 1978；Kristiansen and Rowlands 1998）和美国西南部和中西部研究（Bender 1985；McGuire and Howard 1987；Gledhill 1978）。在这些研究中，生产的社会关系居于主导地位，而意识形态则处于次要地位，很少有人讨论物质文化是有意义地建构的。

至此，我们已经部分接触到马克思主义考古学的"结构"概念——它关注生产关系和分配关系。这个结构是"潜在"、隐匿不见的，原因之一是它被意识形态所掩盖。现在，我们回到本章的主题上：在马克思主义考古学中，相对于社会结构，意识形态的角色是什么？

意识形态

考古学家常常引用马克思 1859 年提出的论断，即包括意识形态在内的上层建筑建立在经济基础之上。因此，意识形态的功能就是调和生产力和生产关系内部和之间的矛盾和冲突。如果比较迪兹（Deetz 1988）对 18、19 世纪北美的变化，与莱昂纳（Leone 1988）和佩特尔（Paynter 1988）对资本主义兴起的分析，就可揭示出观念的结构性系统分析和马克思主义意识形态分析之别。在迪兹看来，意识形态就是世界观，而对于莱昂纳和佩特尔而言，意识形态与特定的生产方式相关。大部分马克思主义考古学都详尽阐释了意识形态如何由经济基础决定，并与经济基础发生关系。虽然不时有人宣称，经济基础和上层建筑之间存在自反性关系，但在实际运用中，唯物主义和功能主义仍然占据主导地位（如下）。

在马克思主义方法中，意识形态常常通过功能进行阐释，但是，物质文化也具有"动态"性。按照沃伯斯特的观点（25、26 页），只有物质文化发生作用，整个系统才得以运转。然而，整体而言，尽管这些功能需求和我们在过程主义考古学中发现的已经大相径庭，"活动"仍然只是功能性需求非常被动的终端产物。吉尔曼（Gilman 1984）对旧石器时代晚期转型提出马克思主义分析，清晰地表明了与沃伯斯特的区别。吉尔曼并不认为旧石器时代晚期风格可以促进社会集团内的合作，明确社会集团间的差异，相反，他指出，正因为相互协作与内在矛盾密切联系在一起，风格和仪式才能得到发展。打破联盟网络和保护本土集团内的生产的愿望导致不稳定的内婚制度。因此，风格和仪式有助于形成社会集团，否则，分裂不可避免。物质文化通过提供一种掩饰性意识形态，掩藏或者误表内部矛盾而发挥功能。

法里斯（Faris 1983）提供了另一个重要的旧石器时代晚期的个案分析，体现了意识形态"掩盖"社会冲突的象征结构。法里斯注意到西欧旧石器时代壁画和可携带的艺术品之间的差异。洞穴艺术主要描绘需要复杂狩猎技术的大型猎物，艺术本身技艺精湛，精力投入可观，某些部分甚至需要搭建脚手架才能完成。尽管从考古学埋藏可知，植物和小型动物已是饮食结构的重要成分，但却不见于壁画中。另一方面，女性塑像以其他方式误表现实。在可携带的艺术品中，身体中部的性和生殖器官极尽夸张，四肢和面部特征却很潦草——这不是一个劳动者的形象。如果整体性观察艺术，就会发现男性狩猎活动得到强调，尽管它可能只提供了部分被消耗资源。小型动物、植物和女性生产却没有得到表现，女性仅被当作繁殖象征。

在重建中，法里斯谨慎地标明了自身的认知偏见。他兼顾了象征形式和内容。符号结构误表了女性的社会角色，换言之，象征主义以充满意识形态的方式改变了生产关系。男性统治权建立在占有女性劳动的基础之上，洞穴艺术使矛盾神秘化，防止爆发冲突。物质文化需要被当成美学传统，以及社会统治策略中意识形态的组成部分予以理解。

在上述两项旧石器时代晚期的研究中，意识形态与经济基础（生产力和生产的社会关系）存在功能性关联。克里斯汀森（Kristiansen 1984）为欧洲新石器时代巨石墓葬结构中意识形态的地位的研究提供了进一步案例。他的研究目标是确定意识形态和文化规范如何与再生产的物质功能相对应（Kristiansen 1984：77）。巨石纪念物被当成通过共同血缘结构组织起来的生产的礼制性延伸。血缘集团领袖控制的剩余产品转换成为礼制性盛宴和祖先崇拜。

克里斯汀森的研究表现出明显的唯物主义倾向，但同时值得注意的是，只有通过意识形态——就是通过对墓葬纪念物的解释，与它进行对比的社会现实才能见诸考古学。这样看来，在第二章讨论的过程研究中，唯物主义只是虚有其表。显然，我们无法从物质基础推断意识形态，因为，正是通过意识形态，物质基础才能得到理解。

克里斯汀森研究的另一个显著特征是将意识形态视为礼制的自觉世界。包括莱昂纳（Leone 1984）在内的其他人的研究更偏向于关注生活的方方面面里与生俱来的无意识、不言自明的意识形态侧面（Althusser 1977）。对莱昂纳而言，这些关于本质、动因、时间、人物的"预设"观念都被用来自然化或掩饰社会秩序的不平等。意识形态隐瞒了生产的社会关系的任意性，使它们看似存在于自然和过去之中，因而显得不可避免。莱昂纳特别关注由历史考古学家复原的马里兰州安纳波利斯花园的平面布局。18世纪，农场主的社会控制式微，富有绅士，比如安纳波利斯花园的主人威廉·帕卡（William Paca）拥有充满矛盾的信仰。一方面，他所继承的财富部分得益于奴隶制度，另一方面，他又狂热地捍卫自由主义。莱昂纳指出，为了掩盖这个矛盾，帕卡的权力被安置在自然之中。因此，室内标准的乔治王朝风格和精心设计的花园符合双向对称和透视法则。通过这种方法，社会秩序的任意性被自然化了，绅士被隔离开来，远离对社会秩序的攻击的影响。花园的平衡和组织看起来既自然又有秩序，也使社会精英成为社会控制的自然中心。

在这个案例中，意识形态的唯物主义观点仍然清晰可见，即意识形态在18世纪社会不断高涨的社会矛盾中发挥了作用。但是，正如第一章提及，这类研究对于本书的重要贡献在于尝试检验象征意义结构与社会结构和系统相结合的方式。在莱昂纳的案例中，我们回到象征结构，但是，象征结构通过意识形态和社会过程与社会结构联系在一起。就像第三章所示，这种关联还不是结构主义考古学的关注焦点。

我们希望借用莱昂纳对物质文化在意识形态中的作用的鞭辟入里的讨论（其他案例参见 Miller and Tilley 1984），展开对马克思主义考古学中意识形态的四点评论。

评论之一

我们常常发现，20世纪80年代的马克思主义分析中，意识形态是全社会共享的——因此，保留了规范性观念的诸多特征。比如，在安纳波利斯案例中，莱昂纳没有表明，对于不同的社会集团，同样的物质文化可能具有不同的意义和意识形态作用。统治阶级观念愚弄人民的程度是惊人的。建筑秩序、街道布局、成排成行的树木,以及花园设计都掩饰了社会秩序的专横跋扈。统治阶级可能真的信仰自身的意识形态,但是,并无证据显示,所有社会成员都认同花园布局与社会秩序相关,或者他们以各种形式褒扬或者推崇花园。20世纪80年代晚期,马克思主义通过采纳实践理论,成功地回应了这个批评。由于更透彻地理解了权力关系,晚近的研究从社会控制转向阶级斗争。在这些研究中,受骗者不复存在,取而代之的是挑战了压迫自身的意识形态和机制、活跃的社会施动者(McGuire 1992)。我们将在下一章再评介对抵抗的研究。第五章将讨论实践、权力和能动性等观念,这是任何对抵抗的讨论赖以建立的基础。

评论之二

评论之二关注所有马克思主义考古学将意识形态与社会现实、"真实"的生存条件、"真实"的矛盾对立起来的倾向。我们已经看到,意识形态被描述为掩饰社会秩序的不平等,或者使它看起来自然合理;但是,"不平等"本身就是带有价值判断的术语,或者具有意识形态倾向。马克思主义对错误意识的观念表明,人们不能看到他们存在其中的现实,因为现实被意识形态所遮蔽。那么,社会现实究竟是什么?

对于众多马克思主义考古学家而言,社会现实被定义为生产力和生产关系。这样,马克思主义就要面对自己的批判,即马克思主义对社会现实的定义本身就是意识形态。因为社会现实必须被观察者感知和创造,所以它就是意识形态。坚信马克思主义提供了认知客观现实的真正科学的立场不过是表达信仰。意识形态并无终结（Giddens 1979：197）。

在讨论克里斯汀森的研究时，我们发现，定义社会现实的问题在考古学中尤其尖锐，因为物质文化既是社会现实，又是意识形态。因此，墓葬可能揭示出分配剩余产品的世系方式，但也可能被解释为掩盖社会现实的意识形态。那么，社会现实究竟在哪里？

对于不同的社会行为者而言，社会不平等和矛盾可能有不同的"现实"。尚克斯和提利（Shanks and Tilley 1977）已经在考古学中详尽讨论过阿尔都塞理论（Althusser 1977）。根据该理论，意识形态并不是被扭曲的沟通，而是所有社会的功能性必需品。阿尔都塞没有将意识形态和现实对立起来，而是试图将意识形态表述为日常、实践的无意识组织。福柯关于权力是所有社会行为的恒定要素的论断已经成为考古学论争的前沿热点（Miller and Tilley 1984）。在《规训与惩罚》（*Surveillir et Punir*）中，福柯（Foucault 1977）指出，权力不仅仅是抑制性和消极的，也是主动和富有成效的知识。它不仅仅掩盖、隐藏或者压制现实，也创造现实。权力不是一个集团强加在另外一个集团上的常见统治系统。相反，权力无处不在，无时无刻不被衍生。它既见诸观念，也现于物质。我们可以提出，在相互依赖、难以区分的象征资本和物质资本的操纵下，权力关系相互转化、强化，甚至有时颠覆，斗争永无休止。

按照福柯的思路，米勒和提利（Miller and Tilley 1984）将权力定义成为转型能力,包括内向权力(power to)和外向权力(power over)。内向权力是在世界中行动的能力,是所有社会实践的必要成分。外向权力则指社会控制和统治。对于两种类型的权力而言,意识形态都是至关重要的,而且与权力固有的利益密切相关。尽管社会集团没有利益,作为集团成员的行为者却与利益休戚相关,因为文化是公共的,而需求和希冀则是社会性建构的(Giddens 1979: 189; Geertz 1973)。因此,对意识形态的考察就是了解如何驱动象征意义,使集团的局部利益合法化。按照吉登斯(Giddens 1979, 1981)的观点,意识形态以三种方式发挥作用:(1)将局部利益阐释成为普遍利益,(2)否认或者篡改矛盾,(3)现实的自然化或者物化。这些观点直接影响了考古学家(Hodder 1982c; Miller and Tilley 1984)。譬如,如果墓葬遗存被看成社会秩序的意识形态自然化,墓地内的墓葬变化(骨骼如何放置、墓葬随葬品等等)就直接对应社会结构;但是,如果某个社会的墓葬遗存否认矛盾,那么考古学中的墓葬材料就不能用来"阅读"社会组织。物质文化是社会现实的一种形式,但不是唯一的。在定义权力时,价值体系和威望体系都与物质资源系统相关。

社会中不同的局部利益都会形成自身的意识形态,有别于其他意识形态和利益。同样的社会中,可以通过不同观点揭示出社会利益和权力关系。利益和权力的界定有别于对生产力和物质资源的控制。不同的意识形态长期共存,相互作用,主流意识形态持续不断地遭到其他观点的颠覆。物质文化涉足的任何领域(家庭的、礼制的，交换、墓葬）都包含了不同的意义和权力之间的妥协。一个集团认定的一个层面上的不平等可能在另一个层面上是平等的。威廉·帕卡的花园可能令他满意，使他自身的社会利益合法化，但是，其他人是否同样认为就不得而知了。我们可以指出，这种类型的物质文化陈述本就是社会分裂的。事实上，所有的意识形态都在"揭示"的过程中"掩饰"。

评论之三

对于马克思主义意识形态方法在考古学中的运用的第三个评论是，跨文化方法常常缺乏对具体的历史情境的关怀。吉登斯的三种意识形态类型被推广得过于广泛轻率。在没有考虑跨文化模式适用与否的情况下，本章讨论的案例就草率地运用了威望、自然化、掩盖等观念。在莱昂纳的案例中，我们如何知晓花园如同描述的那样具有意识形态功能呢？我们对使用情境知之甚少：花园是如何使用的？被统治集团是否参观过甚至看到过这个花园？他们是否在自家规模较小的家庭或花园中采用同样的布局，抑或他们的花园截然不同？

同样，对跨文化方法的强调导致无法解释意识形态形式的具体性。因此，在吉尔曼的分析中，对作为意识形态的风格和仪式的通则性阐释丝毫不能解释为什么在这里发现的是洞穴艺术，而不是其他仪式。关于法里斯的研究，我们有必要提出这样的问题：为什么洞穴艺术不见于旧石器时代晚期的中欧，虽然当地也有适宜的洞穴？对意识形态功能的通则性总结无法解释这些差异。同样，威廉·帕卡也有多种表达秩序感的方法。

评论之四

马克思主义意识形态研究方法的最后一个局限与意识形态的生成和衍生性角色相关。如果无法解释意识形态的具体性（评论之三），就必然无法解释它是如何"形成"的。公正地说，这是马克思主义考古学而不是马克思主义的局限，作为一个历史唯物主义者，马克思的确关心主观（社会中的人）和客观（物质世界）之间的关系。主观和客观之间存在缓慢但持续的转化，产生新的需求和愿望，而最终将历史赋予意识形态。在考古学中，马克思主义个案研究将意识形态和功能联系起来，但是是否可以宣称，掩盖族群首领巧取豪夺的意识形态需求导致巨石墓葬纪念物的出现？或者，安纳波利斯社会控制的合法化的需求导致花园的出现？缺乏富有启发的论争导致对马克思主义分析是否足以解释意识形态的具体性（评论之三）及其衍生（评论之四）的质疑。这近似于第二章和第三章提出的批评。与本书已经提及的所有其他方法一样，有一个问题尚未触及：特定的意识形态（结构、意识子系统等等）来自何方？

马克思主义考古学分析没有涉及意识形态的特质及"形成"，也没有试图展示意识形态如何决定和创造社会（参见 McGuire 1988; Miller 1985a）。由于强调意识形态的功能，加上此类分析的唯物主义倾向，意识形态的自反性角色就无人问津了。比如，莱昂纳认为，帕卡房屋和花园表达的乔治王朝风格服务于预设的社会功能，但是，组织空间和时间的想法本身就是可以追溯到地中海世界古典文明的漫长历史传统的组成部分。因此，我们可以提出，秩序的古典观念本身在创造西方社会中发挥了重要作用，同时决定了帕卡追逐的社会利益。换言之，我们可以赋予意识形态和意识形态化的物质文化更具有创造力和更灵活的地位。

意识形态和权力：结论

意识形态就是符号系统的一部分。它指那些从社会的不同利益出发，密切参与权力协商的成分。文化意义和象征符号被用于权力策略和社会控制的协商之中，但它们也至少部分地形塑了那些策略。意识形态不会与生产的社会关系相对立。它也不能被解释为承担了与某些社会现实相关的功能，因为对现实以及对意识形态和现实之间关系的分析本身就属于意识形态。相反，意识形态是从特定的立场出发，评估资源、界定不平等关系和使权力合法化的框架。观念就是权力协商中的"真实"资源，而物质资源是意识形态工具的组成成分。

因此，研究意识形态涉及考古学家在理论上先天不足的两种成分。第一，意识形态不可能用客观条件和功能予以衡量，它们必须从"内部"进行研究。推理术语都是历史性形成的。因此，我们需要探求社会赖以产生的意义法则的"内部"的方法，第七章将涉及这个问题。

第二，对马克思主义考古学的批判性分析导致我们回到社会施动者的重要性的问题上。我们将在下一章中详细阐述，任何事件的结果都不是预定的，也不存在任何指南，只要查询，就会得到任何社会局势的标准答案。因此,行为者始终都有讨价还价的空间,他们有意无意地运用了对局部利益和产生局部利益的多元社会定位之间的斗争的理解。

在随后的章节中,我们将讨论主要得益于马克思主义的方法。在第五章中,我们将讨论深受吉登斯和布迪厄影响的考古学中的能动性和实践理论,吉登斯和布迪厄的著述都可以看成是对马克思主义的回应。在考古学中,麦克奎尔已经从马克思主义内部出发,讨论了成熟的能动性理论(McGuire 1992)。在第六章中,我们将讨论具现理论,即权力和社会如何通过身体建构起来。深受马克思主义影响的考古学家,比如克里斯汀森和罗兰兹的早期著述大多倾向于用通则性进化论术语描述权力。但近年来,他们转而研究权力的具现(Kirstiansen and Rowlands 1998)。权力不再以通则式方式描述,而被当作关于身体、身体本质和物质流的特定概念。因此,对权力的解释将更加微妙,集中在身体实践和信仰的细节之上。对于涉及权力、实践、能动性和身体之间关系的现代论争而言,马克思主义考古学的近期发展贡献良多。

第五章 能动性和实践

实践和结构化

在概述"实践理论"时,布迪厄(Bourdieu 1977)提出,观察和分析社会事件与参与社会活动之间存在差异。比如,结构主义有利于我们观察模式是如何产生的,但是却不能指导我们如何在持续变化的环境中有效地运用结构。吉登斯(Giddens 1979,1981)也想规避包含了预设概念的变化观。

布迪厄和吉登斯都提出了关于实践或者社会行为的理论,按照吉登斯的说法,"结构化"(structuration)就是在结构和实践之间的循环往复的关系。布迪厄的理论与考古学家的关系尤其密切,因为他的理论根植于物质文化和空间使用。事实上,他的理论既被邓利(Donley 1982)、摩尔(Moore 1982)和布莱斯维特(Braithwaite 1982)用于民族考古学,也被巴拉特(Barrett 1981)和戴维斯(Davis 1984)用于考古学。

布迪厄将莫斯(Mauss 1973)首创的"惯习"(habitus)概念放置在结构和实践之间。然而,任何定义"惯习"(不论单数还是复数）的尝试都与布迪厄观点的精髓背道而驰。作为对某些客观主义的挑战，布迪厄提出，概念是在使用过程中得到理解的：任何形成概念的尝试——将其从使用情境中剥离出来，建构其使用方式系统化的规则——都误解了概念所在环境的含糊性和不可预测性。然而，我们可以暂时将惯习理解成为一个持久但变化的倾向，包括比如荣誉感或者左/右、上/下和其他结构性原则。惯习是衍生策略的行为倾向，使施动者能够应对不曾预见的环境。布迪厄并没有将惯习看成大脑中预设的机械原则的抽象总结，相反，他强调实践逻辑和知识的重要性。惯习包括所有的分类和认知模式，但是它是无意识的语言、体质和文化能力。在日常活动中，存在着无法化约为规则的急智、技巧和随机应变等实践知识。同样，吉登斯指出，每一个行为者的知识整体，在结构和实践之间上传下达，就包括了言语性和实践性意识。实践性意识包括在社会中"怎么办"的知识——这是一种形成于日常活动中的技巧性知识，随机应变，充满策略，完全取决于情境。个人灵活地控制行为，可以打破或者获取对社会结构的认识。行为的普遍模式就是通过惯习，而不是规范或法则产生的实践的结果。当被问及如何解释行为时，我们可能会说，不过是按规则办事。但是，我们的解释非但没有厘清事实，反而造成更多混乱。归因于规则就混淆了实践逻辑，因为它们是行为发生之后的产物。本土世界的理论重建和世界的本土经历之间常常存在差距（Bourdieu 1977：18-19）。理性化和策略化过程抹平了行为和解释、经历和重建之间的鸿沟。因此，解释变成一种事后知识和判断，其逻辑掩盖和超越了实践逻辑。在施动者遵循规则的个案里，我们必须记住，他们遵循规则，不仅仅是因为规则就是规则，而是他们可能从遵循规则，从遵循社会认可的价值中获利，"规则的囊底之计就是诱使我们遗忘，施动者遵循规则有利可图"（Bourdieu 1977：22）。

然而，社会集团中确实存在行为的共性。很多事物虽不能决定行为规则，但都添砖加瓦地有所贡献。上文中已经提到，由于"规则的把戏"，如果遵循那些被认可的行为，将有所获。"当系统的运作越符合施动者利益时，他们就越倾向于支持系统的运作。"（Bourdieu 1977：65）这些有意识的、自反性的、自我规范的策略强化了实践，但根据布迪厄的认识，仍没有产生实践。

布迪厄认为，在行为共性中，有意识的、有目的的行为只占次要位置（Bourdieu 1977：73）。他进而考虑到，惯习是如何不必依靠话语或者意识就一代一代延续下来的。在布迪厄理论中，文化适应过程的中心地位对于历史学非常重要，因为它通过社会的"文化史"和社会实践联系起来。惯习代代相传，它就在社会行动中发挥了积极作用，并且在这些行为中转型。由于惯习是实践逻辑，吉登斯的"结构二元性"，即循环往复才有可能。

惯习模式——合情合理与否的感觉——通过实践传承下来，但这并不意味着学习是对正确行为的机械记忆。在日常生活模式中，在格言、歌谣、谜语、游戏、对成年人的观察和接触中，儿童很容易把握一系列事件后面的理性原则。儿童不断调整和适应主观和客观模式，"此处"和"彼处"模式，生成系统性倾向。

儿童在自身的社会位置上观察他人如何回应他/她，最终获得的惯习就建立在这里。

行为的具体背景，建筑或者其他，在润物无声的教育中也发挥了一定功能，因为故事和意义可以附着在地点上，地点也可以将一些人与其他人或物区分开来（Bourdieu 1977：187-94；Basso 1983）。这样，教谕与制度性产生的规训形式并无太大不同（Foucault 1977）。特别是，房屋、室内空间和器物的使用，都会帮助儿童理解惯习。通过身体从房屋的"阳性"移动到"阴性"部分，从"明亮"移动到"黑暗"部分，"儿童通过身体阅读获取自身的世界观"（Bourdieu 1977：90）。这些规则性学习过程造就了智慧"体"。它们记录了一种存在方式，一种认知和理解的身体模式。不同的社会集团，通过不同的社会惯习，对同一个家的理解大相径庭。多利（Donley 1990）精彩地说明，在肯尼亚斯瓦希里人（Swahili）的房屋中，男性和女性通过室内空间和器物的使用认知他们在世界中的位置。正是在实践和文化适应过程中，实践反作用于惯习上，布迪厄才能讨论"物质世界衍生的思维"（Bourdieu 1977：191）。

布迪厄承认，惯习并不是实践的专有法则。我们从行为中观察到的规则性也能产生于规范、象征、符号、仪式和客观物质性思考，诸如行为者在社会经济等级制度和其他层级领域的位置等等（Bourdieu 1977：20，1984：55）。然而，在布迪厄的大部分作品中，我们感到惯习和诸如阶级的其他结构对实践结果施加了太多影响。以下图表表明惯习和实践之间的单向性关系，说明结构制约实践的方式。

布迪厄的实践理论不动声色地吸引考古学家认识到，通过检验和参与器物的空间安排和使用情境，可以了解其他文化实践背后的规则。与儿童学习行为法则的方式一样，考古学家可以不必借助抽象的或者表述的意义，就"阅读"残存的"文本"。后文中，我将详细讨论考古学"理论"和作为公共展示的考古学的实践的影响。

布迪厄的洞见赋予的可能性是巨大的。当我们意识到物质世界中的寻常物件，考古学家发掘出来的不同类型——陶罐、骨骼、别针或者门框——都可以在社会性世界的形成中，成为文化濡化过程的一部分，这多么激动人心！通过文化濡化实践，我们可以利用波澜不惊的指令，比如"站直了"或"不要左手拿刀"，建构"一个完整的宇宙观、伦理、形而上学和政治哲学"（Bourdieu 1977：94）。可能因为笔直（比如男性直立长矛）的特殊文化关联，"站直了"就与"直言不讳""正直"等褒义词联系起来，与弯曲、屈服形成对立。这样，男性主导的哲学观就被理所当然地接受了。每一件实用陶罐和刻画装饰，每一件猪或者牛头骨都成为揭示世界如何联合起来的关联和对立网络的节点。

布迪厄和吉登斯都将结构主义和马克思主义联系在一起，勾勒出在考古学中举足轻重的实践理论。布迪厄强调客观主义（社会生活必须通过行为者茫然无知的不平等的结构关系予以解释的观念）和主观主义（社会生活必须通过施动者自身对世界意义的理解予以解释的观念）的结合，避免强调一端而忽略另一端造成的失衡（Bourdieu 1990）。对吉登斯而言，结构具有二元性：结构既是行为的媒介，又是行为的结果。个人自我督促，具备创造性，拥有一定程度的能力，占据了中枢位置。在创造社会和创造持续不断的变化中，物质文化发挥了高度能动的作用。

尚克斯和提利（Shanks and Tilley 1982）关注布迪厄从梅洛-庞蒂（Merleau-Ponty 1962：303-4）继承而来的实践性知识领域——身体作为人们"生活"于惯习中的地图或框架。人们通过身体无意识地认知世界。身体内存在各种各样可能的整体/局部关系。英国和瑞典的新石器时代墓葬中发现的零散骨骼分类堆积，显示出躯干/四肢、上肢/下肢、左/右之别。身体均衡虚饰了诸如族群首领的社会控制和社会化生产之间的矛盾。身体各部位之间的平衡构成对生活中的失衡关系的否定。

尽管这个范例在考虑了个人角色的情况下，详尽解释了结构和实践的关系，已经见于其他研究的局限性依然存在，特别是在与情境意义和历史的关系上。受布迪厄和吉登斯著述影响的其他研究（参见 Hodder 1982c）也没有充分考虑特定的历史意义，研究方法依旧是跨文化的或者"外在"的。因此，尚克斯和提利没有考察英国和瑞典的新石器时代社会中是否存在其他证据显示左/

右对称或者这些对称意味什么。柴尔德指出（Hodder 1982a），在新石器时代奥克尼遗址中，棚屋的左/右之分可能与器物和床铺规格的男/女之别有关。霍德（Hodder 1984a）也指出，新石器时代墓葬"意味"着房屋的情形亦见于中欧其他地方，它们构成男/女关系的重要组成成分。如果这种情境的关联性可以进一步确立的话，墓葬中的骨骼组合对于男女之间关于权力和威望的沟通就具有特定含义，而不仅仅是尚克斯和提利述及的权力关系类型。

如果不在文化历史情境中考虑意义内容（左/右、墓葬对新石器时代的英国和瑞典意味着什么？），就无法解释符号系统的意识形态功能。同样，也不能解释为什么特定的符号系统被采用，以及它是如何形成的。比如，新石器时代墓葬的意识形态分析就不能解释为什么同样的纪念性建筑没有广泛见于存在类似的结构性矛盾的中欧。尚克斯和提利对特定惯习类型的精致而有新意的解释需要与对历史意义和情境意义的细致考量结合起来。

抵　抗

吉登斯结构理论的一个重要侧面是对权力概念的修正。权力不是资源，权力的运用也不是行为。相反，权力包含了独立和依附关系的再生产。这种关系往往是双向的：行为者把握结果的能力往往依靠他人的能动性。"即使是最独立的施动者，在某种程度上也依赖他人，而最依赖他人的行为者，也或多或少地保有独立性。"（Giddens 1979：93）换言之，每一个行为者都有做有悖于他人愿望的事情的能力，——即使这样做就是自我解构（Giddens 1979：149）。"只要有权力，就一定有抵抗。"（Foucault 1981a：95）因此，在韦伯的"外向权力"（power over）的经典定义之外，还有"内向权力"（power to）。每一个行为者在"内向权力"上都是强有力的，也或多或少地保留能动性。在下一节中，我们将更细致地观察能动性概念；此处的重点是，控制不再是理所当然的，因为对控制的顺从从来就不是约定俗成的。

众多作者（Abercrombie et al. 1980；de Certeau 1984；Giddens 1979：72；Scott 1985：317，1990；Willis 1977）都赞同必须摒弃马克思主义的"统治性意识形态学说"，即"统治阶级的观念在任何时候都是统治性观念"（Marx and Engels 1965）。我们不能高估社会全体成员（被统治的甚至统治的）对社会符号象征系统的接受程度。社会中的被统治集团在一定程度上意识到现存的意识形态和制度如何试图压迫他们，因此，也形成了行之有效的抵抗策略。然而，因为社会权威控制了话语的主导模式，抵抗行为无法进入研究者的视野。农民、工人阶级和其他"被统治"的人们常常生活在区区小恩小惠也能带来重大变化的生存边缘。在如此不安定的情境中，弱势群体的最佳利益就是服从（Abercrombie et al. 1980：50；Scott 1985：278）。因此，"公开记录"中充斥了对错误信仰的盲从。弱者的武器是私密的，策略是微弱而隐匿的，但又是多种多样而神出鬼没的。

受到权力、能动性和意识形态的新理论以及其他领域研究"抵抗"的风尚的鼓舞，考古学家开始记录不同情境之中对权威的抵抗（Beaudry *et al.* 1991；Braithwaite 1984；Brumfiel 1996；Ferguson 1991；Hutson 2002a；Joyce 1993；Joyce *et al.* 2001；Little 1997；McCafferty and McCafferty 1988，1991；McGuire and Paynter 1991；Miller and Tilley 1984；Miller *et al.* 1989；Orser 1991；Paynter 1989；Pyburn *et al.* 1998；Shackel 2000）。考古学家比其他领域的学者更擅长发现以日常、物质性实践为形式，没有见诸公共再现/符号系统，也没有进入历史记录的抵抗。在西弗吉尼亚哈勃港19世纪酿酒厂的发掘中，沙克尔（Shackel 2000）发现了上百个隐藏的啤酒瓶。由于啤酒瓶被隐藏起来，沙克尔指出，工人们在偷偷摸摸地享受他们的劳动成果，也就喝掉了酿酒厂老板的利润（参考 Beaudry *et al.* 1991）。沙克尔也注意到，工人的妻子们有着购买过时的陶器类型的奇怪倾向。他提出，对旧式陶器的偏好反映了怀旧心态，在过去的时光里，女性可以接触市场，更好的劳动分工形式使女性曾经拥有更多控制她们的日常生活的权力。偏好过时风格也反映了对工业时代及其意识形态的抵制和隔阂，反过来，这又进一步削弱了她们的权力和控制。沙克尔的研究揭示出那些只能通过由统治集团控制生产的物品才能表达自我，部分意义上已经沉默的社会集团的声音，这真是鼓舞人心啊（Little 1997）！

沙克尔的研究也揭示出抵抗的讽刺意味（参见 Pauketat 2000）。被统治者不能悉数知晓压迫他们的系统，他们的行动带来始料不及和南辕北辙的效果（Willis 1977）。在酿酒厂，偷饮啤酒导致工伤事故频发。通过微妙的以柔克刚，"系统"借助抵抗者的力量最终平息他们（Kearney 1996：155）。

像沙克尔一样的历史考古学家阐发了众多关于抵抗的有价值的研究，缺乏书写文本的考古学家也能贡献出重要的个案研究。在古代中美洲，空间是记录统治和抵抗的递归关系的方法中的重要因素。比如，乔伊斯等人（Joyce et al. 2001）注意到，在墨西哥瓦哈卡的太平洋海岸，古典时代晚期集权机制瓦解之后，区域中心里奥维罗（Rio Viejo）的平民就居住在过去的世俗礼制中心的纪念性建筑平台上。根据乔伊斯的解释，通过瓦解或贬低一度用来彰显和物化意识形态的建筑和石刻，平民表达了对前一个时期统治性意识形态的拒绝。布朗菲尔（Brumfiel 1996）也提出，都城官方石刻表现了男性主导的强大的阿兹台克意识形态，在乡间，它却遭到推崇女性的繁衍价值的流行形象的竞争。

我们非常欢迎上述研究，因为它们有助于建立研究古代权力关系的切实可行的方法。然而，我们也担心，如果缺乏更细致入微的方法的平衡和严谨的话（Brown 1996），统治和抵抗就会成为"恶劣的主题"（Hutson 2002a；Meskell 1996）。政治常常是多维度的：那些建立在统治和抵抗二元对立视角基础之上的观点不恰当地简化和清理了材料的粗糙材质（Ortner 1995）。正像沙克尔所承认的，19世纪的家庭消费很复杂，并不能简单地化约为权力的表达。消费或食物的差异与权力斗争直接相关的假设（参见Ferguson 1991）忽视了情境的文化复杂性。如果不考虑这些差异的意义的话，我们将抹杀被统治阶级的主观性、有意识性和身份认同。乔伊斯敏锐地否定了对权力的自上而下的研究方法。迁居于里奥维罗都会中心的人们过着丰富而有意义的生活：仅仅将他们当成抵抗者来研究的话,他们就沦为少数精英人士的意图的反衬,这将抹杀材料的丰富性。

能动性

在近年的考古学讨论中,能动性主题已经成为研究热点(Arnold 2001; Silliman 2001; Smith 2001; Dobres and Robb 2000a 中的论文),但依旧显而易见的是,对不同的研究者而言,能动性的意味截然不同。我们将集中讨论三种覆盖广泛、内涵丰富甚至偶有重叠的类别。第一类是反人文主义立场;它坚持认为,能动性通过个人发挥作用,但不受个人操纵或控制(Dobres and Robb 2000b)。我们今天所知的个人施动者不过是各种自有生命周期的规训技术的产物(Foucault 1977)。规训规范创造了身体政治,即身体实践的正统,包括姿态、步伐和手势,以及正确展现的方式,正是通过规训规范,行为才能被理解。

因此,在福柯(在作为收山之作的性别史之前)和其他后结构主义者,特别是拉康的著述中,"话语"、语言和符号先于施动者而存在,创造了能动可能性的环境。施动者不过是预先存在的"文本"的沉淀形式。尽管我们认同,解构人文主义的现代启蒙概念确有必要,也视其为不同过程的建构,但我们仍然注意到,这种方法缺乏变化机制,也限制了意图性的空间。裘迪斯·巴特勒(Judith Butler 1993:12–15,1998:157)虽然遵循福柯的模式,但是在德里达的迭代(iteration)观念的基础之上,在复写观念中为能动性预留了空间。巴特勒提出，每个行为只是对规范的不完美复写。实践和规范之间的差异，以及不同实践（即无尽的复写过程）之间的时间间距，都确保了新意义的生成和规范的重构。巴特勒谨慎地限定了这类能动性的范围。规范并非简单地指定行为必须遵循的模型；规范调动行为，没有任何行为是独立存在的——每个行为都是既往重复轨迹上的再重复。因此，第一种意义的能动性就不是与结构或规范相对的某种唯意志论运作："抵制规范的主体如果不是由规范产生的，至少也是由规范驱使的。"（Butler 1993：15）在考古学中，下章即将讨论的乔伊斯的近期研究就运用了这种能动性观念。

能动性的第二种研究方法更密切关注行为对他者和物质世界的影响。这些结果可能有意，亦可无意，可以是短期、中期或长期的。它们可能是本地的，也可能是全球的。也许，考古学中，这种能动性的影响观主要见于"外向权力"（89、90、102页）。统治集团建造纪念碑、控制交换、主持仪式游说或操纵其他人的意识形态。或者，精英通过使用武力控制他人的劳动。在这些个案中，几乎无人尝试了解行为者的意图；而是简单地假设，统治既是结果，也是目的。由于几乎不关心行为背后的特定意图和意义，分析就狭隘地禁锢在行为的效果上（参见 Earle 1990；Barrett 1994：1）。

影响固然是能动性的组成部分，但是这个术语的第三种用法（也是本书倾向的用法）是能动性与有意图的行为相关。让我们用一个极端的例子说明考虑意图的必要：一个路人穿越路口，却挡住了一枚射向总统的子弹。这个偶然事件的无意结果可能非常显著。按照第二种定义，将存在很多"能动性"。但是，这个路人的唯一意图是跨越马路。如果我们关注"能动性"的第三种定义，就会形成截然不同的历史场景。

本书较早的版本讨论能动性的初衷是集中关注意义。这是对过程主义考古学在行为层面上几乎忽略不计人为因素的回应，强调行为背后的系统和行为所需的资源。在我们看来，近期对能动性的讨论（如 Barrett 1994）过于关注行为所需的条件，而对意图占据重要地位，以人为中心的方法关注不足。

通过思考拉图（Latour 1996；1999）、盖尔（Gell 1998）和魏纳（Weiner 1992）提出的具有启发性的观点，即器物可以具有能动性，我们就有望讨论能动性的第三种意义。这种提法意味着什么？让我们考虑一下减速带的例子。器物可以导致机动车减速，因此，它具有第二种类型的能动性——它影响了人们的生活。在减速带个案中，它作为阻挡我们，甚至能损害我们的车辆的阻碍实体，对我们施加了影响。另一方面，减速带是某些拥有权力的人放置的。在它背后存在某种意图，以及与执法计划和目标相关的制裁权力。

如果考虑能动性和意图性之间的关系，我们就需要讨论意图性的不同侧面。思考器物的能动性将大有裨益。让我们观察若干真实的人类学个案，看看器物如何通过与人的关联获得能动性。不同的社会里，很多器物是灵魂或超自然力量行为的媒介，在盖尔（Gell 1998）对艺术的讨论中，艺术具有辟邪作用，能保护社会成员免受疾病和恶魔的困扰。魏纳（Weiner 1992）提出，器物蕴藏于社会关系之中，特罗布兰德群岛（Trobriand Islands）的库拉（Kula）礼物交换中的珍宝就承载了与过去拥有者相关的历史。器物由此获得生命周期和个人历史。托马斯（Thomas 1996：80，153）指出，这些器物并不仅仅是象征性的，它们体现了一种呼吁关注社会关系，呈现丰富的、难以捉摸的历史的力量。在某些社会，器物之所以重要，并不因为它体现了与他人的历史关联和网络，或者作为灵魂或超自然力量等存在于他处的非物质存在的媒介，而是在世界中像真实而能动的人类一样拥有行为能力（Appadurai 1986：4；Monaghan 1998）。在所有的个案中，器物（似乎）都有意图性，因为对于受到器物影响的人们而言，它们带来了有意义的精神关联。

大多数有意图的行为只有被认知为具有能动性时才能产生效应。我们"赋予"他人或者器物以权力，他们就能回应我们。大多意识形态就是这样运作的。因此，在探索作为有意图的行为的能动性时，我们需要确认两个阶段——行为之前或之中的行为者的意图，以及参与者或者旁观者对行为意图的认知。

事实上，我们不妨将能动性分解成多个部分，按照时间关系排序。尽管只是一个简要且局部的尝试，它指出了"能动性"术语总结的过程的复杂性。我们很快就明白，即使是最简单的行为，也包含了众多复杂的阶段。对能动性的考古学讨论常常人言人殊，就是因为能动性的不同阶段和不同维度没有区分开来。

我们可以考虑一个人加入一群陶工生产陶罐，参与为礼制性纪念碑添砖加瓦的集体活动，或者为墓葬添加某种物件。这些行为至少包含了以下的阶段：

1. 定位和评估。这包括（a）如何制造陶罐，如何在社会中定位，以便接触制造陶罐所需要的知识和物质资源的一般性知识。因此，这产生了对权力和知识的需求。关注这个问题就是关注行为的条件（Barrett 1994）：条件使人能够"正确"评估，使行为者置身于行为的位置上。（b）然而，不论拥有多少一般性权力和知识，都有必要评估每种特定局势，判断其归属类别。一个人即将加入的陶工集团的目的是什么？特定的纪念碑、建筑或墓葬的目的是什么？评估将包括个人对他者意图的判断。
2. 生成行为意图，尽管这可能早于定位和评估，变成定位和评估的一部分，或者影响定位和评估。意图既可能来自社会，也可能高度孤立；它可能是无意识性，或者非言语性形成的。
3. 在定位和评估基础之上，与行为意图相关的行动或言语。
4. 评估行为的影响，在社会层面上（对他者和自身的社会经历的效果）和个人层面上（特定的目标和意图）反馈。这又涉及权力——比如，收集信息以便监控的能力就取决于对资源的接触。

通过观察这个实践，我们可以提出如下数点。第一，权力、知识和意义贯穿所有过程。第二，能动性具有不为人知的条件和意料之外的结果。施动者可能对局势仅有一知半解。由于知识不完整，行为可能产生意想不到的结果。正如麦克柯尔（引自 Dobres and Robb 2000b：10）指出的，意想不到的结果不仅发生在行为者的计划失控的情况下，也会发生在"行为者的意图和策略本该行之有效的社会情境的错乱复制之中"（参看 Bourdieu 1977：52，65）。

第三，施动者和社会之间的互动贯穿整个过程。我们已经提出，并没有将施动者预设为西方语境中的个人。事实上，按照对能动性的第一种观点，施动者被赋予的自立程度是能动性产生效果的意义框架之一。这些考量强调了我们称之为"个人"的施动者的文化和历史可塑性。不同的文化和年代不仅给予不同的事物以人格（并不是所有生物意义上的人类都必然具备人格），也建构了判断个人从哪里开始和在哪里结束的不同标准。换言之，正如我们将在下一章讨论的，自我的边界并不完全等同于生物个体，它本身就依文化和历史而变。

第四，能动性成分的界定无须涉及"自由意愿"。自由意愿的观念无疑受到每个人都能在"社会之外"有所行动的观念的影响。在我们看来，这种意义的"自由意愿"并不存在。每个人的想法、言论、认知和意图虽然不能被化约到社会，但也都离不开社会。

第五，能动性是个人的，而不是集体的特征。显然，众多个人行为因为置身于更大的集体的行为之中而获取力量。但是，如果说集体具有能动性，就将论争拉回到个人被动地由更大的力量决定的观点。个人常常在集体中行动，他们的行为总是社会性的。但是，集体行为建立在个人的自反性能动性上。因此，集体行为是个人能动性的一种形式。集体是个人施动者的资源。

最后，我们必须重申社会行为的复杂性。我们并没有规定能动性的固定定义：以上每个观点都是包含若干不确定性的探索工具。能动性创造于历史之中，也只能逐一理解（Barrett 2000）。如果我们希望避免草率地将能动性与男性中心主义、个人主义或新自由主义混为一谈的话，就有必要认识到能动性的不确定性和历史性本质（Gero 2000；Dobres and Robb 2000b）。

第六章 具现考古学

本书已经讨论的众多方法——过程主义、结构主义和马克思主义都没有充分考虑能动性。部分意义上，前一章结论对能动性的讨论填补了这个空白。然而，对这个部分的仔细阅读表明，在已经涉及的不同形态的能动性中，我们从来没有密切关注过发挥（或者被发挥）能动性的施动者的本质。我们谨慎地规避了假设施动者就是西方观念中的个人，提出"人"的文化和历史可塑性，但是还没有考虑"个人"概念的危险，以及宣称"人"及其最密切相关的"自我"和"主体"具有可塑性的理由。

然而，探索施动者本质并不仅仅是对能动性或者结构化的描述的锦上添花。考古学中，实践理论就有缺乏理论修正和提炼的缺憾。换言之，实践未能尽善尽美。在社会科学中，吉登斯和布迪厄愈来愈遭受诟病（如 Turner 1994），最主要的批评就是他们无法最终阐发完善的主体和能动性理论。尽管我们在布迪厄的著述中看到复杂的主体理论的苗头，但是也注意到，布迪厄和吉登斯的结构概念几乎没有为转型行为留下任何空间。在探索其他主体理论时，众多考古学家都转向现象学。很多现象学家相信，我们并不是通过孤立的和冥想式思索与世界联系起来的——不是通过创造外在事物的内在表现——而是通过在多年生活实践基础之上获得的更基本和更具身性的理解。这种"生活"常常被定义为"存在"。尽管我们抽象思考，但当阅读本书时，我们在世界之中的存在和适应已经赋予我们反应的立足点。现象学转向具有挑战主体/客体和自然/文化的二分法的优势，然而，如我们所示，在某些个案中，现象学的考古学应用重新定义了笛卡尔二元学说，恰好创造了单向度主体，或者无法解释施动者的转型能力。

尽管存在下文将详述的诸多缺点，现象学和女性主义批评一样，使我们感知到身体的重要性，因为生活经历就来自世界中的身体。在哲学、文学、文化研究、酷儿理论和人类学中，与身体和具现相关的主题风行一时。考古学中，这也是受人欢迎的新动向。本章中，我们将证明身体的重要性，展示与具现相关的考古学范例。当然，身体理论众说纷纭，无法在此一一概述（参见 Hamilakis *et al.* 2002；Meskell 1996, 1999）。如果采用现象学熟悉或者认同的术语，我们的目标不是描述身体学说的全景，而是通过现有身体理论选择特定的、局部的路径。我们立志另辟蹊径，希望百尺竿头，更进一步。

物质性和可塑性

性别研究一度形成共识，认为性别是生物性的、自然的，因此也是固定的，而性别认知是变动的：它是对身体"事实"的社会偶然性和可逆的阅读。性别认知可以像换衣服一样变化，但性别不可变，因为身体被认为是物质性的和自然的。20 世纪 80 年代开始，众多作者（Butler 1990；Fausto-Sterling 1985；Keller 1985；Wittig 1985）提出，性别也不是自然的，瓦解了性别/性别认知二元结构。我们将很快回到性别的"非自然化"，现在吸引我们的是身体在当前框架中的位置。身体被预设为自然的，具有不可变更的物理属性。身体毫无悬念地居于自然/文化二元结构中"自然"一侧，构成一系列类似的二元结构，诸如性别与性别认知、事实和思想、客体和主体的稳定基础。莫斯（Marcel Mauss）和埃利亚斯（Norbert Elias）的经典著作则带领我们走向身体的非自然化。

在《行为方式的历史》（*The History of Manners*）中，埃利亚斯记录了 16、17 和 18 世纪欧洲"人类关键变迁"的模式。直到此时，在他人面前公开大小便、用手揩鼻涕以及从公盘取食时不用刀叉等行径才开始被视为恶习。16 世纪之前，"裸体是见惯不惊的"（Elias 1994：135）。这些转变并不仅仅反映对身体态度的变化：埃利亚斯提出，饮食、睡眠、吐痰和便溺变化表明了身体之间的阻隔和边界的形成，也是对身体自身的意识的成长。

考古学中，特里赫恩（Treherne 1995）对欧洲青铜时代的身体和自我的实践的研究完善了伊利亚斯的理论。特里赫恩质询，为什么镊子和剃刀等个人卫生用品会出现于史前时代的特定时刻？这表明，这些物件和对身体的审美的变化相关。随着男性武士群体的崛起和转型,全新审美观念关注"武士之美及其优雅死亡"。随着诸如战争、狩猎和身体装饰等其他活动日渐频繁,这种审美情趣创造了独特的自我认知形式。

在论文《身体的技术》(Techniques of the Body)中,莫斯(Mauss 1973〔1935〕)提出,身体的功能(走路、游泳、睡觉和分娩)都必须通过学习才能够获取。正由于它们是学习得来的,因此就没有自然的成熟身体。身体技术因性别、年龄、文化等而变。莫斯的某些结论一目了然,但是,他对技术存在于身体之中的讨论却为时尚早。"在我的年代,游泳者常常自诩为汽船。这有点儿傻,但我仍然认为:这是一种挥之不去的技术。"(Mauss 1973:71)在提出这种"保存"时,他创造了术语"惯习",暗指那些决定什么技术可被模仿的生理学、心理学和社会因素。

埃利亚斯和莫斯表明,身体具有历史和地理,在时间和空间上各不相同。无论是福柯坚持认为身体是时代政治的产物,还是拉康提出身体是由语言建构的,而不是与生俱来的(Moore 1994:143),后结构主义学者都一再重申这个论点。我们将在下文中详细讨论两种立场,现在需要提出的要点是,"无论是我们的个人身体,还是社会身体,都不能被视为自然的,置身于被称为人类劳动的自我创造过程之外"(Haraway 1991:10)。

如果身体不再是自然的,一系列二元格局将随之瓦解。让我们回到性别和性别认知的二元对立。巴特勒(Judith Butler)和拉克尔(Thomas Laqueur)都令人信服地挑战了二元对立,质疑生物学性别是否纯属自然。如果说性别被预设为自然的，那是如何预设的呢？巴特勒（Butler 1990：7）回应，性别实际上是性别认知"赋予"的。对巴特勒而言，性别认知类似于性别的文化观念。依照她的术语，性别认知是一种话语或者文化手段，在文化之前，在文化发挥作用的政治性中立界面上，作为预置话语，性别化自然或"自然性别"就产生和确立下来。性别源自性别认知，因为性别认知——我们对性别的观念——推动了使性别自然化的研究，或者诱导我们认定两性差异是自然世界中生物性决定的。比如，在生物学研究中，关于性别的性别认知假设推动实验室研究专注于判定一个人是男是女的因素。1987年的一项研究表明，性别由控制睾丸发育的DNA序列决定。特定的DNA序列的出现导致产生男性，否则则是女性。但是，这种DNA序列同时存在于X和Y染色体组中，研究者猜测，真正至关重要的是DNA序列在男性中是显性的，而在女性中则是隐性的。显然，将男性看成显性和活跃的，而将女性看成隐性和被动的性别认知意识形态引导了研究设计和结论构想。为什么我们明明知道卵巢也是发展过程中活跃的产物，对决定性别的研究却一直集中在睾丸呢？

拉克尔注意到，作为独立名称，卵巢出现相对较晚：两千年前，盖伦（Galen）等解剖学家将指代睾丸的词语用于卵巢（Laqueur 1990：4-5）。启蒙运动之前，女性生殖系统被认为和男性生殖系统一样：唯一不同是由于女性缺乏热量，生殖器隐藏在体内，因此男女共用同一术语。两千年以来只有一种性别，即男性，女性被视为不够完美、不够活跃的男性翻版。生物性别是灵活的，完全取决于被称为性别认知的社会学基础。比如，如果男性耽于女色，"他们就会失去更完美的身体的硬度和定义"（Laqueur 1990：7）。然而，有人可能反对，认为这些都无关紧要。科学解剖学的发展证明这些奇思妙想毫无依据，我们对于性别差异的现代理解直接反映了生物学现实。但是，拉克尔表明，从单性到双性世界的启蒙运动时代转型引导了所有解剖学发现和我们对生物学现实的理解的进步。事实上，身体阐释的新方法不是不断增长的科学知识的结果：它们是认识论和政治发展的产物（Laqueur 1990：10）。性别差异理论——我们称之为"性别认知"——极大地影响了科学进步的进程（Laqueur 1990：16）。这并不是否认身体之间存在异同的生物学事实。这意味着，实证调查之外的事物决定了什么异同值得重视，什么异同当被忽视。

自然就不是天生的。它是生产的，它的生产是策略性的，因为对自然的特定定义将有利于社会中特定的利益和行为者。在这个意义上，巴特勒和拉克尔的著述建立在福柯的核心观点基础之上。只有通过对性别的职业（如学术）话语，身体才能获取性别，也才能在意义系统中得到理解。尽管古希腊中确实存在"妇女"，第二性意识却从未得到考量，地位岌岌可危：被排斥在主流话语和它所生成的主体之外。

这些方法有可能挑战传统的史前史，使过去真正有别于我们自身的时代，而不是它的变体（Joyce 2000：1）。两个显著有别的个案研究将说明在此范式之中的研究可能企及的幅度。叶慈

(Timothy Yates 1990；1993) 注意到，公元前 1000 年青铜时代瑞典的岩石雕刻中，性别身份"没有按照我们在自身社会里认为自然的方式"予以确认。无论在实证还是理论层面上，将男女拥抱的图像解释为异性婚姻场景都是不足取的。在实证层面上，叶慈提出，某些场景中，拥抱的两人都有阴茎。而且，当系统性运用所有确认女性的方式时，都会面临将阴茎勃起的人物视为女性的困境。在理论层面上，这些问题都是由于假设性别自然分成两性，非男即女造成的。叶慈提出，我们不应该将身体看成自然类别，而应该视之为通过话语形成的历史类别。换言之，石刻中的男性身份是通过在身体表面添加符号形成的，就像霍达尔（Hogdal）岩画中自由移动的小腿一样，符号可以被剥离。如果我们不再刻板看待性别和身体，而是将其视为转瞬即变，幻化莫测的，男性与鹿交配以及人变成动物的离奇场景就不再显得不自然或者异端了。相反，它们符合截然不同的逻辑，直接质疑我们对人类的现代概念，进而表明这不是自然的，而是话语建构。

乔伊斯（Rosemary Joyce 1998，1999，2000）也发现，过去的实践强行重组了性别/性别认知的区分。然而，她注意到物质化是一种策略，话语通过运用这种策略使身体的特定观点自然化和规范化。乔伊斯（Joyce 1998：148）指出，前殖民时代中美洲的人物形象积极推动了身体及其阈限和分类的理论的形成。通过引用赫兹菲尔德和拉克尔的论述，乔伊斯指出，由于再现以身体为基础，身体被当作"自然"之物，而非"抽象"之物。它们披上客观主义外衣，使自己更容易被接受为美，或者追求美的正确模式。在所有话语中，有的身体再现是物质性的，有的则不是。日常生活中，转瞬即逝的姿态、实践和身体行为中，只有少数可能在持久的介质中复活。由于再现采用诸如焙烧泥塑、刻石或彩绘陶器等永久性材质，因此可能成为评论的恒久主题。持续的对身体的特定阅读强化和自然化了现状。

从身体考古学到具现

上文提及，乔伊斯的作品也证明，话语并不只是产生身体：它提供了一系列再现，使身体可以被理解，使通过再现建立起来的秩序看起来正常而自然。对再现效果的研究不应当与对身体作为再现或者符号的研究混为一谈（Douglas 1970；Scheper-Hughes and Lock 1987）。在象征主义人类学的老生常谈中，身体被看成宇宙观、文化、自然或社会关系的模型。在考古学中，托马斯和提利（Thomas and Tilley 1993）提供了身体及解剖被纳入到象征主义领域的有趣范例。他们提出，公元前5000—前4000年，法国布列塔尼（Brittany）带墓道墓葬中某些石刻图像分别表示躯体、胸部和肋骨（而不是像早期分析认为的铠甲、茶托和钩子）。根据身体部件的有规则分布，及其结合和分离程度，托马斯和提利（Thomas and Tilley 1993：261）相信，梅恩-鲁德（Mane-Lud）和盖文瑞纳斯（Gavrinas）的带墓道墓葬中出现了对肢解、腐烂和分解的描绘，这正是发生在被掩埋的祖先遗骸上的过程。某些范例中，分解的图像故事以骨骼重组构成社会的人（盖文瑞纳斯),或者重生完整的血肉之躯(石台山 Les Pierres Plattes)结束。托马斯和提利提出,这些图像故事就是墓道之中仪式的组成部分,物质性身体的转型或重生就是社会再生的象征(Thomas and Tilley 1993：269, 275)。

托马斯和提利提出,只有在目验过大量墓葬之后,我们才能全面把握墓葬艺术的意义。这个观点挑战了每座带墓道墓葬代表一个自治、孤立的社会集团,起到标识族群的土地所有权作用的系统阐释。我们赞赏托马斯和提利对意义的关注,但同时注意到,他们对躯体的解释仍然将身体视为没有意图性和主体间性之物(Csordas 1995：4)。

客体化过程造成了身体考古学和具现考古学之间的重要区别。身体考古学将身体视为文化客体,即符号或工具。具现考古学则将身体当作文化主体：只有生活在世界之中,我们才能获得符号和工具的感觉,将它们认知为客体。比如,只有通过攀登等有意识的行为,我们才能认识作为客体的巨石(Csordas 1990：10)。再举另一个例子,只有通过双手,我们才能认知客体。"用"不是指与客体的接触,而是通过参与任务将自身和客体联系起来(Ingold 2000：352)。因此,当我们作为世界中存在和延绵的组成成分参与到具有倾向性引导的项目时,客体化就是最终产物(Heidegger 1996)。身体不仅仅如同莫斯认为的那样,是通过种种技术确保我们存活下来的工具,也是"形塑人类世界的原创性物质"(Csordas 1995：6)。我们可以客体化身体,但是很难在隔绝情况下,更不可能在从未生活于世界之前,就歪打正着地有意图地生活和实践。换言之，只要当身体已是主体的情况下，我们才可以将身体作为客体。因此，主体/客体的两分法就难以为继了。

如果文化基于人类身体，则关于过去文化意义的任何阐释都必须试图重建感性经历和活跃的身体（Kus 1992）。在评论具现考古学研究之前，我们需要借用心理学、心理分析理论和哲学文献，说明通过身体生活的意味以及身体经历的重要性。

数十年前，生态心理学先驱吉布森（James Gibson 1966）提出，我们感知和获取自身信息（"固有"信息）的媒介正是我们感知"外部"环境的媒介。吉布森还提出，一度被认为在感知"外部"事物中最重要的视觉，也是了解我们自身的最重要的途径（Bermudez 1995：154）。此外，身体之外的事物帮助我们形成对自身身体的感觉。换言之，我们对自身在空间中的物质性存在的理解不仅仅是"通过肌肉和关节传达的肌肉运动感内在赋予的"（Butterworth 1995：88）：我们通过身体"之外"的视觉、听觉和触觉线索感知我们的行动和定位。吉布森的理论得到关于胚胎、婴儿和幼儿发育的种种研究的支持（Bermudez 1995；Butterworth 1995；Russell 1995）。通过使用与获得其他事物经验一样的工具了解自身，其他事物的经验有助于我们获取自身经验，因此，自我感知的发展就是感知世界的产物。我们的自我感并不是"遭遇"世界之前就形成了的，因为这种"遭遇"并不存在。我们身处与世界的关系中，我们对自身身体的感知就是这种关系的组成部分。

客体关系理论家提出了近似观点。在精神分析法的学术史中，弗洛伊德提出了精神生活质量取决于诸如死亡或者性欲等内在动力的满足，客体关系理论与之针锋相对。温里科特（D. W. Winnicott）和埃里克森（Erik Erikson）等客体关系理论家提出，与其他事物和人，特别是与母亲的关系是精神和社会发展的重中之重。我们将在下一节中回到本我的关联意识，现在只是强调本我形成和环境之间的根本性关联（Elliott 1994：64）。即便最成功的抚育可以使婴儿建立起稳定的自我感知，婴儿仍然"无法形成全面的社会关系。受控于由各种万能幻象构成的想象世界，婴儿并不能认识到，他既没有创造，也无法控制世界"（Elliott 1994：69）。根据温里科特的说法，婴儿通过毛毯或玩具等过渡性物体实现对外部世界的定位。因为婴儿相信，他创造了它们，同时意识到它们独立于他自身而存在，从属于和代表他之外的世界，因此，这些物体是过渡性的。在过渡空间里，物体不是"邂逅"的，而是习得和生产的。

上文中，我们在"外在"或者"外部"等词语上添加了引号，因为莱考夫和约翰逊在《肉身的哲学》（*Philosophy in the Flesh*，1999）中总结了一系列相关发现。我们知道，至少从洛克（John Locke）开始，像颜色等事物就没有独立的"外在"或者"外部"现实。颜色不仅是光线条件、物体表面的反射属性和电磁辐射波长的产物，也是神经系统的产物。因此，颜色是我们的大脑和其他事物之间的互动，是我们的具现的产物。但洛克认为颜色是一个特例，不同于具体物质构成的世界，"独立于感知者"而存在

（Lakoff and Johnson 1999：26）。而莱考夫和约翰逊则认为，所有的现象——即使是最具体的物质——都是互动的。"我们所经历和理解的事物的质量在很大程度上取决于我们的神经系统，我们和它们的身体互动，以及我们的意图和兴趣。"（Lakoff and Johnson 1999：26）比如，"前面"的空间关系就不是世界中客观存在的。老师在教室前面，仅仅与我们确认教室的前方的能力相关。感知老师在教室的前面就是我们的具现本质的幻觉（Lakoff and Johnson 1999：35）。

这些观点在考古学中也有表现。在对埃弗伯里（Avebury）的阐释中，巴拉特（Barrett 1994：18）强调，纪念碑的物质形态本身并不能产生朝向，人们相对于纪念碑的自我定位的方式却可以。提利对瑞典巨石文化的分析（Tilley 1994：73）也强调了具现化定位；尽管纪念碑创造了视域轴线，但只有在与人们互动时才创造它。在物质的相互建构上，托马斯（Thomas 1996）提出，诸如权杖、刻镂石球和石灰石鼓等新石器时代交换物之所以法力强大、深受追捧，并不是源于物质基本属性，而是因为与授受它们的人们的互动。"器物并非抽象之物，始终是维系人、物之间的灵活的社会关系的组成部分。"（Thomas 1996：159）

在质疑了人和物的边界、内和外的差异之后，现在，我们必须重新考虑感知和概念化的二元对立关系（Lakoff and Johnson 1999：38）。大多西方哲学传统认为，身体感指导感知，但通过感知建立的概念则被认为受到推理指导。然而，神经科学研究显示，推理是具现的，因而否认了这个二分法。看起来，实现感知的神经系统同样也实现了概念化。这也许就能解释,为什么具现的和感知运动的领域形塑了我们思考最抽象的、"精神性"的概念和经历,比如道德、亲昵和重要性的方式。比如,抽象概念"理解"常常通过把握意思等感知运动行为得到界定。这不仅仅指主体经历通过身体暗喻方式得到理解,而且表明暗喻是"从人生之初开始,通过在日常世界中以寻常方式发挥功能而自动地、无意识地获取的"(Lakoff and Johnson 1999:46-7)。对婴儿而言,爱的主观经历与拥抱的温暖体感联系在一起(后来才与暗喻合并)。

以上发现有效地支持了现象学一再重申的论点。梅洛-庞蒂(Maurice Merleau-Ponty 1962)指出,只有通过与环绕我们周围的事物的接触,身体才能被知晓。深受实用主义影响的海德格尔认为,并不存在与事物分离的纯粹意识(Dreyfus 1991:6)。我们的身体和这些事物都是世界存在的共同产物。比如,一条河流引导我们建造桥梁的意图,但我们的跨越意图将河流两岸联系成为关联概念:它将其他场合下无法联系在一起的河流两岸结合起来(Heidegger 1971:152)。

海德格尔(Heidegger 1996)认为,尽管我们应付世界的大部分技能和实践仍然保留在我们尚未话语性意识到的背景之中(Taylor 1999),但这个背景可以得到令人满意的解释,因此,他创造了众多有助于概念化的新词汇。然而,批评者认为,现象学反省不能揭示经验的本质。我们的经验和感知大多是自动的,不受意识控制的。神经科学家也提出,只有 2% 的大脑处于有意识状态（Gazzaniga 1998：21）。而且，现象学知识错误地感知了导致经历发生的客观环境。关于科学的女性主义批判准确地指出，我们的观看之道不能与我们在世界的定位彻底剥离开来，但是，如果我们希望建立更坚实的社会生活理论的话，就必须摆脱通过身体观察事物的狭隘视野（Bourdieu 1977：3；Latour 1999：9）。考虑到这些改进，我们更倾向采用"具现"而非"现象"。

我们对心理学和神经科学研究文献的简要回顾展现了具现哲学的融合（参见 Ingold 2000：173）。考虑到不同领域的支持，在某种意义上，具现哲学已不再"仅仅是哲学"了。

考古学家常常假设，实际参与到周围环境中将创造我们的世界观，因此通过对景观的研究讨论具现（Ingold 1995）。埃德蒙兹（Mark Edmonds 1999）在《新石器时代的祖先地理学》（*Ancestral Geographies of the Neolithic*）中令人叹为观止地展现出景观视角的运用。不同于关注神圣性或纪念性地点的其他景观学研究（Barrett 1994；Tilley 1994），埃德蒙兹倾向考察平凡琐事和日常情境中的周期活动。伐木修路、清理地面搭建帐篷、田间管理及土地轮种都在景观上留下长期印记，在这些充满意义的记号中生活和学习塑造了居民的自我感知。然而，这些记号并不是仅仅通过认知实践就可以理解的象征符号（Ingold 2000：148）。通过居住在同一片土地上，通过参与要求同样的环境敏感性的活动而培养起对它们的关注，它们才有意义。地点和人群相互建构，但是，正如世界上没有一模一样的人生，对于不同的人而言，同样地点的体验也大相径庭。通过生活在景观之中建构起来的记忆因人而异，因为每个人在景观中的生活方式千差万别：一年中的不同时间、和不同的人、从事不同的活动，性别、年龄、阶级等主体地位各不相同（Ingold 2000：111-13；参见 Thomas 1996：180）。

尽管成绩斐然，埃德蒙兹的阐释与英国史前史的其他现象学个案研究一样，沾沾自喜于制造了场域感（Hodder 1996b）。他对立足于大地和耳熟能详的地标之上的诗意描绘创造了田园式乡愁。过去就如同乡间漫步，或者林中伐木。提利对新石器时代多塞特（Dorset）纪念性建筑的研究更清晰地表现出这种对过去的熟稔，我们也的确跟随着提利，徜徉其中。我们认为，提利的《景观现象学》（*A Phenomenology of Landscape*，1994）是具有开创价值和值得推崇的尝试。它将现象学引入考古学。但和其他起步阶段的方法一样，它仍有不少有待完善之处。书中，提利的阐释建立在自身与小径沿途遗迹之间的身体性互动基础之上："走入谷底沼泽地，倏然有种世界挪移的感觉。"（Tilley 1994：181）我们常被假定可以感同身受地知晓数千年前的人们的身体感知。标准的身体以标准的方式回应刺激，替代了不同鲜活个体特有的酸甜苦辣（Hodder 1999a：136）。现代政治并不青睐不具有批判性、不言自明的与过去的关联，因为不同的利益所有者对史前史各有主张。

对身体的考古学研究常常强调纯粹物质性具现行为，而不考虑这些行为可能包含的意义。比如，在研究新石器时代和青铜时代的克兰博恩彻斯（Cranborne Chase）时，戈斯登（Gosden 1994）猜测，诸如多塞特纪念性建筑为活动时间提供了规律感，因为沿着小径记录天象变化包括了重复访问以及与之相伴的重复仪式。戈斯登提出,无论在时间、还是空间上,这种规律感都与零散的新石器时代生计生活形成鲜明对比。多塞特的居住实践的韵律掌控了新石器时代行为者的身体,习得的规律感开始形塑其他活动的时间和地点,导致青铜时代更稳定、更可预测的生活。戈斯登提供了对具现的极佳说明。在他的阐释中,身体是文化的主体:通过生存基础复制了秩序。然而,这个阐释中的"行为者"看起来像机器一样:行为背后没有任何意图或意义。尽管竭力消灭思想和身体的二元对立,这个研究强调了时间和空间中机械和物质的运动,二元对立仍有死灰复燃之虞(Hodder 1999b:137)。

现象学方法运用于考古学中的另一项显著特征是景观和纪念物创造权力关系的方式(Barrett 1994:29;Smith 1999)。按照提利(Tilley 1994:11)的说法,"因为空间以不同的方式理解和体验,它就成为个人作用和反作用的矛盾和冲突的媒介"。尽管这是立论坚实的生活经历多样性的宣言,提利却总结道,新石器时代的纪念物"关系到对解释世界的地形学视角和个人可能性的控制"(Tilley 1994:204)。布鲁克(Brück 2001:652)认为,建筑布局限制了行动和解释的观念,即"人类身体通过空间分割和建构身体运动而获得秩序、规范和分类",意味着现代西方将身体和个人看成有边界的、个性的和可操纵的实体。如果扬弃将个人看成具有统一、基本内核的稳定个体的观念,认为自我蕴含于与其他人或事物的空间和时间上的离散性关系之中的话,我们就能理解每个人都有复杂多样的世界观,使得对纪念物的阐释不再盲从主流阐释（Brück 2001：654-5）。继埃德蒙兹（Edmonds 1999）和本德（Bender 1993：275）之后，布鲁克（Brück 2001：660）将多塞特快乐山（Mount Pleasant）壕沟中的各类埋藏阐释成"杂音组合"，每个都在讲述不同的神话，全然不受主导权力的节制。

身体的界限

布鲁克对快乐山的阐释取决于区分导致埋藏形成的不同活动的能力。辨别特定时间和地点的个人行为和生活极其重要，因为在理解行为者的日常生活实践如何依赖于长期结构上，个人之间的沟通居于核心位置（Hodder 1999：136-7；Meskell 1998a）。然而，同样的个人主体可能拥有不同的身份（Thomas 1996：180），个人本身就是由独立事件构成的更大的整体。我们不能假设同一个主体的不同行为和身份会始终构成"个人"，即与单独个体相关的特征鲜明的行为模式（Hodder 2000：25）。最后，如果地点、事物和人物之间相辅相成的话，我们又怎能将个人从地点和事物中剥离出来呢？

这样，我们就面对个人的定义悖论。在本书以前的版本中，作为能动性的同义词，"个人"一词被未加甄别地频繁使用。现在我们已经意识到个人的复杂性，以及暗藏的令人不快的分裂感。为了阐明我们在个人问题上的立场，本章将进一步考察本我的轮廓。

身体是否有边界？如果有的话，在哪里？皮亚杰和拉康都认为，人类在出生的时候没有界限感：本我和世界融为一体。皮亚杰假设，因为视网膜是两维的，婴儿只能见到两维景象。三维景象需要学习获得。在婴儿学会三维景象（皮亚杰认为出现在 18 个月，婴儿能够独立行走之时）之前，他们对深度没有感知，这意味着本我和世界之间别无二致（Butterworth 1995：90）。这种情形被称为"非二元主义"（adualism）。拉康指出，在婴儿学会语言之前，即受到符号控制之前，他们的身体没有分区、分类和差异。身体和宇宙无缝结合在一起。当身体社会化之后，象征符号秩序介入，将身体和他者区分开来，将快感锁定在特定区域（Fink 1995：25）。由于与直观经验相冲突，皮亚杰的理论遭到彻底否定。很多观察证实，即使刚刚出生，甚至在出生之前，婴儿就能够将自身与周围环境区分开来（Butterworth 1995；Russell 1995）。比如，新生儿能准确地分辨自己和其他人的哭声。

尽管不认同非二元主义，生态心理学家仍然强调，身体是在与其他事物的对话中形成的。婴儿需要父母才能坐直，需要地板才能站直。"一旦有可被感知的内在关系，就有对话性本我的存在。"（Butterworth 1995：102）不同立场都支持本我和身体的对话意识。在心理分析理论中，客体关系理论家提出，"只有通过和主要照顾者的亲密关系，才有可能产生本我和他者之别的感知"（Elliott 1994：64）。基于显著不同的立场，布迪厄（Bourdieu 1977：11）以对话性暗喻描述社会行为："不论是狗打架，还是儿童斗殴，或者拳击手搏击，每个行动都引发反行动，身体的每一种体态都成为饱含意义的符号，对手需要在意义尚在孕育之时就准确地把握住它。"在与其他人接触时，我们半意识性地阅读他人携带意义的方式。我们通过体态（顺从、权威等等）传递与他者的社会关系的感知。为了成功地和他人交流，我们必须持续不断，但非自反性地调整本我：听众频频点头，嘴里发出"嗯""啊"的声音，寻找合适的插话机会。泰勒（Charles Taylor 1999）将这种对话互动称为"和谐化"。这些例子显示，我们如何在身体意义上与周围环境和他人保持和谐。它们也质疑了主观和客观的二分法则，因为按照二分法，推理思维与周围环境泾渭分明。

在民族志中，关系观或者社会中心观将本我看成"去中心"的，即各种人际关系延伸的末端。在对新喀里多尼亚的卡纳克人（Canaque）的民族志调查《个人》（*Do Kamo*）中，李恩哈特（Maurice Leenhart 1979［1947］）阐发了关系性自我的经典论断。卡纳克人难以界定 *Kamo* 或者"人物"："当身体独立存在，别无可依时，他对身体毫无意识。只有通过维持与他人的关系，他才能知晓自己。只有在关系中履行职责，他才存在。只有相对于他人，他才找到自己的安身之所。当我们注意到这点时，就无法用一个点表明'自我'。"（Leenhart 1979：153；比较 Strathern 1996：89）

结　论

本章中，我们提出了具现的范式（Csordas 1999），规避了将施动者理解成为脱离世界情境，以及促使人之为人的生活经验的个体行动者的传统理解。我们挑战了本我和他者以及思维和身体之间的二分法则。在考古学中,这将把我们带往何处?布鲁克(Brück 2001:654)强调本我的社会中心性,而托马斯(Thomas 1996:86)则强调物质性身体的游离的边界:锤石可以被看成手臂的延伸。米森(Mithen 1998b:181-4)对物质文化的讨论与哈拉维所说的"现代人类的赛博格本性"非常接近。比如,旧石器时代晚期,人类使用物质文化延伸思维,扩展信息储备的潜力。然而,具现考古学不应该如同米森所做一样,仅仅将物质文化看成思维模块的工具。相反,它会强调,本我是通过与物质文化的关系不断创造和再创造的。这唤起了我们对前一章中,物体如何通过与人类行为者之间的关系获取能动性的记忆。

因为本我和具现都建立在物质世界基础之上,考古学家就拥有探索具现的历时性变化——书写身体的历史和史前史——的得天独厚的条件。其中,最成功的是对古代埃及私人生活的研究(Meskell 2002),它在关于具现的一般性理论和各种人群参加的日常实践的详尽复原之间建立起全面联系。我们赞同有必要讨论世界中无意识的实践性参与。迈斯科尔的研究也谨慎尝试,探索对人和物的有意识和无意识的理解。本章中,我们屡屡注意到,具现并不仅仅来自身体与物和人的接触。我们如何与人(比如母亲)或者物(比如景观和房屋)互动取决于历史环境和赋予母亲或者景观的文化价值。我们的具现具有价值取向——我们按特定的方式参与世界,特定的方式历史性延续或者变化。正是特定的历史取向提供了世界和我们获取意义的方式。

我们已经大费周章地追寻合适的能动性和意义的理论,毫无疑问,具现理论占据了中枢位置。但迄今为止,我们很少关注作为历史学家和史前学家的我们如何在现实中阐释过去的意义。这将是以下章节的任务。

第七章 考古学与历史学

本章将提出,考古学需要重新把握和历史学的传统纽带(Deetz 1988;Young 1988;Bintliff 1991;Hodder 1987,1990a;Knapp 1992;Morris 1999)。不幸的是,人人都使用术语"历史学",意义却大相径庭,因此,本章的首要任务是定义我们所指的"历史"是什么和不是什么。我们并不指借助先期发生的事件对变化的解释,仅仅描述一系列事件就导致历史上特定时刻的出现完全是对历史方法的曲解。我们也不认为某个历史阶段一定基于前一个阶段。很多类型的考古学却包含了这种取向。因此,很多社会进化理论认定,在游团、部落、酋邦和国家之间,或者农业的生成上存在依赖关系(Woodburn 1980)。在达尔文式论调中,新的社会形式的选择受到现存的"基因库"的制约。在系统理论中,系统的"轨迹"取决于先决条件或系统状态。其实,每个轨迹都可能是空前绝后、内容独特的,但却可以运用系统功能的通用法则。在马克思主义中,作为历史辩证过程的一部分,冲突和矛盾的解决方案出现于预先存在的系统之中。

在所有上述研究中,历史既具有独特层面,也包括根据通用法则，对从前一个阶段到现阶段的变化的阐释。这样，历史学家仍然置身于历史事件之外，就像自然科学家记录实验数据一样。但是，我们此处希冀的历史概念也涉及置身于事件之"内"，涉及行为者的主体性赖以建构的意图和概念。历史学家讨论行为、运动和事件，也涉及"行动"。柯林伍德（Collingwood 1946：213）提供了一个范例。历史学家不是简单地记录恺撒在某天渡过了卢比孔河，——他们实际上谈论的是恺撒对共和法的践踏。

本书从一个问题开始，我们如何获得过去的文化意义？我们始终没有脱离唯物主义。总而言之，任何"主义"的复原尝试的核心都基于远未完善的对文化意义的讨论。比如，在唯物主义的系统过程方法中，假定墓葬用于社会陈列，当继承规范受到挑战时，墓葬就会反映身份竞争（29—30页）。为了用这种方式解释墓葬功能，我们必须假设它们对当时的人们的意义。同样，只有当头饰被使用者认为具有社会归属意义时（29—30页），才能用于标明社会归属。也许，我们可以反驳说，不管器物意味着什么，它们都有这些功能。但是，如果器物的意义与功能无关的话（如死亡被认为是"肮脏的"或者积聚财物被认为是"蒙昧的"），就难以判断器物拥有社会功能（如作为社会陈列的墓葬）。

由于对意义的研究不充分，我们在第三章转向了结构主义，但是却发现，意义内容常常被漫不经心地使用。分析单位被界定为预先存在的，符号被赋予意义（比如，男性或者女性），象征符号仅仅按照索绪尔符号学（比较第三章的符号语言学）发挥功能，不对称性被随意解释（比如"有机体"）。由于假定象征结构是永恒的,结构主义就是反历史的:很少有人关注这些结构如何维持稳定性,什么导致它们的变化,以及最初什么创造了它们。而且,在如何重建结构赖以建立的主观性意义上,这种方法几无贡献。

因此,我们转回到唯物主义。第四章表明,在物质文化的马克思主义分析中,检验的仍然是功能(掩盖社会现实),而不是意义内容。换言之,意义内容被归入意识形态,而意识形态的功能(作为统治工具)比内容更被人关注。考古学中传统马克思主义方法的另一个问题是,个人行为者常常被假定受制于主流意识形态。在第五章中,我们已经表明,这个缺陷是如何通过实践理论的发展、将抵抗和能动性概念结合到考古学理论和实践中得到弥补的。此外,对社会策略、实践的意图和逻辑的更好的阐释提供了对意义的必要但仍不充分的讨论。正如我们在本章中解释的,意义常常存在于长时段结构中,我们称之为"心态"(mentalitiés)。因此,意义的生命力超越了个人生命周期,我们期盼在更长的历史时期上阐释意义的再生产。

第六章讨论作为主体的施动者:它是世界的主体,它通过身体受制于世界。对具现的思考提供了如何体验意义的模式,填补了结构主义的关键空白。然而,和实践理论一样,主体性和具现理论需要得到某种方法的补充,这种方法能够解释超越个体生命周期的长时段上意义的形成和改造。

即使是本书没有讨论的方法,它们也假设了存在于去世多年的人们的头脑之中的主观意义。比如,史前遗址经济常常通过骨骼遗存重建（第一章，15 页）。但是，假定聚落中的骨骼遗存与经济相关，就是假设人们看待动物、骨骼和垃圾的方式。在很多社会里，家养动物、骨骼和垃圾往往附带了复杂的社会意义。假定动物骨骼没有发生文化变迁，也就是假定"他们"对骨骼的态度和"我们"大同小异。另外一个例子，如果我们提到一个特定遗址的人口为 X，这实际上也隐含了对去世多时的人们头脑中的意义的重建。因为我们无法直接"看到"过去的人口，我们需要从聚落规模推算。当然，我们可以通过跨文化证据强化论点。但即使我们可以表明，现今所有社会在人口规模和聚落范围之间都存在可预测的关系（这实际上绝无可能，参见 Hodder 1982d），使用这种信息解释过去仍然需要假定在特定的历史情境下人们对空间的态度。个人和集体认为需要多大的空间，或者某种特定的活动需要多大的空间，至少在一定程度上是象征主义、意义和意图的问题。柯林伍德（Collingwood 1939：133）和泰勒（Taylor 1948）指出，如果不使用任何表明意图的阐释性词汇，诸如"城墙""陶器""工具""火塘"等等，就几乎无法描述考古学资料。新石器时代磨制石斧被认为是雷公斧，它们的实用功能（砍伐新石器时代树木）仅靠分析是无法确定的。只有当我们预测去世多时的人们头脑中的主观意义时，我们才能开始进行考古学研究。

　　本书提及的所有方法都拒绝正视这种令人不悦的场面。考古学家更倾向于回避问题，死守支离破碎的实证科学，不敢越雷池半步。现在，我们必须直接面对意义的主观性了。

我们将把握人类行为的意义看成历史学的职责（Morris 1999：13）。我们的立场建立在 20 世纪一系列卓越的历史学家的基础之上。1929 年，布洛赫（Marc Bloch）表明，"如果不与同时代精神的智力、情绪和神秘潮流结合起来，我们将无法解释任何机制。……从内在视角解释社会组织，是我的教学原则，也是我的研究原则"（引自 Burgière 1982：430）。同年，布洛赫和费弗尔（Lucian Febvre）创办《经济史和社会史年鉴》（*Annales d' Histoire Economique et Sociale*），著名的法国年鉴学派由此得名。布洛赫以后的数代年鉴学派学者都表现出对记录"心态"的关注。"心态"可以被定义为集体性表现（神话、象征符号）的情境性信仰系统，其历史是一种潜意识成长史（Bintliff 1991：11），或更简单地说，是文化情境之中的意识形态和象征主义史（Knapp 1992b：8）。和布洛赫一样，柯林伍德也着迷于事件的"内里"。在谈及"心态"或事件的"内里"时，我们并不是说，只有和过去的人们交谈，才能知晓可能表达的主观意义。和惯习一样，我们所感兴趣的主观意义并不一定是有意识的，也不一定来自于交谈。从布迪厄到福柯的一系列作者已经提及，有意识再释（人们说）只是故事的一部分。我们的目标是通过组织重复发生的集体物质实践的结构化概念和观念，阐释主观意义。社会和公共观念用于建构主观性，可以通过物质和社会实践，通过个人行为和阐释，检验它们如何发生历史性变迁。

时至今日，文化史领域依然保持了对事件"内里"的兴趣（Morris 1999）。"历史学家从'事实攫取者'转变为'思想阅读者'。"(Morris 1999：13)"心态"和思想的阅读将历史与唯心主义联系起来。所谓唯心主义,并不是宣称物质世界不存在,相反,此前定义的这个术语(Morris 1999：20)表明,物质世界就是它所被感知的。它必须被感知,才能被作用。尽管思想阅读指的是获取过去行为者头脑中的内在认识,但是我们仍然相信意义是公共的和社会的(Geertz 1973)。因此,获得"心态"或者事件"内里"并不意味着了解某人头脑之中的想法,或者其他需要显著移情的对象。

诸如查特尔(R. Chartier)和琼斯(Gareth Stedman Jones)等文化历史学家认为(引自 Morris 1999：12),所有的历史,至少在一定程度上是唯心的。早期历史学家相信,可以用文献区分过去人们如何观察他们的世界和他们的世界的真正模样;也可以按照潜在的马克思主义方法,运用事物的"真正"的秩序解释对它们的主观理解。近期来,文化历史学家主张,我们无法从展现世界的文献中得知世界究竟怎样,因为文献本身就是再释。另一方面,文化历史学家认为,经济的再释并不能决定经济。尽管历史学家只能通过语言和话语学习经济,经济过程却不能仅仅由话语设定。由于种种原因,历史唯心主义和主观主义一样,不能独立存在(参见 Bourdieu 1990)。

本章中,我们希望讨论历史的两个方面:第一,我们希望了解相对于实践,主观意义是怎样在长时段中再生产的;第二,批判性检验柯林伍德的历史方法。

长时段历史

考古学家讨论长时段发展的常见方法是将他们的资料分解到阶段中，然后讨论各个阶段之间变化的原因。不管接踵而来的是文化—历史方法（不连续由侵略等造成）、过程主义（系统的适应性变化）还是马克思主义（矛盾和危机带来的变化），历史都是一个不连续的过程。我们也发现（66页），结构主义不擅于解释变化。

尽管这些方法都尝试淡化阶段之间的边界（Higgs and Jarman 1969），但是，它们很少有意识将历史看成连续的过程，也很少有考古学家尝试重建情境意义与长时段的历史实践相关联的方式。如果我们为了理解历史上的人类社会，试图理解特定时刻的人们的情境性信仰系统，我们究竟要走多远？意义的变化是否始终与之前的意义密切相关，而构成无休无止的过程？

与生俱来的，那些对长时段文化意义的连续性感兴趣的人们往往也关注特殊性。如果每个时段都被单独阐释，与其他社会进行比较的话，独特的历史发展将被搁置一旁。对那些有志于研究文化意义的人而言，跨文化通则是需要证明、不能预设的，因此，他们的重心放置在依照其自身标准理解特殊性上。我们已经注意到，所有的考古学都或多或少与特定的历史情境相关，不过崔格尔（Trigger 1978）证明，历史也包含通则。但是，在所有的考古学和非考古学研究中，正是关注事件"内里"的特定主义研究带来了在意义和实践之间关系的本质上最深刻、影响最深远的结论。

对长时段关系的最重要的研究是马克斯·韦伯（Max Weber）关于新教伦理和资本主义精神之间关系的分析（Weber 1976，发表于 1904—1905 年）。尽管这不是一个考古学个案，因为如下原因，我们仍然希望对其进行一定篇幅的讨论。韦伯的研究肇始于一个给予了特定回答的特定问题。他的问题是"为什么资本主义出现在西欧，而不是世界的其他地方？"他提出，中国、印度、巴比伦都曾经出现过资本主义的某些形态，但却缺乏奠定了现代资本主义伦理基础、仅仅见于欧洲的特定思潮或者精神。韦伯将其定义为存在于各行各业中的"使命感"。使命感观念基础之上的理性控制可能和西方文化中理性主义的其他特定或者特别形式相关。它们也存在于音乐、法律、管理体系以及经济系统中。

韦伯提出，西方资本主义的显著特征与新教，特别是加尔文教派的各种禁欲主义形式的崛起密切相关（尽管它不是后者直接导致的）。资料显示，在多种宗教形式并存的西欧社会中，商业领袖、资本家和技术阶层基本上都是新教徒。传统天主教徒是社会权威阶层，并不认可损人利己的追求；其"来世"观念限制了资本主义企业的发展。而加尔文教派却支持"现世"禁欲主义观念：人人都出生在显然无力扭转的秩序感之中，而宿命将引导每个人"只要一息尚存，就要完成现世赋予的工作"（Weber 1976：156）。

在分析中，韦伯尤其反对以生产力和生产关系为主导的马克思主义历史唯物观。韦伯并不是忽视这些因素，或者否认它们的重要性，他只是希望也同样地重视唯心主义观念，即思想的历史性特定组合会影响人们组织社会和经济的方式。他关心检测行为的主观意义，强调相对于特定的"目的"和"赋予"，"理性"具有主观性。他提出，只有按照生产和使用时已有或者即将产生的意义，每个器物才能得到理解。

新教禁欲主义是长时段发展而来的，通过濡化得以重生，因此变成理所当然的法则。最终，这种来源于罗马法原则的理性法理在特定的理性主义西方类型的发展中发挥了作用。资本主义精神渊源可以追溯到资本主义萌生之前（Weber 1976：54），部分意义上，新教徒对持续的体力或智力劳动的强调来自于"劳动是公认的禁欲技术、常见于西方教堂，与东方及其他地方的宗教法则形成鲜明对比"（Weber 1976：163）。

韦伯并不认为这套观念是独立发展而来的。相反，他认为，物质和思想结合在一起，因此，为了解释每个行为或者社会生产，有必要考虑主观意义的历史情境和日常生活实践。宗教观念虽然部分通过宗教领袖的阐发而变化，但也和社会环境的总体，特别是经济环境相关，尽管并不受制于它（Weber 1976：183）。研究清教徒伦理的学者理查德·波克斯特尔（Richard Baxter）提出，"根据其自身宗教活动实践而调适"，人的信仰也随着实践活动而改变（Weber 1976：156）。韦伯一直注意到哲学家和宗教思想与"俗人""实践者"或"常人"之间的差异。在加尔文主义中，"对普通人的道德指导清除了（存在于天主教的）无计划性和无系统特征,转换成为整体性统一方法"(Weber 1976:117)。

资本主义精神脱胎于基督教禁欲主义。教义贯彻到日常生活之中,控制了俗世道德观念,承担了建构现代经济秩序的功能。然而,实际结果可能出乎意料。加尔文教派的宗教改革者和其他的清教徒教派以拯救灵魂为念,对全球性资源的追逐并不是改革的终极目标。纯粹的宗教动机最终导致始料不及,甚至从未期待的文化和社会结果(Weber 1976:89-90)。这些结果往往与宗教改革者的初衷相距甚远,甚至南辕北辙。

这样,我们在韦伯的讨论中看到了理论和实践、思想和物质之间的辩证关系,均衡考量社会行为(即有意识、有目的的行为)和出乎意料的结果或矛盾。然而,由于施加了长历史情境,观念和价值才被认为是同样重要的。在短期意义上,在行为的一瞬间,布迪厄的惯习论看起来受制于存在条件,但是在长时段上,不同于其他历史过程,社会和经济条件本身就是文化意义的产物。

韦伯提出,宗教理念和社会经济谁主沉浮的相对地位因时而变。起初,清教徒禁欲主义导致社会行为的产生,鼓励了业已存在的经济形式的继续发展。在宗教改革之前,资本主义商业组织的某些特征已经出现(Weber 1976:91),但是,宗教改革促进了全新的经济秩序的发展。而且,清教主义是"反权威主义",导致清教徒激烈反对英国君主制秩序(Weber 1976:167)。

因此,最初,"清教徒希望因使命而工作",宗教指挥资本主义企业,而现在"我们被迫工作"(Weber 1976:181)。随着时间推移，理性秩序越来越依赖于机器生产的技术和经济条件。今天，这些物质条件"决定了所有生于机制之中的人们的生活"（Weber 1976：181），而宗教基础却被遗忘了。

我们之所以花了相当篇幅讨论韦伯的理论，是因为他的作品中包含了本书追寻的历史阐释的众多特征。韦伯充分考虑了情境意义以及这些意义如何发展，如何依自身的历史标准得到理解，个人在社会中的地位等等。韦伯反对功能性决定论关系，而将个人行为看成社会整体性的建构模块。社会整体充满了对抗、分裂和矛盾，人们对他们所生存的世界的阐释见仁见智。

尽管强调情境性和特殊性，韦伯并没有因此堕入怀疑相对主义和历史特殊论的窠臼，——他认为，他人的主观性是可以被认知的。一个人不必成为恺撒才能理解恺撒。只要能将历史现实的独立片段拼缀成其他时代的"精神"，而不是强加任何外在模式，思维就可以把握其他的情境和意义（Weber 1976：47）。同样，开展如此详细的阐释，就能在历史情境之中和情境之间获得通则。

正如吉登斯（Giddens 1976）指出，韦伯的资料和阐释一直深受质疑。我们当前关心的不是证明韦伯理论的有效性，而是用这个范例说明如何在长时段上通过与世界其他部分的历史发展的对比，思考历史意义，指出唯物主义和客观主义观点的不足，强调主观性和特殊性的重要价值。

韦伯的理论暗示了观念和行为的关系，萨林斯（Sahlins 1981）则为布迪厄和吉登斯提出的方法也能运用于长时段提供了最清晰的例证。在夏威夷，萨林斯辨识出作为行为组成部分的预设观念。比如,超自然力 mana 就是一种创造力,可以使隐匿的大白于天下,赋予美好和神圣以意义。部族首领的超自然能力像太阳一样明亮而闪耀。在日常生活层面上,这种观念调整了行为,如同惯习一样,但是,它们在实践和"局势结构"中变化。无人能准确知晓,实际上将会发生什么事件。预期之中和预料之外的行为结果都可能导致惯习和社会结构的转型。

更清楚地说,当库克来到夏威夷,不同文化开始接触之际,两种对立的惯习便在实践中冲突,剧烈的变化尾随而至。萨林斯表明,按照传统的框架,库克和其他欧洲人刚刚抵达之时,被认为具有超自然能力。但是,随着(夏威夷人和欧洲人)不同观念的实际场景的展开,意料之外的结果反作用于预设,引发矛盾和冲突。最终,库克被杀,超自然能力转移到所有来自英国的物件上,导致夏威夷的社会重构。

这个范例与韦伯的理论密切相关,细节工作越多,越关注结构和实践之间的关系问题,就能越全面地理解社会和经济如何蕴藏于主观意义中,同时反作用和改变这些意义。

年鉴学派也可见到类似韦伯和萨林斯的理论,它们直接影响了考古学(Iannone 2002;Kirch 1992;Last 1995;以及 Bintliff 1991,Hodder 1987b,Knapp 1992a 的相关文章)。布洛赫和费弗尔的继承人布罗代尔(Fernand Braudel)将历史过程划分为三个不同的时段:长时段、中时段和短时段。年鉴学派方法与考古学密切相关,因为考古学也能记录到三个时间范畴的变化,界定出三者之间的动态关系。

布罗代尔的第一类过程发生在长时段（*longue durée*）上，包含了缓慢变化的结构（如心态）和长期连续性（如地理）。许多考古学家成功地记录和跟踪了持续而特别的文化价值。李奇曼对安第斯地区冶金术的研究就是很好的范例。李奇曼（Lechtman 1984）注意到，新大陆史前时代缺失"青铜时代"和"铁器时代"，可能因为在欧洲，金属在战争、运输和农业上作用重大，而在安第斯地区，金属在世俗和宗教生活中具有更多象征性功能。

因此，李奇曼对新大陆文化序列的特质抱有兴趣，她特别关注以金色和银色的礼制和政治意义为中心的独特的文化价值系统。青铜在安第斯山区的发展相对滞后，因为其他金属已经生成了某种需要的颜色。另一套文化价值阻止了安第斯山区的冶金匠将金银颜色涂抹在其他金属器物表面。安第斯山区有一种极其复杂的技术，使金属表面所见颜色就是由内到外散发出来的。"安第斯装饰体系的基础是所有器物都得包含金银等基本成分。器物的精髓在于表里如一。"（Lechtman 1984：30）

李奇曼利用和金属加工有同样"结构"的纺织品生产（即纹饰结合到布料之中）强化这个论点，她表明，文化价值具有使印加国家统治合法化的意识形态功能。但是，意识形态和纺织的特定形式，特定的电化学置换和损耗技术过程都只能依其自身标准予以理解，联系到实践，而不可化约为实践。最终，我们只能通过无穷无尽的历史回溯过程"解释"文化价值系统。

其他人（如 Coe 1978）也关注探讨新大陆文化相对于旧大陆

文化的特质。弗莱纳利和马库斯（Flannery and Marcus 1983）指出，如果将考古学和语言学研究结合在一起，就能显示数万年来美洲文明通过组织一系列意义，包括将世界分为颜色各异的四部和称为 pe 的灵魂，适应了本土环境，承受了社会剧变。尽管他们的研究没有试图解释结构、意义和事件如何结合在一起，但却表明观念领域具有长时段影响。此外，观念不会引起或者阻碍实践行为，也不能化约为实践行为的结果；相反，它就是行为的载体。

旧大陆考古学中不时涌现出一种愿景，希望通过对长时段的回溯性研究发现欧洲社会和文化的共同文化内核，——这正是投身于印欧问题的语言学家和考古学家长期热望的。比如，柴尔德就曾表明，他写作《欧洲文明的曙光》（The Dawn of European Civilization，1925 年初版）的目的就是为了了解欧洲文明的特质，确定导致工业革命的独立精神和创新精神的渊源。我们可以与更细致的分析尺度相结合，考察欧洲不同地区是如何形成、分裂和扩张的。霍克斯在不同的场合提到，"西方对带有装饰的墓葬——或者墓葬本身——的禁止"导致英格兰的埋葬习俗无法表明身份差异（Hawkes 1972：113；1976：4）。这种与墓葬相关的态度，或者至少是行为描述，被看成是长时段上延续的。不过，在"渐进式凯尔特特征"（Hawkes 1976）的讨论中，虽然霍克斯将凯尔特风格追溯到青铜时代的源头，但仍为渐变预留了空间。1954 年，霍克斯倡导区域研究取向。在这个路径中，考古学家使用历史学方法，通过文化序列，逆流回溯，发现"作为物种的人类的共同特征,自出现以来就蕴藏在文化能力之中"(Hawkes 1954:167)。"就像人们剥洋葱;它将直达终极问题,洋葱真的有核,还是不过是一层一层洋葱皮呢?"(Hawkes 1954:168)

霍克斯的洋葱之问涉及深刻的时间和政治问题。就时间而言,我们倾向于回答,洋葱的确全是洋葱皮。但是,通过追寻源头和共同起始,柴尔德和霍克斯暗示,史前史的洋葱的确有核,也确实存在时间的起点和所有起点出现的地方。如果从"内里"考虑时间——换言之,从活生生的、具现行为者的角度——我们很快意识到,生命的时间经历是无穷无尽的。当然,生命历程包含关键事件,人们有时将他们的生命历程认知为具有显著阶段的叙事。但是,承认生命时间的参差不齐,并不意味着采用年代框架将时间分割成段,以等量单位予以衡量或划分是正确的。时间并不是空空如也的容器,独立于生命而存在;它是人们创造的。因此,"欧洲性"必须有起源,而起源必须发生在人类时代,这样看起来有些荒谬:我们能否想象在时间的某一点上,一个没有明确特征的人突然变成欧洲人?我们的基本想法是,时间并不能轻易地划分成阶段,也没有明晰的分割,我们不可能发现清晰的起源。因此,我们不宜将时间看成一系列阶段或过程,而应该是一股奔腾不息的潮流(Hodder 1987b:2)。

在政治上,起源研究具有多重现实结果。结果之一可见于考古学实践自身。比如,研究国家起源的考古学家可以使他们的工作得到最广泛的关联和最多的引用机会。不论哪个地方,研究国家后期发展的作者都需要征引起源研究,赋予自身研究以情境

(Wobst and Keene 1983)。因此,"赶早"的作者在课题的源起上占有一席之地,垄断了整体课题,如同收税一样,在最广泛的网络中得到引用。更重要的,对起源的研究暗藏本质主义观念(Conkey and Williams 1991),认为所有欧洲人共享了欧洲本质,只要揭开差异的肤浅表层,就会大白于天下一样。当运用于人类时,本质观念鼓励了理想类型的柏拉图式方案,持续推动了种族主义、民族主义和种族清洗等种族灭绝悲剧。

没有考古学家尝试运用他们的资料的优势——覆盖长时段——在长时段意义的时间流问题上有所建树。区域文化序列的详尽历史研究中,涉及主观意义阐释的寥寥无几。我们已经讨论了弗莱纳利和马库斯的工作(Flannery and Marcus 1976;1983),而依斯贝尔(Isbell 1976)认为,尽管南美洲安第斯山脉社会和经济系统存在重大断裂,聚落结构上却有长达3000年的连续性,同样类型的其他重要工作包括戴维斯(Davis 1982)对贯穿埃及历史的艺术原则或者"标准"的研究,霍尔(Hall 1977)确认了霍普维尔文化(Hopewellian)经济和政治变化和互动过程背后的意义原则,布拉德雷(Bradley 1990)对北欧和西北欧的窖藏和供奉性埋藏的长期和广泛的连续性的讨论。在欧洲,特别是在斯堪的那维亚,很多考古学家意识到遥远的过去和现在之间的显著连续性模式,但是没有把它当成研究的重心。

同样,现在,传播很少被当作文化发展的成分进行研究。因为传播被贬为描述,过程主义考古学家将重点放在本土性适应过程上。然而,在本书提出的问题的框架中,传播的确具有解释能力。它有助于解释特定的文化基体。来自其他群体的器物或风格在新的情境中获取意义,而这些新意义又可能基于旧意义,或者携带旧意义。新特征是在现存系统中选择的,存在于现存系统之中,并改变它。研究不仅要确认传播的不同类型(Clarke 1968),更要观察,比如作为活跃的社会过程,刺激性传播如何作用于长期发展的意义系统(Kehoe 1979)。

考古学家的危险在于,他们可能会满足于文化伦理的模糊连续性,以资料琐碎为借口,疏于考察结构性内部意义如何灵活地参与社会和社会变迁,以及它们如何改变自身。布罗代尔的第二和第三类时间范畴有助于历史学家关注变化。第二类范畴,即中时段(*moyenne durée*),包括社会—政治结构中经济周期、人口趋势和变化。这类周期和趋势的变化被称为"趋势史",可以在数十年到数世纪的时间尺度上进行观察。第三类范畴最短,主要处理男女人生的个体事件。布罗代尔贬抑短时段事件的贡献,因此无法把握人类行为启动长时段周期变化的方式。然而,布罗代尔的继承者们更密切地关注了长时段结构、社会策略和个人事件之间的互动(Ladurie 1980; Le Goff 1985)。以写作 1579—1580 年罗芒狂欢和暴动的特定事件的勒华拉杜里(Le Roy Ladurie)为例,研究者开始着眼于较小的地理单位和较短的时间段落。最近,年鉴学派也更接近人文学科方法,拒绝各色决定论,采纳"不确定原则"(Knapp 1992b: 8),与人类科学和生物科学中人气高涨的复杂性观念遥相呼应(Colwell 1998)。

文化史领域的学者(Morris 1999)也聚焦于材料极其丰富的

历史片断。达恩顿（Darnton 1984：75-106）对18世纪巴黎一家印刷作坊中的屠猫事件的研究提供了活跃的个人、历史情境和有意义地建构的文化的极佳范例。按照印刷作坊学徒的说法，老板娘命令屠猫引发了一场癫狂猎杀、模拟审判和屠猫行动，即使老板娘的猫也不能幸免。为什么对印刷工人来说，这件看起来不人道的事件如此有趣？达恩顿以此形成文章框架。达恩顿的解释将他带入到关于猫的传说、民间狂欢活动、仪式和模拟审判、行会习俗和仪式、妇女出轨和丈夫戴绿帽子、田园牧歌般的前工业时代手工生产方式下的盘剥经济等深描之中。达恩顿游走于屠猫事件和各种历史情境之间，进而关注事件的每个特性（为什么是猫？为什么是印刷作坊？）。最终，为什么屠猫如此有趣出现多种解释，我们意识到，如此深究，得到的不是"解释"，而是对"工人们如何通过操控他们的文化主题，使经历变得有意义"的理解（Darnton 1984：99）。

在韦伯、萨林斯和达恩顿的作品中，我们开始发现考古学家可以怎样在对过去的解释中运用结构和过程。杜克对北美北部平原的黑足印第安人和他们的史前祖先的研究也是一个有趣范例。杜克（Duke 1992）从区分两种延续了数千年的"心态"着手：获取（以狩猎为中心）和加工（以烹饪为中心）。狩猎工具变化迅速，显示出对细节的高度投入，而食物加工工具则变化甚少。考虑到在获取技术上的创新和在加工技术上的保守，杜克相信，获取心态以男性围绕权威和地位的竞争为特征，而加工心态则强调符合行为的传统观念。与欧洲人的接触改变了两种心态。在接触之前，性别分野严重的心态有助于建立和维持男性统治。与欧洲人的皮毛贸易将印第安男人从独立的武士和猎人转变为局限在特定区域、低人一等的贸易伙伴。同时，某些女性获取了常常保留给男性的高等级社会地位。杜克提出，为了弥补他们的失控，男人们试图通过一夫多妻制增强对女性的控制：妻子越多意味着贸易上的财富越多。因此，一个历史事件——与欧洲的接触——瓦解了传统的性别关系，但土著人采用了得到传统的性别心态支持的自然化模式，积极地形成全新的性别关系。

和萨林斯对18世纪夏威夷的分析一样，杜克的范例中，外在事件（欧洲人的到来）引发了社会变迁。哈曼更晚近的一篇论文（Hamann 2002）则认为，将变化仅仅归于内部或外部原因，并不适用于大部分事件。哈曼所引并非考古学范例，但是它更加清晰地关注了长时段结构和短时段事件之间的互动。哈曼以罕见的博学辨认出中南美洲的一个长时段结构，每隔数世纪就会出现一个既往时代和消逝居民的本土传说。他进而用三个个案研究说明中南美洲人如何利用长时段结构创造社会不平等，使之合法化。第三个个案是20世纪早期一个玛雅小村落常宫（Chan Kom），距离墨西哥奇琴伊察（Chichen Itza）遗址13公里，尤其具有启迪意义。当地居民与遗址之间有着千丝万缕的联系（他们前往遗址祭祀、狩猎和求医，他们在祈祷和谚语中引用奇琴，用奇琴的纹饰母题装饰房屋，他们建立高塔瞭望遗址，修筑了一条通向遗址的大道）。他们笃信遗址的意义（虽然奇琴原本的建筑已经消失，但仍然保存在地下，有可能复活帮助现代村民）。因此，当有一个名叫唐·尤斯塔奇洛（Don Eustacio）的野心勃勃的行为者试图角逐社会、政治和经济权力时，奇琴就成为他的策略的一部分。在部分意义上，唐·尤斯塔奇洛成功地调用了奇琴遗址的修辞功能，提出只要辛勤劳动，他们就可以开启一个繁荣时代，丝毫不逊色于壮观的遗址始建的辉煌时刻。事实上，唐·尤斯塔奇洛相信他的千年纪复兴早已到来：他将20世纪二三十年代在奇琴工作的考古学家比作消失的居民，现在，他们归来了。因此，"内因"和"外因"结合推动了他的行动。

唐·尤斯塔奇洛的例子详尽说明了长时段结构和短时段事件之间的关系。年鉴学派创始人之一费弗尔认为，个人可以自由行动，但行为者只能在社会环境允许下行动。这一悖论让我们想起马克思的著名论断，"人们自己创造自己的历史，但是他们并不是随心所欲地创造，并不是在自己选定的环境下创造，而是在直接碰到的、既定的、从过去继承下来的条件下创造"（Marx 1977：300）。当然，唐·尤斯塔奇洛是处心积虑的机会主义分子，但是，他既没有发明关于过去的修辞性说法，也不能巧舌如簧地"选择"是否"部署"这些历史。

宾特利弗（Bintliff 1991：12-13）解释费弗尔的悖论，认为短时段事件的影响是任意的，只有当它反映显著的中时段和长时段潮流时，才能获得广泛的重要性。事件背后的动机可以忽略，因为只有长时段结构才能决定事件的意义。事实上，哈曼的个案表明，唐·尤斯塔奇洛的行为非常有效，因为它们来源于对奇琴的共同理解。然而，唐·尤斯塔奇洛只是部分地成功——众多村民不屑一顾，有人甚至直接反对。因此，长时段结构不能决定事件的影响，因为结构具有多重意义，也可以按不同方式予以运用。特定使用方式的成功部分取决于宾特利弗忽视的因素：行为者的意图和动机（参看第五章的"抵抗"一节）。

包括宾特利弗在内，所有人都认同"大范围过程不能用于解释小范围过程"（Knapp 1992b：13）。在事件层面上判断行为的影响的决定论是危险的。我们偏爱历史的范畴和过程上的不确定性（Fletcher 1992；Morris 1999：9）。我们认为，短期事件无法化约为"长时段结构和中时段社会互动周期之间张力的物质性结果"（Iannone 2002：75）。因此，我们提出，考古学家必须将考古学记录看成一系列事件，将不同行为区分开来（Hodder 2000）。这个观点也呼吁关注多种多样的考古学记录的方法，绝不忽视那些未能启动或者影响长时段趋势的异常案例——形态独特的箭头、罕见的建筑平面布局。（参见 Bintliff 1991：13）。

更关注内部意义，事件的"内里"，对于考古学家而言，绝非易事。我们如何用考古材料重建超自然力 mana、凯尔特人精神、新教伦理、欧洲的创造性、对左和右的态度呢？问题是这样形成的：如果否认唯物主义，我们就不再能在物质基础上预测"思想"。因此，跨文化、可预测的探索方法都将被排除在外。如果每一个历史情境都是独特的，我们怎样才能解释它？我们将在本章结论部分评估这些问题，在下一章（第八章）中介绍一种更充分的现代回应，即批判诠释学。

历史学理论与方法：柯林伍德

20 世纪 60 年代之前，将考古学视为历史学一支的论调广泛见于英美，也许，在欧洲大部分地区，这仍是主流观念。泰勒（Taylor 1948）率先区分了考古学和历史学，在他的"缀合法"中强调文化单位"内里"、特定的内部关系和意义。深受柯林伍德影响的众多英国考古学家常常强调考古学推理的历史维度（Clark 1939；Daniel 1962；Hawkes 1954）。皮戈特（Piggott 1959）指出，除了证据不是有意识地遗留或者记录的之外，考古学就是历史学：它是"无意识"的。对霍克斯（Hawkes 1942：125）而言，文化不仅在时间和空间上具有延续性（extension），在社会和经济领域也存在意图（intention）。所有人都将文化看成历史性生成、可以随着时间而改变的规范和意图。

尽管常常强调统摄行为的规范和准则，我们仍然需要不厌其烦地重申个人是社会理论的重要成分。特别是，柯林伍德形成了成熟的社会行为理论。"被误称为'事件'的实际上是行为，表达了施动者的某些想法（意图、目的）。"（Collingwood 1939：127-128）他没有将行为看成对刺激的回应，或者施动者的本性或者性情的效果（Collingwood 1939：102）。因此，柯林伍德说，行为既不是行为性反应，也不是规范。它从属于特定局势，根据对局势的有限知识，人们启动和操控了"事件"。由于标准类型的局势的出现，行为看起来受到规则约束，但事实上，生活的众多侧面并不存在严格、一成不变的规则。每个特定的局势也依赖于情境,牵涉到不同的因素组合,因此,我们不可能有完整的行为规范指南。相反,这是"随机应变,在具体局势中见招拆招"(Collingwood 1939:105)。

对行为而非事件的强调产生了理论和实践之间的递归关系。因此,文化既是动因,又是效果,既是刺激源,又是受影响体,既具有创造性,又是被创造出来的。因为每个创造都依赖于情境,通则就显得毫无价值。

和丹尼尔(Daniel 1962)和泰勒(Taylor 1948)一样,柯林伍德认为,用跨文化通则方法阐释历史资料是不可取的。柯林伍德(Collingwood 1946:243)指出,准确地说,资料并不存在,因为它们都是特定的理论框架里感知或者"赋予"的。历史知识不是事实的被动"受体"——它是对事件内部的想法的辨识(Collingwood 1946:222)。那么,受实证主义训练的考古学家会问,怎样才能证实我们的假设呢?当然,不是通过运用普遍的衡量机制——中程理论。按照柯林伍德的定义,中程理论是肤浅的、描述性的通则理论。那么我们怎样才能进行验证呢?

一种回答说,我们不能。柯林伍德和众多其他早期作者都认为,没有确凿、有力和证据充分的回答。只有持续不断的辩争和无限接近,这也是本书所持的观点。但是,这样的回答可能显得有些轻浮。正如柯林伍德所苦心证明的:我们可以在重建过去时表现得非常严谨,我们也可以得到判断不同理论的标准。

值得效法的步骤是,首先将自身沉浸于情境资料中,通过自身的知识激活过去的思想。但是，正如布迪厄强调的，这是一种生活实践，而不是抽象玄想。"历史知识是关于过去什么思想发挥了作用的知识，同时，它是思想再作用，在现在破坏过去的行为。"（Collingwood 1946：248）因此，过去是存在于思维之中的经历。

柯林伍德提及这些究竟意味什么？柯林伍德表述观点的方式极大地妨碍了考古学对他的接受。柯林伍德并不是说我们应该坐论"移情"或者"沟通"过去；在我们看来，他只是表达本书反复提到的观点，即所有关于过去的判断（如我们所见，从"这是个狩猎—采集者营地"到"这座墓葬起到了使接触资源合法化的作用"）都包含了提出过去的意义内容的假设。因此，不论喜欢与否，我们的确"将自身带入到"过去，柯林伍德只是挑明而已。但是，他进而提出，我们需要意识到我们在做什么，并且具有批判性。

通过提问和回答，过去就可以"复活"。没有谁可以对资料冷眼旁观，他们必须通过提问被带入到行动中：为什么有人想建造一个这样的建筑？这条壕沟的形状的意图是什么？为什么这道墙是土坯的，那道墙是石头的？提问不能含糊（"让我们看看这是什么"），必须清楚界定（"这些散石是颓墙吗？"）。想想达恩顿对屠猫事件的问题：为什么是猫？

对这些问题的回答既取决于所有可得的资料，也取决于历史想象，而历史想象深受我们对现在的知识和理解的影响。柯林伍德很少讨论类比，但是我们的阅读表明，他并不反感类比的使用。与现在的类比对于拓展和激活历史想象意义重大。但是，这并不意味着一个人对过去的解释受制于现在——对于柯林伍德而言，我们完全有可能获得洞察力，理解与自身文化截然不同的文化情境。思维可以想象和批判其他的主观性，以及其他历史事件的"内里"（Collingwood 1946：297）。尽管每种情境都来自特定的历史环境，都是独一无二的，但是我们可以拥有认同或者共同感受；每个事件尽管独特，但都有普遍性，即拥有某种可以被所有时代、所有人理解的意义（Collingwood 1946：303）。

这样，内在洞察就得到多种方式的支持和"验证"。对于那些研究自身文化情境的物质的学者而言，过去和现在的连续性让我们向后追溯，剥开霍克斯所称的洋葱皮（参见上文，147页），观察思想如何改变和转型。柯林伍德转而强调"一致性"。因为，"恰当地说"，资料并不存在，我们可做的只是，在考古学家对世界的印象上（Collingwood 1946：243），在观点的内部统一性上，确认重建言之有理。这种策略允许对"他者"的主观性提出假设，也允许我们区分不同的理论。但是一致性也关注与证据的"呼应"。尽管证据并不是客观的，但它却存在于真实世界之中——不管喜欢与否，它是有形的，确凿存在。不管我们的认知或世界观是什么，我们都受到证据的制约，并且必须直面它的具体存在。这就是我们发现难以接受"在农业生成之前，铁器已经使用于不列颠"或"直到学会使用铁器之后，不列颠才出现正式的墓葬形式"假设的理由：为了使证据符合这个表述，需要太多的特别诉求。因此，即使在我们的主观视野中，我们常常发现形成与证据相匹配的统一的观点并不容易。在某种程度上，如果特别诉求过多，理论就变得不那么可靠。

因此，我们对历史意义的重建建立在论点与已知资料保持一致和和谐的基础之上。考古学采纳折中调和的论点，除此之外，别无选择。显然我们无法得到笃定的答案，但是正如随后范例所示，通过这种方法的批判性运用，我们可以逐步积累关于过去的知识。

很多人反感柯林伍德的观点，或者至少反感他的表述方式，尽管在后实证主义哲学的思想氛围下，他的若干论点已经看起来不那么激进了。柴尔德宣称（Childe 1949：24），历史学家不可能在自己的头脑中重演施动者的思想和动机，但他本人恰恰持续不断地将目的和观念强加在过去的头脑上，以此作为考古学工作的常见程式。柴尔德错误地表述，"柯林伍德卓有成效地教育我，清空所有来自我的社会的观念、类别和价值，以便注入已经消亡的社会的观念、类别和价值"。事实上，柯林伍德指出，只有立足于自身的社会，我们才能够理解其他社会，宣称两者本质上毫无关联是不足信的。他提出，我们可以相互参照，批判性地评估自己和他人的社会。

这并不是宣称我们对过去的重建独立于我们自身的社会情境，第八章将进一步讨论推理的这个特征。相反，我们已经认识到，在资料的主观性内，仍然存在分辨不同理论优劣的机制。证据之中不乏具体的情境信息，它们限制了我们可以表述的内容，正是历史想象的过程将所有的证据凝聚成为统一体。历史科学就是关于批判和提升洞察力的科学。否则，这些资料将无视主体和客体之间的问题关系，颇具欺骗性地用于跨文化通则之中。

若干范例

从柯林伍德自己的著述和其他更为晚近的研究中，摘取若干重建过去的动机、目的和意义的自觉尝试的范例，这将大有帮助。所有尝试都以沉浸于情境资料、提出问题和获取独特形势下可信的洞察为特征。

在对英国北部哈德良长城和稍晚的安东尼长城的研究中，柯林伍德（Collingwood and Myres 1936：140）提出，"为什么两者显著不同？为什么安东尼长城上没有里堡和塔楼，而且防御要塞比哈德良长城小而密？"

要塞表明，安东尼长城上的兵力较少。城墙结构也说明，与哈德良长城相比，安东尼长城力求节省，

> 护坡外的壕沟比哈德良长城的要宽，但是护坡本身不是石头的，西侧和中部是草皮，东侧是夯土。哈德良本人已经说过，建造起来，草皮墙比石墙容易得多。两者在规模上的对比感更加强烈。哈德良长城的草皮段底部宽达 20 英尺，而安东尼长城只有 14 英尺，这表明，如果高度相同的话，安东尼长城只需要同样长度的哈德良长城三分之二的土坯量。同样，要塞也不是高墙广厦的石质建筑，大部分墙体是草皮墙或者土墙，实木大门往往极其朴素；即使用上石头，

建筑也显得简陋而廉价。即使是要塞中的中心衙署，也不全是由石头筑成。兵营里充斥了最便宜的木头营房，有的还是茅草覆顶。

基于以上证据，柯林伍德进而解释目的，"无论在建筑还是组织上，安东尼长城为了追求便宜，不惜以功效严重受损为代价"（Collingwood and Myres 1936：142）。更进一步，在战略上，安东尼长城也不是精心选点建造的，与见诸德国的全新前沿防线形成强烈对比，这个假设得到进一步强化。"综合考虑安东尼长城的种种特征，看起来并不像一系列失策，而是刻意而为，因为在那条线上，固若金汤的防御工事毫无必要"（Collingwood and Myres 1936：143）。

柯林伍德进一步解释，为什么这种类型的长城会在特定时间修建在这里，将他的讨论和英国北部的部落和聚落的证据联系起来。就我们的目的而言，这已经充分显示如何通过提出和解决与具体的情境信息相关的一系列问题，获得关于主观意图的特定阐释，阐释看起来言之凿凿，可以借助证据进一步论证。

柯林伍德的重建在一定程度上依赖关于罗马军队性质的文本记录，因此，我们不妨转向彻底属于史前时代的城墙，如德国铁器时代早期聚落霍伊纳堡（Heuneberg）周围建造的城墙。梅里曼（Merriman 1987）展示了城墙是怎样为了树立威望而建造的。在回答"为什么建造城墙"时，考古学家已经注意到，城墙使用了泥砖，在风格上类似于地中海地区的泥砖。他们同时注意到，在北欧的文化情境中，历史上从未见过这种城墙，气候条件也不适宜。其他的情境信息包括在地中海与本地之间的威望物互换、霍伊纳堡中心的内部复杂化以及相关的贵族墓葬。综合起来，这种特殊的城墙服务于树立威望和建立本地身份，而不是用于防御的，这个论点看起来持之有据。

在对瓦哈卡文化形成期的萨巴特克人宇宙观的分析中，弗莱纳利和马库斯（Flannery and Marcus 1976）证明，陶器上的高度象征化形象都可以追溯出自然风格原型，因此确认了火蛇或者美洲豹等意义。类似地，霍德指出（Hodder 1984a），西欧众多新石器时代墓葬意味着房屋。中欧的同时代长墓和长屋的八点形态近似可以支持这个论点。在适当的社会情境中，墓葬意味着房屋就言之可信了。在分析英国新石器时代的石斧交换中，霍德和雷恩（Hodder and Lane 1982）指出，在使用价值之外，石斧具有主观意义，因为它们是墓葬中唯一的工具类型；和象征性石膏复制品一样，它们常常被放置在礼制情境中。

上述范例都是寻常可见，微不足道的，但重要的是，这就是考古学。在这些范例中，与民族志材料的类比关系可能会影响问题的选择、信奉的历史想象和理论，但是，在任何情况下，我们的主旨都是把握历史情境的主观性，依照它们自身的标准理解资料。

结　论

为了前进，考古学需要后退。本章中，我们已经发现有必要退回到新考古学之前的考古学，恢复文化历史和统一的哲学方法。我们怀疑，如果有人考察 1950—1980 年间的参考文献和引文，是否真能发现 1965 年的剧变。新考古学将此前存在的所有考古学都贴上了规范性、描述性、猜测性、不充分的标签——现在是时候划清界限，重新开始了。文化历史的目标和解释方法都遭到了批判。

当然，历史上的确存在很多缺乏创见的文化历史和恶劣的考古学，但是新考古学又何尝不是这样？将来任何时代考古学都不可避免。通过回顾过去 40 年间考古学尝试的种种"新"方法，我们已经证明，它们的局限恰好来自于对文化意义、能动性和历史的否定。因为试图将考古学改写成为自然科学，多年积累的知识（除去年代框架和基本资料描述）竟然成了该被打倒的稻草人。

在试图重新结合考古学和历史学，弥合新与旧的道路上，很多人会认为我们在偏向情境和猜测的方向上走得太远。针对我们必须阐释过去的主观意义的判断，常见反应是指出验证问题，指出材料既不充分，也不能发声。但是，需要说明的是，所有的文化重建都取决于将主观意义施加到特定的历史情境上。本章讨论了年鉴学派、文化历史和以萨林斯和哈曼为代表的历史人类学家总结的程序。

当然，这些程序绝非白玉无瑕，在此，我们想讨论它们的不足之处。第一，我们必须对"心态"的整体性和广泛性持批判态度。新史学的倡导者，如福柯，都质疑是否能将众多事件与单一法则、意义、精神或世界观联系起来。相反，新史学家敏锐地注意到分类、限制和分裂，将看起来相关的事件或者行为分解成为重叠但是决不雷同的多重意义（Foucault 1972：7-10）。因此，诸如凯尔特精神、新教伦理和欧洲创造性这样的原则看似赋予一个时代共同的"面相"或者气息，可能并不是那么统一或者普遍。至少，当柯林伍德鼓励我们"设身处地地思考"过去，在过去中思考时，我们必须意识到，任何时间和地点上都存在多种可以思考的过去。

第二，割裂的可能迫使我们反思历史时间的定义。本章包含了众多的时间视角。从现象学角度，我们将时间看成不间断的潮流，这来自于一个认识：人类行为者常常生活在现在，现在就是通过回望过去和展望未来而获得意义的。我们以此挑战起源研究的价值，因为有人认为意义来源于分析者提出的时间的抽象区分。然而，在政治上，将时间视为延绵不绝的认识蕴藏了使现在自然化的危险。在与压迫的意识形态和机制进行斗争中，指出它们的来源非常重要：如果我们能够证明它们有开始，就能确信它们终将结束。另一方面，如果我们接受决裂和起源的意识，断绝和过去的关联，又会危及理解古代人民的可能性。当然，后结构主义者以此推理提出，我们所知道的"人民"只是晚近的产物。我们将在下一章中讨论这一点。

我们也将时间看成是多维度的。布罗代尔提出了三个时间范畴。也许，如果说时间范畴就像社会过程一样不胜枚举，可能更加准确，在每个事件和过程中，多个时间范畴可能盘根错节。而且，时间范畴既可能是线性的，也可能是周期性的。时间范畴——独立于被评估的生命之外的抽象的计算装置——和生存时间视角之间存在冲突（Gosden 1994；Shanks and Tilley 1987；Thomas 1996：31-5）。这种冲突提醒我们，没有任何时间范畴是广泛适用的：人们通过日常生活的特别韵律和他们对过去、现在和未来的独特理解创造自身的时间感。因此，时间性存在就是社会性建构和文化性关联的（Knapp 1992：14）。

另一个常见的反对意见是，如果说城墙之所以被修建是因为有人想修建，这看起来了无新意。当然，如果只能止步于此的话，和弗莱纳利的米老鼠法则（Mickey Mouse Law）相比（Flannery 1973），也就是五十步笑百步了。但是，对出自特定的文化历史情境、与社会行为框架相关联的目的和意图的讨论，并不只是以新方式描述资料；它提供了更多信息。阐释超越了资料，否则就不会出现验证问题。在上述两个"长城"的范例中，建筑之所以兴建起来，就分别基于削减在戍卒和劳役上的开支和赢取社会威望的目的。两种阐释都增加了资料。

与其将历史考古学演变成"新"的自然科学（Rahtz 1981），倒不如把它的众多方法和假设移植到史前史中，这将大有裨益。本章中，我们已经看到，着眼于长时段意义的事件"内里"历史使我们有可能更全面地理解社会变化、社会结构、思想和实践的关系，以及个人在社会中的地位。在与社会和社会变迁相关的众多当代论争上，由于在长时段上得天独厚的优势，考古学理当有所贡献。比如，抵抗怎样成为面对社会和技术剧变的主观"行事方式"？社会渐变和突变是什么关系？通过提出这些问题，我们将使考古学资料的特定性得到充分施展。

第八章　情境考古学

不论我们提出什么关于人类过去的问题，哪怕只是技术或者经济，都会牵涉到意义框架。毕竟，如果不对骨骼垃圾的象征意义提出假设或预设的话，我们就无法说明遗址的经济。本书旨在追寻如何探索过去的文化意义这一问题的适宜答案。第一章中，我们基于对能动性和历史的关注，形成了意义问题的框架。接下来，我们探讨了理解意义、能动性和历史的各种方法。

比较不同方法在上述三个方面的贡献的初始任务已经完成，试图寻找的答案也基本找到。结构主义考古学有助于形成文化是有意义地建构的观念，但是，只有实践理论才能解释意义如何影响人们的生活。深受马克思主义影响的考古学和社会理论的新进展带来了对社会中能动性角色更完整的讨论，对具现的思考有助于我们理解施动者如何体验世界，以及如何构成世界的主体。最终，历史研究提供了对在长时段上，意义如何不变或者变化，以及施动者的行为如何有助于转换或者维持长时段意义结构的理解。

前一章中，我们已经提供了对"意义"的多种注释。意义来自：

(1) 智力的、情绪的或神秘的潮流;(2)"事件内里";(3)信仰系统;(4)意识形态和象征系统;(5)集体再现;等等。本章中,我们将从更详尽地思考"意义"的意味出发。进而,我们提出考古学家如何重建过去的意义的问题。为了回答这个问题,我们希望更详尽地描述所谓的"情境考古学"。

意义和理解

　　意义可以以多种方式界定,——还不易转译成其他语言(Bloch 1995)。首先,我们将意义定义为使局势(a situation)合乎情理(make sense)。为了强调物质性和身体性感知的贡献,我们选择词语"感觉"(sense)。当某些事物引起感知时,我们也许不能解释其原因。我们只是感觉得到,常常没有自觉反思。而只有当事物根本没意义(我们的身体无法产生意义),或者初次见到,或者以全新方式遇到时,我们才会全面进入有意识状态。我们试图生成意义的"局势"可能是各种事物——行为、谈话、文本、物体、领域等等。因为意义总是有所特指,不同局势的差异绝非微不足道;我们试图逐一予以说明。

　　使局势合乎情理是指,局势有别于关于局势的意义表达(Taylor 1985:15-16)。因此,意义并不是任何局势内在固有的。意义是相互关联的,它是局势和感到局势有意义的个人或群体相结合的产物。因此,意义常常针对特定的人(Taylor 1985:22)。尽管雪花的几何形态包含了令人惊奇的统一和感觉,但在人们体验它之前,雪花本身并没有任何意义。换言之,意义是以施动者为中心的。

至此,我们对意义的定义仍然完美符合现象学范式。我们自身所在的局势——我们接触的一切事物——本身并没有意义:意义是通过我们建立的有效的关系组合持续不断地产生的(Thomas 1996:236)。比如,当我们用铁锹在地面上挖一个洞时,就可能产生铁锹的意义(Thomas 1996:65)。铁锹因而意味着挖掘工具。当我们在洞里撒下种子,就在挖掘和种植之间建立了关联。意义是流动、灵活而多样的,就好像铁锹意味着培育,甚至再生,尽管对于与其他铁锹拥有其他关系的其他主体而言,铁锹可能意味考古发掘。正是通过积极体验世界,我们产生了世界的意义(我们建立"理解结构")。

意义依赖于世界中的独特个人体验,但是在个性意义之外,可能还有社会意义。这种意义之一是构成性(或者主体间)意义(Taylor 1985:38-40)。构成性意义指规范局势的意义类型。不同于个性意义,构成性意义不指铁锹的任何特定意义(挖掘工具、园艺、考古等等)。相反,构成性意义指创造共同语言的意义类型,所有意义都以此为基础,确保能产生感知。塞尔(John Searle)提出了构成性意义的经典范例(Searle 1970)。在国际象棋中,界定每枚棋子可能的移动的规则构成了游戏本身。如果缺乏规则(构成性意义),就没有我们所知晓的象棋游戏。其他规则,诸如每一步移动的时间限定,规范但没有构成象棋游戏。

当我们宣称"文化是有意义地建构的"时,指的是构成性意义。在试图解释骨骼垃圾的模式前，我们需要首先明确围绕和建构以下内容的意义（1）被不加分辨地称为"垃圾"的骨骼和（2）制造此类模式的实践。这里采用的构成性意义的概念与第三章和第五章讨论的"结构"大同小异，也将我们带到福柯的"话语形构"（discursive formation）的概念。社会联系不同主题、在知识形态周边建立边界的方式积极地建构了可能的意义和表达类型。这样，福柯（Foucault 1986）就能宣称，在褒扬男性和少年之间性关系的古代希腊社会，并不存在同性恋。因为，只有当性与繁衍的关联建构起来时，人们才会考虑所谓同性恋和异性恋之别。与现代西方社会相比，古代希腊的性实际上属于完全不同的意义和关联的组合，因而使用现代分类并不明智。始料不及地，对性的讨论极富成效：它标明了前一章结论部分提及的重要问题，我们将很快回到这个问题上。如果过去社会的构成性意义与考古学家的不同，我们是否就失去了使过去的社会有意义的可能性呢？

　　充分讨论合乎情理的意义之后，让我们回到个性化意义问题。数千年乃至数万年之前的考古记录年代久远，足以成为"他者"，处理它们的考古学家试图使那些社会和主体有意义。很多学者都困惑于这种特殊局势，一个主体（分析者）试图将意义赋予另一个主体（对话者/讲述者）。主体之间的互动类似于"对话"，在假定的对话中，"翻译"的观念可以表明意义的细微差别。我们充分意识到，"对话"明显不同于考古学家面对的意义的局势。然而，我们仍将仔细考虑"对话"和"翻译"，因为它们说明了种种微妙之处，能够丰富我们对意义的讨论。稍后，我们将表明，意义的对话模式怎样适用于对其他形式的行为及其物质遗存的研究。

我们从区分意义和意义表达开始。这种区分诱使我们思考，当我们从一种语言翻译到另一种语言时，意义本身存在于中立的第三种语言中，讲述者和分析者的语言只包含意义的变体（甚至是扭曲）。这是错误的（Gellner 1970）。正如上文所见，意义并不存在于语言的表达之外：语言构成意义。因此，翻译远非机械行为（Shanks and Hodder 1995：6）：它并不是在一种语言中匹配另一种语言的词句。在学习外语的过程中，我们学习了另一种生活方式（Asad 1986：149）。操持语言要求远远超出掌握词汇和语法，这个认识令我们想起格尔茨（C. Geertz）对民族科学（ethnoscience）的著名批判：文化不是一整套系统法则或者民族志算法，谁也不可能仅仅通过它们就变成土著。

翻译之中，我们并没有将意义从一种语言传输到另一种语言。相反，我们改变自身语言以适应意义。按照本雅明（Benjamin 1969：79）的说法，"翻译的语言能够——事实上，必须——收放自如，这样，它才能够以和谐的而不是复制的方式为原本的诉求发声"。本雅明引用鲁道夫·潘维兹（Rudolf Pannwitz），提出我们的翻译不是将印地语、希腊语或玛雅语变成英语，而应该将英语变成为印地语、希腊语或玛雅语。为了保存以施动者为中心的意义的意图性，"我们必须改变自己的语言，以期翻译出原文的和谐统一"（Asad 1986：156-7）。然而，伽达默尔（Gadamer 1981：384）提出，为了在新语言中得到理解，意义必须以全新方式建立有效性。因此，翻译中存在两种转换，分析者语言的转换和意义自身的转换。

创造新意义导致出现两个重要但模糊的术语：理解和阐释。在使用模糊的术语之前，我们需要明晰它们：给予它们特定的定义，只有当技术性定义就是我们头脑所想之时才使用它们。我们将"理解"定义为从翻译中"转换"而来的意义。"转换"创造了既不同于原始语言，又不同于翻译者语言的全新意义。因此，"理解"的客体就是阐释者和讲述者的界面上融合生成的意义的混合形式。

要理解一个人说什么，仅仅掌握其语言是不够的；理解来源于翻译和融合。"理解一个人所说的内容，就是理解事物主体，而不是走入另一个人的内心，复活他的经历。"（Gadamer 1981：383）需要强调的是，理解不是移情。在理解中，我们并不需要接受主体的观点，相反，我们会将他人的观点和视角和我们的联系起来（Gadamer 1981：385；Taylor 1985：117）。我们抵制纯粹的主观主义——接受他者的观点——因为本土观点常常出自对生活的客观条件的一知半解（Bourdieu 1990），容易引起混乱，头绪繁多，甚至相互矛盾（Taylor 1985：117）。不仅如此，获得理解，或者至少避免民族中心主义都迫使我们关注这些观点和描述。我们必须把握施动者对自身行为的有意义的阐释，但是，要让这些行为无论对他们，还是对我们都更清晰的话，我们就必须超越自我认知，将它们放置在分析者的历史或理论等视野之下。只有这样，阐释者和讲述者才有望都得到理解。

总之，理解不是"作者心目中原本过程的简单复苏，它实际上是以翻译者理解的方式为指导的文本再造"（Gadamer 1985：386）。阐释正是通过这种再创造获得的理解。这种"阐释性方法"就是诠释学的基础。我们将在本章稍后讨论。

我们只阐释那些我们不理解的东西（Taylor 1985：15；Tilley 1993：10）。因此，只有当某些事物令人迷惑、不完整或混沌不清时，才会出现阐释：让我们回想一下，达恩顿的阐释之旅的灵感来自于他不能理解为什么屠猫如此有趣。前一章中，我们证明，长期以来，达恩顿和其他历史学家都运用阐释方法。然而，他们也表明，他们追寻的理解方式导致自己很容易被误读。比如，"心态""事件内里"或"思想阅读"都表明，阐释采纳了本土观点而不是其他；我们力争像土著一样思考。然而，对这些历史方法的仔细阅读却揭示，它们事实上与此处阐发的理解的整体观一致。大多数考古学家忽略了这些方法的细微差别，导致他们每每看到柯林武德的名字就不分青红皂白地批判主观主义。

考古学中的意义

考古学中存在各种各样针对意义的立场，从认为意义不可接近，到认为意义既可接近，又是多元的。我们已经看到，过程主义考古学家声称，他们对过去的阐释与本章和前章讨论的具现、意图、关联性或者历史感中的意义无关。这些主张可能源自宾福德对古心理学的排斥，但是延续到自称参与认知的过程主义考古学潮流（Renfrew 1994a）。对于这种无意义立场的批评之声不绝于耳：比如，不考虑死亡的意义，墓葬的功能就无法得到理解。此外还有更微妙的反对：功能本身就是一种意义，即使我们仅仅讨论简单如铁锹的功能。这种类型的意义，类似于派特里克（Patrik 1985）确认的第一种模式，就包含了功能性相互关系的结构系统。为了寻求这种类型的意义，我们可以探索人类和物理环境、埋藏过程、劳动力组织、聚落规模、物质、能量和信息的交换。我们只有观察器物如何结合其他的因素和过程、结合经济和社会结构发挥功能，才能赋予意义。过程主义和马克思主义考古学的伟大贡献就在于此。

然而，过程主义者可能宣称，观察器物如何发挥功能是阐释，而不是理解其意义。我们有必要梳理阐释和理解的差异。阐释事件就是判断其动因，将动因和通则理论、规则或者科学法则联系在一起。因此，寻求阐释就是提出"为什么事件会发生"的问题。

理解和阐释不同，因为在理解中，我们不需要摆脱具象王国，寻求抽象的因果原则。我们不过是持续地针对资料提出问题，甚至当我们问"为什么"事件会发生时，我们的回答建立在"什么"事物牵涉其中，以及如何发生等具体探寻的基础之上（Shanks and Tilley 1987a: 113）。

也许，阐释和理解之间，相似多于差异。尽管理解比阐释更多地利用情境，理解也代表了超越原始情境，因为原始情境只有在符合我们自身情境时才有意义。同时，尽管成功的阐释通过疏清模糊，解决疑惑而完成探寻，过程主义者仍然坚持往复进行假设和证误。换言之，阐释的目标并不是最终证明一种阐释，而是维持多种阐释，逐步存优汰劣。因此，阐释是一项永无止境的事业。

因为研究的社会情境的原因，理解也是永无止境的。由于意义是关联的，新的探索和调查者会形成与探索的客体的不同关系，因此形成不同的理解。这不应引起我们的恐慌，因为，我们深知，每一代人都会按照自己的方式重写历史（Collingwood 1946：248）。无论是阐释还是理解，都是生生不息的活动。两者都可以被视为诠释学方法，我们将在本章末尾予以详述。

不仅仅只有过程主义者才拒绝意义。巴拉特（Barrett 1987）宣称，我们不应当试图从考古学记录中推断意义。相反，"我们需要关注意义的主流形式是如何产生和维持的"（Barrett 1987：472）。根据巴拉特的说法，意义的产生和维持都发生在人们的日常生活实践之中。因此，他提出，我们需要忽略人们认知他们的世界的方式，而全心关注他们的实践。按照上文简要描述的阐释方法，这颇有些怪异，但是，巴拉特方法更严重的问题是，在实践与意义的分离中，它重新创造了物质和精神的二元对立，并且站到了前一个阵营（参加第六章）。

我们重申意义不是二分的。我们同时通过实践和观念感知世界，实践可能影响观念，观念也可能影响实践，两者难以区分。因此，意义无法与存在区分开来。然而，理解与存在不同，因为它超越了行为者的经历，涵盖了分析者对行为者经历的思索。换言之,与经历相比,理解产生的新意义更上一层楼:它们是对分析者之外的其他人的经历的思索的产物。阐释工作也创造了分析者的全新经历,构成他的存在的一部分。

在将意义视为功能性相互关系系统的过程主义观念之外,还存在作为观念和符号的结构内容的意义。这种形式的意义曾经是20世纪80年代蓬勃发展的象征主义和结构主义考古学家的目标(Hodder 1982a,1982b)。对观念和符号的内容的关注不仅仅意味着说"扣针具有象征女性的功能"或者"剑象征男性"。问题应该转变为"墓葬中女性遗骸和扣针的关联代表了什么样的女性观?"研究目标是寻找布迪厄的惯习、弗莱纳利和马库斯的 pe 以及第五章讨论过的其他结构性观念。考古学家需要抽象总结他们发掘的器物的象征功能,以期确认器物背后的意义内容,这就包含了对物质象征符号表达的观念如何建构社会的检验。

除了作为功能性相互关系、观念和符号,还有第三种意义:特定行为者的特定行为的意义。我们称之为操作性意义。一方面,事物或事件的操作性意义首先取决于行为者与事物或事件相关的既往经历。这重申了意义是相关联的。我们使用"经历"一词,旨在表达具现感。在这一点上,记住身体经历是非常重要的,因为对意义的过多抽象讨论将诱使我们犯下错误,将"意义"等同于概念性或者有意识接受的某种信息,而不是感觉。另一方面,操作性意义也取决于驱动被我们阐释的行为的意图。总之,操作性意义包含行为者过去的经历(传记)和未来的意图(策略)。

确认了三种意义之后，我们需要折返回来，强调这种三重组合的类型学仅仅具有诠释学价值。比如，我们无法将符号的特定使用的意义（操作性意义）从构成符号的特定使用环境、历史性产生的意义之中分离出来。换言之，不同类型的意义不是相互排斥的。这里，我们回访构成性意义和个性意义（或者说"语言"和"言语"）之间不可分割的关系：个性意义建立在构成性意义基础之上。

最终，我们必须讨论针对考古学家的意义。意义并不是考古学遗存固有的：它为特定人服务，在阐释的考古学个案中，就是为考古学家服务。这意味着，阐释的当代情境——考古学家群体的政治——是阐释过程中不可或缺的部分。本章中，我们将通过探索批判诠释学和相对主义政治，讨论当代考古政治学。但是，考古政治学是非常宽泛的主题，无法在一个章节之中完整表述（参考 Tilley 1993：8-9）。下一章中，我们将继续讨论考古学和其他当代利益集团相结合的具体范例。

我们已经注意到，考古学家早已讨论运用情境资料，建构功能性相互关系的阐释的方法。这见诸旧石器时代经济学、交换理论、信息理论、系统理论、最佳觅食理论、社会行为理论等领域。如果不充分考虑与第一类意义密切相关的第二类和第三类意义，上述理论都可能带有缺陷。这里，我们集中关注特定的历史情境中的意义内容，因为这是前揭诸章确认的当前考古学理论的主要空白。戴维斯（Davis 1984：12）、威尔斯（Wells 1984，1985）和霍尔（Hall 1977）也提出了类似观点。尽管与对功能性意义的考量有所重叠，我们的主要兴趣是运用情境性关系，获取过去的意义内容。

阅读物质文化

我们如何获取过去的意义内容？最重要的是，我们能否获取意义？我们已经注意到，很多分析传统怀疑通过阐释（诠释学）获得对意义的理解的可能性。我们可以归咎于福柯的"新史学"强调今昔之间不可弥合的断裂，但是，他以对事物的秩序，而不是各自的意义的关注著称（Foucault 1972, 1994）。本雅明，甚至伽达默尔都认为这是不可能完成的任务。就翻译而言，"在原始词句和它们的复制品的精神之间，始终存在鸿沟"（Gadamer 1981: 384）。然而，我们也注意到，阐释的目标不是直译，而是理解。而且，尽管福柯在20世纪60年代的作品以激进立场著称，他的历史恰好就是理解过去的可能性的证据。

本书以前各版曾提出一种理解过去意义的方法，将考古学资料视为有待阅读的文本。但我们如何阅读这样的"文本"？显然，如果过去的物质文化语言和当代语言在特征、词汇、语法或结构上毫无共通之处的话，这种阅读即使不是全然不可能，也是非常困难的，尤其是考虑到残存文本不仅不同，而且只是局部和片段。在语言和物质文化的基本差异之外，物质文化当与文本和语言等量齐观的观点还有其他限制。

语言是抽象的再现，而众多物质文化的首要功能也许不是再现，而是辅助完成物质性任务。物质文化变体常常依赖于功能性考量。第三章中，我们已经讨论了物质文化和文本之间的其他差异：作为能指，物质文化不一定与所指维持任意关系；在很多方面，物质文化是模棱两可的；物质文化的经历常常是半意识或无意识的。

围绕文本还有众多其他困难（Buchli 1995）。莫里斯（Morris 1999:27）宣称，物质可能是稀缺的，而词汇却不是（然而，我们必须注意到，某些词语可能是禁忌，在大多数环境下，并不是所有人都有权说这些词语；Bourdieu 1991）。布洛赫（Bloch 1995）发现，当我们将物质文化看成文本的时候，我们就掉入陷阱，认定意义是某种所指。在他的马达加斯加范例中，在当地，木雕并不"意味"什么；而是他们"看得起木头"。如果我们意识到，盖房子用的木头标志着房屋的建造者，则木头和雕刻的"意义"就与房屋主人的生命交织起来。只有成为人类创造自身的传记文本的材料时，木雕才成为文本（Thomas 1995）。

这些思考挑战了本书的中心观点，即过去是可以被阅读的。然而，我们自信能够回应这些挑战，挽救阅读过去的理念。我们的第一个回应是，文本不是我们阅读的唯一对象。我们阅读各种符号，文本恰巧是最抽象和最复杂的。阅读物质文化时，我们立足于更有利的位置，部分原因是物质文化远不如文本抽象而复杂。文本的复杂性源于它是用来表达复杂的概念和思想的，必须相当精确而全面。但是，物质文化语言却没有语法和字典。物质文化符号常常比对应的语言更模糊，可供发掘的意义往往更简单。同时，物质象征符号更持久，更能抵抗适应性。在很多方面，物质文化完全不是一种语言——它是世界中明确无误的行为和实践，这些现实考量对物质文化的象征意义具有深远影响（Hodder 1989a）。仅就作为语言的物质文化而言，与口头语言和书写语言相比，它都是简单的。因此，与我们不知其语言的书写文本相比，物质语言更易破译。这就是为什么考古学家在尚不知晓物质文化"语法"时，却能卓有成效地"阅读"。

物质文化比文本更容易破译的部分原因是，它适用于不同的符号模式。我们在第三章已经讨论，索绪尔的符号语言学模式——所指和能指之间的任意关系——适用于文本，但不适用于物质文化。我们信奉佩尔斯的符号模式，因为通过考虑非任意关系，比如指示性或者像似性，它能够解释物质性（Preucel and Bauer 2001）。最终，尽管大多数哲学家乞灵于作为阐释过程范例的"对话""翻译"或"文本"，众多作者通过阐发物质符号传达意义的更多细节，弘扬了佩尔斯理念。第三章讨论唯物主义时已经评估大多数此类工作：充满意义的行为在物质世界里留下印记。

总之，颇有讽刺意味的，如果我们牢记物质文化不是文本，就能重新树立阅读过去的观念。文本只是物质文化的暗喻形式，而不是类比。作为人类行为者，从出生开始，我们就始终在阅读身处的情境。第六章中，我们已经表明，我们通过半意识、身体和谐化方式习惯周围的环境。正如伽达默尔（Gadamer 1975：259-61）指出，海德格尔式"存在"就是理解的原本形式。换言之，我们以立足于日常世界的方式了解其他人、其他文化和其他时代。生活本身就是历史诠释学的基础和充分条件。按照在自身或其他文化中成长的方式，我们将自身投射到过去。当我们遇到或结识其他人时，我们并不能确切知晓他们头脑中的想法，以及他们使用物质的意义。我们所能做的就是观察他们的行为和语言，随着物质性事件增多，我们逐步获得了"他者"的大致印象：我们将行为视为词语。尽管初看起来隔阂如"他者"，但有望获得可评估的大致理解之道。本章的目标就是使这些程式，特别是涉及考古学和考古学家处理的资料类型的程式，更加清晰。

接下来，我们将从"情境"着手，详细讨论"情境考古学"。

情　境

"情境"一词常用于考古学话语中，如"你的判断的情境是什么"或者"资料的情境是什么"等。这个词语用于不同的局势，反映特定资料的敏感性——"你的一般性观点不适用于我的情境"，但是，前一节中，我们已经注意到，情境也指研究的当代社会、政治和经济状况。

"情境"来自拉丁文 *contexere*，意味连缀、合并和连接。在回应某些新考古学家连篇累牍的通则（如 Watson, Leblanc and Redman 1971）时，我们可以提出情境上的多种运动。我们已经注意到（44 页），弗莱纳利（Flannery 1973）强烈排斥"法则和秩序"，转而强调"系统性"——这是兼顾各种特定关系的更灵活的方法。上文已经描述历史特定性中事物的交织关联，在考古学众多分支（马克思主义、进化主义、过程主义）中绝不鲜见。巴泽尔（Butzer 1982）也辨识出历史生态学研究中的"情境"方法。在古典考古学中，情境方法明确用于希腊彩陶的分析（Berard and Durand 1984）。一本名为《史前交换的情境》（*Contexts for Prehistoric Exchange*, Ericson and Early 1982）的书试图强调产生交换的生产和消费的情境。

在更常见的空间考古学中，霍德（Hodder 1985）提出，新一代分析技术应该对考古学资料更敏感，也更具有诠释意义。我们将随后详论此点。考古学家强调资料的特殊性的重要领域之一就是对埋藏过程的研究。在区分考古学情境和系统情境上，施斐尔（Schiffer 1976）贡献良多，他指出，如果不考虑这些区分，通则理论和方法的运用就存在危险（如 Whallon 1974）。

在伦福儒编辑的《文化变迁的阐释》（*The Explanation of Cultural Change*）中，凯思（Case 1973：44）提出，情境考古学"本身就值得被当成一种新考古学"，它意味着将通则理论与现存资料更紧密地联系在一起。近期，在考古学的各个层面上，对情境的关注都有所提升。一方面，弗莱纳利（Flannery 1982）批评通则性和抽象性思辨离具体资料太远（参看 Barrett and Kinnes 1988）；另一方面，对情境的关注成为发掘过程的主要方法论议题之一。考古发掘和分析的起始阶段中，资料登记表单已不再使用阐释性术语（如地面、房屋、灰坑、柱洞），而是主观色彩较少的"单位"或"情境"等词语。我们认识到，考古发掘中，在所有资料得到评估之前，不应过早地使用主观色彩过于强烈的阐释。

某种意义上，考古学正是通过对情境的关注得到界定。对缺乏情境信息的器物的兴趣从属于古物学，也见于某些类型的艺术史或者艺术市场。将器物从它们的情境中剥离出来，就像一些金属探测器使用者所做的一样，与考古学的本质背道而驰。重申情境的重要性，就是重申作为考古学的考古学的重要性。

总之，考古学家以不同方式使用"情境"一词，其共同点是在特定的或者多种局势中，将物质联系和交织起来。孤立存在的器物是沉默的。但是，考古学不是对孤立器物的研究。如果我们能够阅读它们被发现的情境（Berard and Durand 1984：21），考古学器物就不再彻底沉默了。当然，所有的语言都必须得到阐释，因此，在某种意义上，所有的语言和物质符号都是沉默的，但是存在于情境之中的物质符号不会比言语之中的嘟囔和声响更沉默。器物可以说话（甚至还能窃窃私语），但只有在阐释者积极参与的对话中，器物才会发声。

在此，我们有必要进一步强调贯穿全书的两个观点。首先，考古学家可以推知的主体内在意义不是"人们头脑中的想法"，因为它们不是个人的有意识的想法。相反，它们是日常生活实践再生产的公共和社会概念。因此，对考古学家而言，它们是可见的，并且由于社会群体的机制性实践有迹可循，它们形成了重复和模式。就是从这些物质模式中，考古学家可以推知蕴涵其中的概念。其次，由于物质文化生产的情境比语言和话语的情境更具体，阅读物质文化的可行性更高。在很大程度上，物质文化意义受到技术性、物质性和功能性考量的影响。这些因素的具体性和非文化属性使物质文化"文本"比语言的任意性符号更容易被阅读。物质文化的情境不仅是抽象的和概念性的，也是实用的和非任意的。

因此，"情境"就指将事物放置到"文本之中"。这里的通则性观念是，"情境"指书写文本的前后紧邻段落，意义上前后衔接，以至于文本一旦脱离前后文就无法清晰表述。本章随后将讨论"情境"更为精确的概念。眼下，我们的目标就是勾勒出考古学家从文本走向象征意义内容的路径。

相似和差异

当着手系统整理从物质文化中阐释过去意义内容的方法时，我们认识到，考古学家通过在种种情境关联中，确定不同类型的相似和差异实现这个目标。为了获取功能和内容上的意义，就要在情境关联和差异中进行抽象总结（图7）。

因此，我们可以从相似和差异的观念着手。在语言中，这就是指当有人说"black 黑"时，我们马上赋予那个声音某种意义，因为它听起来近似（尽管并不完全相同）"black 黑"的其他用例，同时，它不同于其他的声音，比如"white 白"或者"back 后"。考古学常识认为，我们将一种陶罐归入类型 A 是因为它看起来像同类其他陶罐，而且截然不同于类型 B 陶罐。当然，作为

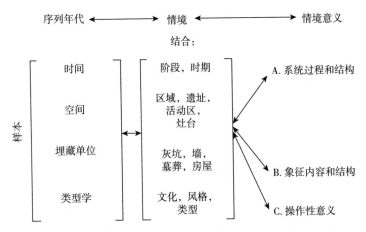

图 7. 考古学客体之间异同的情境意义的阐释。

考古学家，我们可能发现相似或差异并不相关。我们将在下一节讨论相关性，但以下的范例已经悄然涉及这个问题。在墓葬中，我们发现扣针和女性相关联。空间位置和埋藏单位上的近似促使我们认定扣针"意味"女性，但是，只有在扣针从来不见于男性墓葬，而在男性墓葬中发现领针时，这个结论才成立。其他跟女性、女性活动和扣针的关联和对比可以支持我们形成"女性"的意义内容的抽象总结。比如，扣针的图案也见于与繁殖而非生产任务相关的器群上（参见法里斯的研究和麦吉的分析）。

我们可以如图总结寻找相似和差异的过程：

如果比较此图和下图,将颇有启发意味。下图显示实用功能关系,而非象征功能关系。

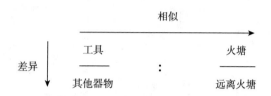

考古学家将火塘周围的区域定义为活动区,因为他们在这里发现了工具,而工具不见于房子其他部分。这个解释的形式与探寻扣针的象征意义如出一辙。但是,正如本书始终强调的,完全没有必要将两个目标分开:功能性意义和象征性意义并不对立。因此,扣针一方面起到了系紧衣物和象征女性的功能,同时还可能拥有"作为繁衍的女性"的意义内容。同样,火塘周围的活动区域可能表明某些工具拥有"家""家用火塘"等意义内容。事实上,为了首先观察火塘周围的活动区域,为了赋予那里的成组器物相关功能,我们必须假设此类意义。认定"活动区域"就是赋予意义内容。意义形式(功能性/系统性、观念性、操作性)必然相互依存——几乎不可能只言及其一而不涉及其他。

通过相似和差异建立起来的上述意义实际上深受第三章的讨论的影响,它所追求的不过是解释考古学家的工作方式。然而,它也包含了规范性成分。第一,它指出,相似和差异存在于多个"层面"。相似和差异可能以结构性对抗、"秩序感""自然感"等变化基本维度的形式存在。界定相似和差异常常涉及理论,在"更深入"的层面上,想象理论的需求尤其殷切。我们将在下文回到相似和差异的不同层面。第二，我们可以提出，考古学家过于关注相似，而疏于关注差异（Van der Leeuw 与作者的私人通信）。整个跨文化研究方法就建立在辨识相似和共同动因的基础之上。比如，陶器纹饰按照所有纹饰或者象征符号的通则性象征功能进行解释。社会被归纳成若干类别（国家、狩猎—采集者等等），并确认它们的共同特征。当然，这样的工作也常常假设差异，但是，任何缺失的"表现"从未成为研究的焦点。比如，我们会提出，为什么陶罐带有装饰？但我们也可以问，为什么只有陶罐才有装饰？当然，这又是一个确认什么样的行为才有意义的理论框架的问题。如果在特定的文化情境中，陶罐是唯一带有装饰的容器，这就与阐释纹饰的意义相关了。但是，总体上，考古学家倾向于将带有装饰的陶罐从它们的情境中剥离出来，孤立地考察这些陶罐之间的相似。

"pain"一词可能以略显极端的方式表明有必要思考差异。解释这个词语的未知意义的方法之一就是寻找其他文化中的类似词语。我们得到一个看起来类似的词汇类别，包括英语和法语中的范例，并确认它们的共同特征。但事实上，在英语和法语中，这个词语可能的意义截然不同，如果我们留意它在两种文化中不同的关联，就能很快意识到这点。在英国，它跟"极大的痛苦"联系在一起，而在法国，却跟"面包师"联系在一起。这个极其简单的例子再次证明了柯林伍德的观点，即考古学家使用的任何术语都必须接受批判性考察，以便确认在不同情境中是否意义不同。考古学家因而需要对差异和缺失保持敏锐；他们必须随时提出这样的问题：这种类型的陶罐是否见于不同情况？为什么其他陶罐类型没有纹饰，为什么其他的容器没有纹饰？为什么某个地区缺乏某种类型的墓葬或者某种生产技术？

考古学家可以怎样描述相似和差异呢？在上文中提到的扣针个案中，我们已有类型学差异（扣针和领针）和埋藏相似（墓葬中扣针与女性相关）。我们也指出了功能维度上的相似和差异。我们发现，不同类型和层次的相似和差异相互交织，结成网络，支持阐释。现在，我们希望分别讨论相似和差异的维度的不同类型。每种相似和差异都可能发生在多个层面上，规模也不尽相同。

考古学家惯常处理的相似和差异的第一个类别是时间。显然，如果两个客体在年代上接近，也就是，在地层学、绝对年代或者其他方面表现出时间维度的相似，考古学家就可能把它们放在同样的情境中，赋予关联的意义。在第七章中，我们已经清楚说明，考古学家对时间的理解可能与古代社会对时间的理解大相径庭。此外，时间维度和其他维度密切相关——如果两个客体处在同样的时间情境中，但是在空间或其他维度上相距遥远，那么，相似的时间情境可能就无关紧要了。传播就是常见于时间和空间维度，也涉及类型学维度的过程。

时间维度上，考古学家关注析出在某种意义上，相互关联的事件发生的时期或者阶段。这样，在特定阶段中，就存在着结构、意义内容或者系统过程的延续。但是，为了理解特定的客体，什么样的时间范畴是必需的呢？第七章提供了长达数千年的连续性的范例。有人提出（147页），我们必须像"剥洋葱皮"一样地回溯，直到发现最初的文化行为。在大多数情况下，这并不是现实或必要的解决方案；大多数范例中，我们只是想确认与有待处理的问题直接相关的历史情境。

考古学家已经拥有多种定量方法，确认时间序列上的连续和断裂（Doran and Hodson 1975），这些证据可以用来确认相关情境，但是，很多基本性断裂却可能表明结构层面的连续和转型，它们可能包括传播和移民，表明需要在其他空间情境中寻找相关时间情境。通常，考古学家擅长为了理解任何客体（器物、遗址等等）而确认相关的系统性相互关系。这不过是旧的系统状态的所有因素延续到新的状态。然而，在施加意义内容时，如果考古学家希望评估是否可以因为两个客体同期，或者意义在同一个阶段内没有变化，就认定两者具有同样的意义内容，范畴问题就变得特别重要。因此，从对时间的相似和差异的考量出发，我们有了这样的问题：那些相关的时间情境可以被确定的范畴是什么？后文将再次提出和处理关于范畴的问题，但看起来，这取决于提出什么样的问题，以及评估什么样的属性。

空间维度上也有相似和差异。考古学家通过器物（或遗址）的空间分布确认功能性或象征性意义和结构。第六章已经表明，空间和时间一样，都是定性经历的，因而不能仅仅被视为中性变量。通常，这个维度上的分析假定时间维度已经得到控制，关注重心是从拥有类似空间关系（比如，成群或者有规则地分布）的客体群中提取意义。相关的分析技术早已存在。我们可以指出，很多空间技术在没有充分考虑情境的情况下施加了外来假设；但是，对考古学资料更为敏锐的新分析技术正在蓬勃发展。比如，京泰和阿默曼就在点分布的描述上使用了情境式和启发式方法（Kintigh and Ammerman 1982），类似方法也用于评估分布组合（Hodder and Okell 1978）和判断分布边界上（Carr 1984）。事实上，我们可以在考古学上定义出空间分析技术的全新时代。在这个时代里，考古学家不再将一些预设的、来自其他学科或者抽象的概率理论的方法和理论直接施加在考古学上，转而更加关心具体的考古学问题（Hodder 1985）。

通过种种方法，考古学家追求界定出与理解特定客体相关的空间情境。在很多个案中，这直截了当——原材料的来源可以被确定，风格的空间范围可以被标明，聚落的边界可以被划定。然而，分析的相对范围也随着选择的属性（诸如原材料、装饰风格和形态）而变。这有点类似于当被问到"你从哪里来"的时候，回答（街道、城市局部、城市、国家或大洲）完全取决于问题情境（与谁交谈、在哪里以及为什么提问）。因此，分析范畴并无对错之别。

在考古学对分析"区域"的关注中，这个问题尤其尖锐。"区域"的界定常常依赖基于环境特征（如峡谷）的预置观念，而这个想象的整体是否与问题相关却并不明了。根据讨论问题的属性，"区域"相应变化。因此，预置的空间情境范畴并不存在——只要相关变化维度能够将不同范畴的客体（遗址、文化或者其他）联系起来，情境可能小到周边环境，大到整个世界。正如在讨论时间维度中辨明的一样，情境的定义取决于确认相似和差异可被评估的相关变化维度，下文将进一步讨论。

也许，值得确认的还有第三种类型的相似和差异——埋藏单位，——实际上就是前两者的结合。在此，我们指封闭的地层、灰坑、墓葬、壕沟等具有时间和空间界定的单位。如果我们因为两个客体出自同一个灰坑而判断它们可能具有关联意义，和宣称它们在时间或者空间上相关，所以拥有关联意义一样，都是主观的。这里也存在着阐释的附加成分，即考古单位的边界本身就与意义的确认相关。考古学家习惯接受这个假设：共存于灰坑或者是房屋居住面就比空间上毫无瓜葛更重要。应该重申的是，埋藏单位中的相似和差异可见于多个范畴（地层、柱洞、房屋或遗址），因此需要讨论确认情境的相关范畴。

类型学维度也可以被简单地表述为两种基本维度的变体。如果说两个器物在类型学上近似，就意味着类似的年代序列或者空间形态。但是，我们需要关注考古学中常见的"类型"的概念，因为器物的类型学近似程度并不等同于器物之间的时空距离。事实上，类型学意义的相似和差异的概念是界定时间（结合时期和阶段）情境和空间（结合文化和风格）情境的关键要素。因此，在考古学的情境方法的发展中，类型学居于中心位置。这也是考古学与其传统关怀和方法紧密联系的侧面。

分类需求是所有考古学工作的基础。这些分类法是"我们"的还是"他们"的，是"客位"的还是"主位"的，是一个亘古长存的话题。然而，整体而言，起步阶段对居址、器物或经济的类型学分析一般会与后期阶段的社会过程分析区分开来。大多数考古学家承认自身类型学的主观性，因而关注控制主观性的数学和计算机技术。在"尽己所能"地（毫无疑问也是困难地）完成起步阶段之后，考古学家才能走向定量研究和比较研究，最终到达社会过程。

比如，我们可能宣称某个地方或时段比其他的更统一或者更多元，或者某个地区遗址有20%陶片带有曲折纹装饰，而邻近地区也有20%的曲折纹装饰，表明两者之间联系密切、缺乏竞争或者存在贸易等等。但是我们怎样才能确信最初的类型学是有效的呢？就像18页绘制的鸟或者兔一样，我们如何确信，看似一致的曲折纹事实上也毫无区别呢？

为了处理这样的问题，我们将从装饰的结构（第三章）着手。曲折纹是否都施加在同类陶罐的相同部位呢？与其他装饰维持相同的结构性位置吗？同时，两个地区使用曲折纹装饰的文化历史情境是什么？如果回到那个时代，我们是否认为曲折纹来自不同的渊源和传统？它们是否具有不同的关联和意义？

在定义"类型"时，为了进入到特征的主观意义，考古学家需要考察它们的历史关联。传统上，考古学家至少在某种程度上含糊地表达了对这些问题的敏感。比如，在北欧和西欧的新石器时代，陶罐口沿之下常有水平状纹饰，腹部有垂直状纹饰。有时，带流器的颈部和器身之间有明显转折。在讨论和分类新石器时代陶器时，我们必须考虑分别处理陶器上部和下部纹饰的特定的历史情境。

当然，我们也可以提出，上部的水平状纹饰和下部的垂直状纹饰的区分完全是外在强加的，新石器时代居民并不认同。当然，这个可能性完全存在，但需要指出的是，考古学家在复原接近原本认知的类型学（需要记住，这种认知会因社会情境和策略而变）上一直很成功，并且还将继续下去。这种成功取决于尽可能多地收集种种信息：既包括历史情境和特征、风格、组织性图案属性的组合，也包括这些特征积极地运用于社会策略的复原。

因此，类型学的情境方法之一就是在更庞大的类型学工作之前，尽可能多地收集各个特质的相似和差异的信息。另外一种截然不同的方法就是承认我们自身分类方案的武断性，对其他方案持更开放的态度。比如，古生物学家采纳的植物类型学严格遵循公认的生物种属表。但是，植物遗存仍然可以按照植物高度、叶子厚度、花期等特征进行分类。我们可以测试和校正不同的分类方法，利用材料选择合适的类型学方案。骨骼、陶器或者其他类型学也是同理。

在讨论四个变化维度（时间、空间、埋藏和类型学）后，我们将简要提及功能性变化。我们需要强调一点。情境历史的重要特征之一就是它比大多数考古学更"深刻"地考虑变化维度。换言之，当我们以并非立竿见影的方式总结可见资料时，也可以从中寻找抽象的相似和差异。比如，在一定程度上，文化和自然的抽象对立关系可能与聚落是否具有"防御"或者边界、野生和驯养动物的相对比例联系在一起。因此，文化和自然的两分现象越明显，聚落周围的界限（家野区分）就越稳定，房屋可能更精致，陶器也可能带有更多装饰（食物在家内出现、加工和食用，表明其"驯化"）。野生动物骨骼，特别是驯养动物的野生祖先或旁支，可能不见于聚落之中。在文化和自然二元区分是变化的相关维度的假设依旧有效的情况下，如果两者区分不那么明显，或者关注焦点发生变化，以上种种"相似性"也将随之改变。聚落边界、陶器纹饰以及野生和驯养动物骨骼的比例关系之间的关联也就不再显而易见了。"深层"抽象总结使历时变化的种种信息突然变得合乎情理了。

变化的相关维度

任何文化资料组合中，都可以确认出无限的相似和差异。比如，一个地区的所有陶罐，因为它们都是泥质而相似，但是，装饰细节具有细微变化，或者加温部位分布不同。那么我们如何选取相关的相似和差异呢？什么是分析的相关范畴呢？

首先，我们需要指出，考古学中变化的相关维度是通过发现具有显著的相似和差异模式的变化维度（归纳为时间、空间、埋藏和类型学等），阐释性确认的。意义本身就是通过符合理论的相似和差异的数量和质量界定的（Deetz 1983，Hall 1983）。在阐释过去意义内容的过程中，一个重要的保障是资料的不同侧面都能支持有意义的变化维度的假设。比如，如果朝向在房屋的比较中具有象征意义（见75页），同样的变化维度是否也见于墓葬布局上？考古学家有众多常用方法确定显著对应、关联和差异，随着系统耦合增加，对于有待推理的模式的兴趣也就水涨船高了。由于对具有统计学意义的模式的界定取决于各人的理论，因此，我们需要得到指导，才能找到显著的相似和差异的类型。

我们不妨回到系统意义和象征意义的区别。我们已经提及，大部分考古学理论和方法是在系统过程范畴中发展起来的。考虑到这种工作，我们认识到，在讨论由某些原材料制成的物品的交换时，对原材料来源的考量既有意义，又很相关。在讨论生计经济时，在一系列功能上相互关联的遗址中研究骨骼和种子也是相关且重要的。很快，我们就会认识到有必要思考研究较少、不易界定的骨骼（见15页）的象征意义内容。

在讨论象征意义的内容时，我们将运用到从结构主义和后结构主义到马克思主义，以及关于意识形态、权力、行为和表现的结构理论等一系列不同的理论。这些理论都与特定的相似和差异相关。我们先看一例。假定我们关心一个遗址出现红陶罐的意义。那么，什么是决定这个属性的意义的相关维度呢？红陶罐应该和什么相比较，以确定其相似和差异呢？同时期另一个遗址没有红陶罐，但有青铜扣针（青铜扣针又不见于前一个遗址）。陶罐和扣针在差异与理解陶罐相关吗？如果这是两个遗址或地区之间历史传统中更普遍的差异的组成部分的话，那么这个差异就是相关的，但如果这个特点是个孤例，我们就认为扣针与红陶罐并不相关，除非还有可以评估变化和发现显著模式的其他维度。因此，我们可能发现红陶罐和扣针共存于房屋或者墓葬的同一空间——当从空间位置评估时，它们是互补类型；或者，第一个遗址的红陶罐可能与第二个遗址的黑陶罐形成对比，而扣针仅见于黑陶罐。一旦发现高度模式化的相似和差异的维度，扣针就与理解红陶罐相关了。我们关于物质文化"文本"如何运作的理论，包括结构性对立的观念，有助于确认统计性意义。在红陶罐个案中，如果我们发现扣针在统计学意义上的显著模式，则陶罐和扣针就是同一个情境的组成部分，应该共同描述。两个器群之间显著的情境模式的缺失并不自然而然地意味着意义的缺失：每个埋藏事件，不论只见陶罐、扣针或者两者兼有，都具有操作性意义。重要的是，某种清晰模式的缺失可能表明当地的声音和行动并不和谐，而是嘈杂的，或者由于后埋藏过程而造成混乱。在 183 页的范例中，扣针和领针相关，因为它们互为备选服饰物件。

我们可以以图 8 的图案作为另一个假设范例。在比较这个陶器图案和其他陶器上的图案，确认相似和差异之前，我们首先需要描述它。但是，描述同一个图案有多种方式，有的如图所示。究竟哪一种才是图案可以被描述和变化可以被比较的相关维度呢？可能我们会认为，人们也常常宣称：考古学家认定的"正确"的描述方法实际上是武断的。我们已经发现，在"相同"情境中的众多其他信息往往可以用来帮助判断。比如，捶打菱形纹（图 8f 所示）的黄金饰件作为威望物佩戴在男性身上，它与装饰性陶器共存于同一个墓葬。事实上，在和陶罐共享的文化中，菱形纹也见于不同但重要的情境。统计学关联的证据可能导致考古学家认为，图 8f 的描述是特定的情境中"最好"的。

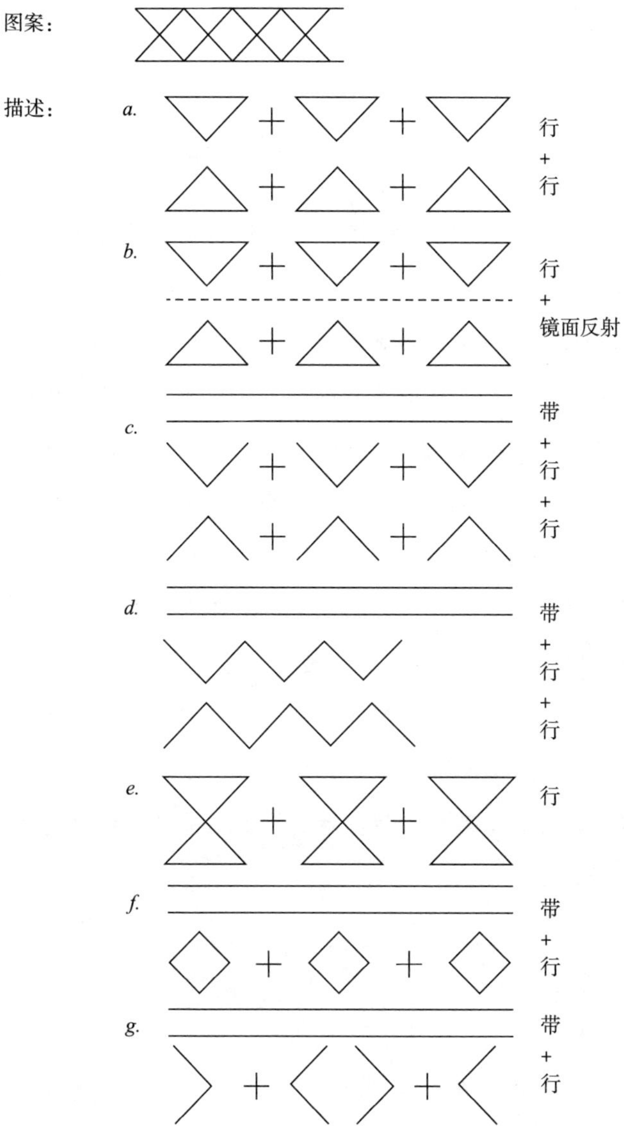

第八章 情境考古学 195

图案:

描述:

a. 行 + 行

b. 行 + 镜面反射

c. 带 + 行 + 行

d. 带 + 行 + 行

e. 行

f. 带 + 行

g. 带 + 行

图 8

在这个例子中，我们可以进一步确认什么是相关的相似和差异——在哪种维度和什么范围上。比如，用来比较的菱形纹可能形态扭曲，令我们怀疑其相关性，或者可能存在时间或者空间差距，令我们认为它们并不太相关，也没有共同意义。当然，我们也可以提出，墓葬中的黄金菱形饰是服饰物品，与陶罐的埋藏维度不同，因此具有不同和不相关的意义。这种观点证明，陶罐和墓葬的相似和差异上的显著模式缺乏理论上可信的维度。

这样，通过在变化的不同维度上寻找显著模式，相关维度就得到界定。客体的象征意义就是从交互关联的整体中抽象而来的。每个有助于建立（或者摆脱）模式的事件都有自身的操作性意义，而这些意义只有通过看它们如何适应由此前发生的事件形成的意义才能被认知。具体的意义可能在不同的变化维度上不同或冲突，我们对这种复杂性的接受和理解与我们的理论密切相关。没有任何程序可以脱离同时期的抽象和理论而存在。发现模式，就同时赋予它以意义，正如我们讨论涉及服饰、颜色、性别的变化维度一样。我们的目标就是将主观性融入到对资料整体的细致考量之中。

情境的定义

每个客体都存在于多个相关维度中，因此，一旦存在资料，关联和对比的丰富网络就可以随之建立起来，走向意义的阐释。情境可以被界定为围绕任何客体的变量的相关维度的总和。

我们试图赋予（任何类型的）意义的客体 X 的相关情境就是与按照以上方式形成显著模式的客体 X 相关的资料的全部侧面。考古学属性的情境的更精确定义就是"相关环境的总和"，"相关"指客体的显著关系——辨别客体意义的必要关系。我们也看到，情境取决于（过去的社会行为者和现在的分析者的）操作性意图。

从情境的这个定义看，相似群体（如文化单位）周围的边界并不等同于情境边界，因为不同文化单位之间的差异可能与理解每个文化单位内客体的意义相关。因此，只有在显著的相似和差异都缺失的情况下，才有情境的边界。同样，这种定义以客体为中心，从属于特定环境。"客体"可能是某种属性、器物、类型、文化或者其他；但是，不同于单一文化或者类型的概念，情境随着客体的具体位置、被考量的变化维度，以及操作意图而改变。"文化"是情境的组成成分或者侧面，但却不能界定情境。

在阐释象征意义中，变化的显著维度界定了意义结构。情境方法最主要和最直接的影响之一就是无法再仅仅研究资料的任意一个侧面而不顾及其他（Hall 1977）。比如，近年来，研究已经从一个遗址、地区甚至跨文化范围转向以聚落系统、陶器、石器或者种子为中心。有人宣称，带纹饰的陶罐只有通过和共存于同一情境之中的其他容器、陶土制品、带有装饰的器物的比较研究才能得到理解。在这个例子中，"容器""泥质"和"装饰"都是我们试图寻找相似和差异的变化维度。墓葬只能通过与同时期聚落或者非墓葬仪式的情境性关联才能得以理解（Parker Pearson

1984a，b）。石器的变化可以和动物骨骼和植物种子的变化一样，当作结构性食物获取过程进行研究。研究焦点变成了情境，或者"文化"或"区域"之中的系列情境。

在情境之中，物件通过与共存的其他物件的关系和对比获得象征意义。但是，如果每个事物都只能通过与其他事物的关系获取意义的话，那么它是如何进入情境的？它又从何开始？这个问题明确出现在属性的最初定义上。为了描述一个陶罐，我们需要判断相关变量——我们应该评估形状、高度、分区还是母题？情境式的答案是，为了确认构成情境的相关维度，我们应该沿着这些变化维度去寻找其他资料。因此，在前揭菱形饰范例中（194、195页），沿着"母题"维度确认类似母题（同时也注意到差异和缺失——如果菱形黄金饰仅见于男性墓葬，我们可能会考虑它们是"男性"符号，而与之相对的，陶器则是"女性"符号），我们就会发现黄金菱形饰。因为分属不同情境，陶罐上和黄金上的菱形纹可能意味不同。如果我们发现两者在其他侧面的相似（比如用于男性服饰的其他母题也见于陶器装饰），就可以支持两种菱形纹具有相似意义的理论。所有事物都依赖于其他事物，属性的定义取决于建立在其基础之上的情境的定义！

这样看起来，问题就不好回答了。如果我们无法知晓什么情境相关以及应该如何描述情境，就连最基本的沟通形式都会变得毫无可能。问题显然不像看起来的那么不可逾越。在生活过程中，我们学会了什么情境是相关的（Asad 1986：149）。然而，重要的是，我们意识到尽管在没有描述情境的情况下就谈不上理解，但是描述情境的行为已经排除了某些理解方法（Yates 1990：155）。我们必然止步于情境链的某个环节，但这样做我们就否决了某些可能性。这种终止是一种控制的策略行为，不仅考古学家，过去的行为者都善用此道。他们就是在控制遭遇和事件的意义基础之上建立权力策略的。终止没有终结阐释，而是创造了权力关系。

因此，无论是过去还是现在，情境的创造都是有意之举。但是，阐释的目标是超越出发点，结合阐释的客体重新形成和建构意图。这样，尽可能彻底地知晓资料、逐步通过试误法搜寻变化的相关维度、与情境信息对照验证、使理论适用于材料等都非常重要。无疑，这个过程表明，材料组成越丰富，意义的阐释就越成功。新考古学时代，我们也常常发现，考古学的发展并非得益于收集更多资料，而是理论的进步。这些论断各有历史情境，但情境方法非常倚重资料。通过以上描述，我们发现，每个阶段都包含了理论、阐释和主观性。但是，我们强调阐释资料能"告诉"我们什么，资料网络越完善，可被"阅读"的就越多。正如我们注意到的，脱离情境的客体是不可读的：如果一个符号绘制在没有任何文化堆积的洞穴的墙上，而同一个地区的埋藏中，其他物体上都没有出现这个符号，任何墓葬中也未见到这个符号，那么，它就基本不可读。

部分由于这个原因，历史考古学相对"简单"。在历史考古学中，资料组合丰富，保存完好，即使缺乏书写文本，还有多种线索可供追寻，它们自身就提供了寻求相似和差异的另一种情境。同样的问题仍然存在——确定书写情境和其他情境（比如考古地层）是否相关，判断两者（书写的和非书写的情境）的相似表达相同或相异的意义。由于更丰富的资料允许我们沿着更多的变化的相对维度寻找更多的相似和差异，因而也有更多面对这些问题的可能性。

在史前考古学中，年代越久远，资料残存概率越低，在资料基础之上建立假设的难度就越大。少数保留了详尽信息的遗址往往被当成无数发掘不当或者保存不善的遗址的代表。在很多地区，在收集到更多资料之前，难以开展情境考古学。

阐释和描述

这是否意味着对过去的阐释和理解只是简单地以尽量全面的方式描述情境资料呢？"描述"和"阐释"的对立已经给考古学造成伤害："描述"变成将考古学家排除在"科学家"之外的蔑称。然而，我们也可以提出，充分的阐释不过是回答特定问题的描述。比如，考虑以下问题和阐释：

1. 为什么这个遗址被废弃？因为人口增殖。
2. 人口增殖跟遗址废弃有什么关系？遗址变得太大。
3. 对什么而言太大？人们过度开发了环境。

在每个案例中，尽管预设认为，回应以某种方式与问题相关联，但阐释不过是某些事实的描述。因此，回答问题3时，就预设了人们必须依赖本地环境。这些都是在阐释中没有检验的理论。如果我们针对这些理论进一步提问，就会又面临特殊或者普通的描述：

4. 为什么过度开发环境很要紧？因为人们必须依赖周边资源。
5. 为什么他们没法使用远距离资源？因为会消耗太多能量。

所以，我们可以沿着这条问题和回答链，讨论前一步工作是否过于描述性。事实上，这也是本书比较考古学中不同研究方法的主要方式。备选方案可能会因为范畴更广，以及考虑了以前被忽视的重要因素而更令人满意。它们可能更具阐释性，但是阐释不过是进一步描述。上述范例着眼于聚落过程，但同样可用于阐释意义和文本。客体的象征意义不过是情境和使用特征的描述。比如：

6. 皇冠的意义是什么？戴着它的人就是国王。

就这样，阐释就是描述，描述就是阐释。在情境考古学中，我们有必要为了考察一般性假设是否与特定情境相关而持续提问；这将走向全面而详尽地描述整体情境，以此作为关联和对比的完整网络。随着找到新关联，重估旧关联，这将是一个永不终结的过程。考古学家处理资料，复活它们，恰似作曲家在乐章中整合交响乐团的各种乐器一样。

这样，情境考古学就将充分阐释和全面描述联系起来，涉及任何特征或者器物的不计其数的影响就牵一发而动全身了。这就是凯斯（Case 1973）在介绍情境考古学时提出的观点。历史上只有连续不断的事件构成的潮流，而没有绝对的断裂。所以，全面观察是对变化的唯一阐释。

考虑到本章的讨论,不言自明的是,对情境的全面描述与理论和通则化一点都不矛盾。所有描述都包含了理论、意义、主体性、通则化和历史想象。这就是为什么考古学家更像作曲家而不是指挥家的原因。我们的细节讨论的最终目的是通则化和普遍性理论,但是在起始阶段,作为科学家而不是音乐家或艺术家,我们必须质询,在过去历史情境中,理论、通则和想象的内在洞察是否拥有我们所假设的意义。通过界定我们阅读文本的基本原则的可控方式,情境考古学将问题和资料联系起来,但是这些通则也必须接受评判。历史上的社会可能拥有具体而独特的文化形态,无法以马克思、韦伯或福柯的标准类别或术语准确描述。对此,我们要持开放包容态度。

现在,我们需要简要评述民族志类比在考古学中的运用。在一个层面上,民族志知识有助于历史想象,激发新视角和理论。但是,类比术语意味更多:因为两者之间的近似,过去通过现在进行阐释。由于可见的相似性,信息就从现在传输到过去。这个过程只是已经提及的通则方法之一。为了运用类比,我们必须评估情境之间的相似和差异(Wylie 1985;Hodder 1982d)。比较当下和过去的社会时,步骤近似于比较过去两个相邻遗址或文化。两者都涉及评估两种情境的相似和差异,判断信息是否从一方传输到另一方。

两种类比中,主要问题都是判断两种情境的相似和差异是否相互关联;因此,当空间情境稳定,时间间隔较小时,考古学家就对直接历史类比更有信心。当做出跨文化类比时，问题就变成在相距遥远的时空里寻找变化的相关维度，检验相似和差异；当比较社会和经济环境显著不同的社会时，就难以判断当前的关联关系是否等同于过去的关联。比如，今天的聚落规模与人口规模相关，但是过去是否如此却难以判断。因此，类比方法的使用就依赖于提供相关性讨论的通则理论。情境考古学的任务就是评判这些通则和跨文化理论，更全面地检验古今情境。缺乏通则理论，就无法提出关于过去的问题，更难以回答。而缺乏情境方法，古今将混为一谈。

批判性诠释学

本章中，我们给人留下这样的印象，即情境方法包含了从资料的相似和差异出发，建立阐释。然而，通过采纳其他立场，指出相似和差异以及变化的相关维度的确认也建立在理论之上，我们也不断折衷调和这个观点。事实上，情境分析包含了理论和资料的反复磨合，以及尝试不同理论，观察何者最为适合。

此处描述的意义和理解的模型来自被称为诠释学的哲学传统。在本节之中，我们将深入探讨这种阐释方法：诠释学方法。

从狄尔泰（Dilthey）开始，诠释学理解的发展源远流长，诠释学的近期讨论也渗透到考古学中。诠释学是关于阐释的科学，传统上用来发现宗教文献，特别是《福音书》中隐藏的真义。在施莱尔马赫（Schleiermacher）、狄尔泰、海德格尔（Heidegger）

到伽达默尔和利科等一系列作者的努力下,诠释学拥有了更普遍和更现代的意义。诠释学认为,世界不能按照物质系统,而应该当成人类思想和行为的客体来理解。

因此,和情境考古学一样,诠释学的首要原则(Gadamer 1975:258)是我们必须了解作为整体的器物或词语的任何细节。作为阐释者,我们必须在部分和整体之间来回测试,直到整体之中所有细节之间都完美契合。这样,"部分"就包含了过去行为者的计划和意图。"整体"包含了历史意义更广泛的(社会、经济、文化、技术等等)情境,行为者的主观性正形成于此。因此,对于伽达默尔和其他人而言(Taylor 1985:24),诠释流程包括从特定行为及其操作性意义到历史意义的更广泛情境的反复磨合。

另外还有一种往复运动。我们已经注意到,在实现理解中,我们必须将讲述人的观点和我们自己的意见和观点联系起来。这包括在阐释者的社会和理论情境及阐释客体的历史和文化情境之间反复磨合。阐释者和阐释客体都有助于理解,经常产生全新、融合的意义。因此,不管愿意与否,我们都在过去之中思考自身。我们必须意识到我们正在这么做,而且需要批判性地完成。

如果我们在部分和整体、过去和现在之间往复运动,就会生成阐释,那它从何开始?我们应该如何开始呢?因为阐释包含了我们自身的价值和理论,即使我们没有完全意识到,从开始考虑特定的问题那一刻起,我们就开始阐释。与其问我们从何开始,还不如问我们如何才能获得超越起点的阐释。诠释学认定，我们只有通过提出问题，才能理解人类世界。如果与问题无关，任何事物都没有意义。阐释包含了提问和回答的逻辑。任何人都不能坐而论道；他们必须通过提问进入行为之中——为什么有人希望建造这样的建筑？这种形状的壕沟的目的是什么？为什么这是草皮墙，而那是石墙？问题不能含糊（"让我们看看这是什么？"），必须清晰无误（"这些散石堆是坍塌的城墙吗？"）。的确，如下所示，这是实现局部—整体内在洞察的提问和回答过程。提问和回答无始无终，每个问题都需要回答，每个回答都创造新问题。

每个问题都受到研究者的兴趣和生活经历（操作性意义）的改造，即每个问题都在一定程度上"预测"了答案。因此，对过去的阐释就和根植于现在的提问和回答步骤绑定在一起。与现在的类比关系支撑了我们对过去的阐释，提问和回答的周期衍生了新问题和相对于他者（过去）对本我的新理解。

然而，由此看来，客体需要同时在自身的年代和我们当今的世界中得到理解。就好像客体需要在两个独立"整体"或情境中得到理解一样："他们的"和"我们的"（尽管这个区分会最终消融）。我们已经讨论了如何通过从特定的行为到通则性历史情境的往复运动，理解存在于自身时间中的客体。为了在我们的文化中理解客体，我们需要开展类似的往复磨合。威利（Wylie 1989a）曾经恰当地将这种往复运动概括为"拼缀"，提出分析者必须在"我们的"和"他们的"情境中，特殊性和一般性中纵向拼合，更不用说两种情境之间的横向拼合（Shanks and Tilley 1987a：107-8；Shanks and Hodder 1995：10）。

在我们自身情境中的阐释工作需要包括考古学家之外的声音。没有任何人可以代替逝者说话，考古学家也不是唯一具有阐释资格的人（La Roche and Blakey 1997）。如果有继嗣群，考古学家就应该扩大阐释过程，吸纳这些社群。在某些情况下，法律（比如美国的考古资源保护法案）指导了如何启动和拓展考古学家和与被调查地区拥有历史渊源的社群之间的对话（Watkins 2000）。现代继嗣群与被研究的历史社会拥有密切的文化关联，与他们的合作有助于消弭古今情境之间的差异。事实上，融合古今情境是必不可少的，这将我们带回到伽达默尔。

等同于我们讨论的情境，伽达默尔（Gadamer 1975：29）提出了视界（horizon）的概念，——任何事物都与特定视角相关，提出特定问题。怎样才能将有着特定情境边界和封闭视界的过去和现在的诠释学原则联系起来呢？伽达默尔提出，为了生活于其中，并建构它们的人们，情境和视界持续运动。就这样，他巧妙地处理了这个问题。对于一个问题的回答马上就改变了视角和视界。两种情境持续地相对运动，因为对关于"他者"的问题的回答将导致全新的自我认知和问题。也许，从现代视角上看，只有一个视界。阐释者所试图做的就是克服"本我"和"他者"的特殊性，获得理解。尝试之一就是融合视界。与此同时，科学过程则尽力清晰而批判性地区分视界和情境。

一旦我们获得对某种局势的意义的理解，又如何检验这种理解呢？按照本书提及的情境方法，用资料检验理论的想法是对考古学阐释的不当描述，因为部分意义上，理论和资料是相互依存的。资料在理论中被认知，它们不能构成对理论的"独立"检验。

但这并不意味诠释学环路存在缺陷。相反，我们可以通过多种方法检验。如果我们采用统一性和一致性标准评判理论的话，就可以保持重建过去的严谨性。所谓统一性，我们指的是论争的内在统一：一个统一的重建至少在考古学家对世界的构想上要言之有据。而一致性指的是理解和已知证据之间的一致。尽管证据并不是绝对客观的，但至少存在于真实世界之中——不管我们愿意与否，它们都是有形，而且确凿存在的。不管如何认知世界，我们都受到证据的约束，必须面对其结果。我们重申，一致性无法检测：这实际上是在整体中安置部分，或者更精确地说，部分适应整体的问题（Hodder 1999a：59-62）。当适应更紧密，我们的理解适合越来越多的案例时，我们的阐释才日益坚实。诠释学环路就变成了螺旋（Hodder 1992）。

在关于融合的成败的对话中，我们了解了自身，因此，过去有助于现在。只要具有批判精神、差异和情境性的意识，融合他者的尝试就能改变我们的经历以及视角。我们可以提出一种批判性诠释学，阐释历史性地存在于过去和现在之中。但最终结果并不是相对主义，孱弱地认为过去建构于现在。我们否认，考古学资料仅仅代表对我们的假设的"抵抗系统"（Shanks and Tilley 1987a：104）。

然而，为了更好地理解过去的阐释方法——在后实证主义框架中严格地评估理论——常常引发始料不及的结果。很多批评家认为，如果我们接受资料和理论是相互依存的，鼓励对过去的不同视角，就打开了相对主义的洪水猛兽之门，造成"群魔乱舞"的极度混乱：与对过去的令人生厌的阐释和运用（法西斯主义、种族主义、男性至上主义等等）进行斗争的坚实基础将遭遇清洗。此类断言大都是无稽之谈：有的来自对后实证主义关键文本的公然误读，有的则是后实证主义文本的刻意含混和躲闪的本质造成的。然而，相对主义的幽灵依旧存在（Renfrew 2001），因为即使是最娴熟的认识论，也不容易解释如何推翻相对主义和客观主义的二元对立。

上述诠释学方法只是调和相对主义和客观主义的众多方法之一，双边犹如希腊神话中令人进退维谷的海妖斯库拉（Scylla）和卡律布迪斯（Charybdis）一样。威利（Wylie 1992a，b；1993）在证明基于女权主义等政治立场参与考古学，能够"强化考古学探索的概念性和经验性统一"上，提出了独特方法。大张旗鼓的政治参与并不能保证客观和价值中立。威利提出，女权主义考古学之所以成功是因为更敏锐地回应事实。因此，按照弗迪阿迪斯（Fotiadis）的说法，威利似乎回归到某种客观主义。"女权实证主义"（Engelstad 1991；Harding 1986）的立场是有瑕疵的，因为它复活了假设的"形态"（政治利益获取话语的地方）和"评估"（事实说话的地方）之间的二元对立（Fotiadis 1994）。威利试图创立的温和客观主义最终并不温和。

面对这种批评,威利的解决方案之一是牢记任何考古学论争的事实、理论和背景假设都是千差万别的,我们应该善于利用这种纷繁芜杂(Wylie 1992b;2000)。某些事实,比如碳 14 测年,在社会理论中被当成证据,却是由截然不同于社会理论的理论(这里是物理学)建构的。证据和理论之间的独立程度使阐释变得更有吸引力。如果支持论点的证据的不同线索由独立的理论体系构成的话,这个论点将更有可信度。比如,地层叠压原理、陶器风格演化和碳 14 测年各自依赖独特的辅助理论,但都有助于年代重建。通过发掘多种类型证据,考古学论证就会变成多股证据线索拧成的缆绳(Bernstein 1983;Wylie 1989a)。

另一种解决办法是强调多股线索不一定都得成为证据。阐释也可以通过民族学、政治学、美学及更多相关学科进行评估(Lampeter Archaeology Workshop 1997;1998)。这种方法近似于弗迪阿迪斯和威利赞同的方法:记录政治在资料的使用过程(评估情境)中,而不仅仅是理论的形成中的角色。在女权主义个案中,我们必须意识到,当代政治动因——与男性中心主义的抗争——推动了对现有资料的再释和对新资料的发掘。通过将事实重新附着在鼓励将它们搜集起来的政治环境下,我们可以强化事实,使它们免受进一步攻击。换言之,附着于抵制男性中心主义的圣战的资料比单独存在的资料更难以被击倒。因此,一个论断可以通过依附比自身更强大的事物而获得力量。尚克斯和霍德(Shanks and Hodder 1995)注意到,深谋远虑的客观主义就附着在资源、人口和能量的多元整体上(参见 Latour 1999:151)。破坏这个整体不仅仅是铰断缆绳，还需要集合和动员同样甚至更多的资源、人口和能量。尽管尚克斯和霍德采用网络而不是缆绳暗喻，他们的网络的关联（论证的统一、遗址报告美学）近似于缆绳中的线索。

将事实重新依附于政治和网络提醒我们，事实有观点（Wylie 1994）。正如布朗菲尔（Brumfiel 1991；参见 Fotiadis 1994）提出，考古学论证是预言式的，正是我们的论证的预言本质——它们指出当今价值和斗争的方式——赋予它们以力量。因此，事实具有时效性。有些人不满于同一笔资料（比如旧石器时代晚期洞穴壁画）可能用来支持好几代不同，甚至相互冲突的阐释。如果我们摆脱资料本身拥有独立于时间、抽象而恒定的本质的错误假设的话，这种失望也就烟消云散了。资料是多重的，可以用多种方式表达，也可以用多种方式观察：肉眼、切片放在显微镜下，或者作为统计学数据（Shanks and Hodder 1995：20）。

总之，接受对客观主义的后实证主义批评并不会不分青红皂白地投入相对主义的怀抱。相反，它只接受那些和特定的历史情境相关，与其他力量和机制构成的网络相关的事实和资料。这意味着，无论是最合适的阐释，还是判断适配程度的评判标准，都不能独立于历史时间而存在（Lampeter Archaeology Workshop 1997；Wylie 1989b；Hutson 2001；Shanks and Hodder 1995）。我们的结论与布鲁诺·拉图（Bruno Latour 1999）最近的一个讨论不谋而合。拉图拒绝在无始无终、支离破碎的客观主义和简单粗暴的相对主义之间做出选择。他欢迎"稳健相对主义"，这样，我们可以相对地相信某些事物，可以通过重新将科学与我们社会整体的多元目标、群体和工具联系起来，完善科学（Latour 1999：16-18）。

通过提出"稳健相对主义"、温和客观主义和批判性诠释学等建议，我们从更具体的推荐中脱身而出。超越客观主义和相对主义的途径将在不同考古学个案中导致不同结果（Hodder 1999a：24）。哪种论证线索、网络或者资源具有决定意义无法预测，只能见诸实践之中。哈拉维（Donna Haraway 1991：195）对相对主义和客观主义的评论印证了上文多个观点。他指出，在"地点、立场和定位的政治性、认知性论争中，偏好和非普遍性是理性知识判断的条件"。我们深以为然。

有时，知识判断没有统一基础，在哪类信息有意义、可被当成证据上亦无共识。在这些个案中，即使共享历史的两个或更多同时代群体持有不可调和、无法沟通的对过去的理解，考古学家仍然能够有效地避免滑向道德相对主义，这深深地困扰了绝对客观主义卫道士。无法沟通并不能阻挠我们积极介入这些冲突，尽管介入有效与否取决于个人判断和局势环境的因地而异、不可预测的组合（Lampeter Archaeology Workshop 1997）。下一章中，我们将展示赋予考古学记录显著不同意义的考古学家和其他群体之间日益常见的遭遇和参与。

在我们看来，上述诠释性和情境性实践指出了考古学家能够怎样阐释过去。我们仅仅勾勒了这个过程，但是相信已经描述出本质特征。我们只能尽可能地、批判性地调整，选择最适用的理论。我们需要接受情境分析的严谨性和客观性，以及我们的阐释只是学习和社会实践潮流中转瞬一刻的事实。

结　论

本章强调了为了阐释意义，确认和研究情境的方法。我们注意到，在日常生活情境中，通过具现经历和策略性意图，我们可以探求到从社会和经济关系的系统性过程到象征符号的结构性内容，以及两者相结合的种种意义。由于前两种意义类型是在日常运作中生产和再生产的，因此，如果不是出于诠释目的，三种类型的意义是无法分离的。基于情境分析，这些意义可以被统称为情境意义（情境方法的其他讨论和应用参见 Hodder 1987a 和 Parkington 1989）。

第一种情境意义指行为的环境性、技术性和行为性情境。对一个客体的理解来自将它放置在更大的功能性整体中。过程主义和马克思主义考古学都倾向于关注大尺度类型情境，但也需要结合突发事件的因时而变的情境。

第二，情境可以理解为"文本之中"。就像一个词语在句子之中更容易被理解一样，将一个物质文化客体放置在一定的时间和空间，以及和其他考古学器物的关系之中也就更容易理解。为了获得意义内容的阐释，关联网络可以通过本章列出的仔细分析得到阅读。如果可能，考古学家应该与继嗣群共同承担阐释工作。当然，我们的阅读可能不准确，但是语言的误读并不表明客体必然保持沉默。

阅读文本并不是阅读物质文化的适当类比，因为文本是与物质文化截然不同的符号。然而，当我们记住，文本就像物质文化一样，可以既是符号，又是物体（书或者报纸），我们就能认识到，文本比语言更适合作为物质文化的喻体。因为物质文化是行为的产物，正如利科（Ricoeur 1971）指出，人类行为最好通过文本而不是语言模式予以讨论（Hodder 1989a；Moore 1990）。文本是为特定目的写作的具体产物。它是处于沟通之中的话语的产物（Barrett 1987）。然而，作为话语产物的文本会部分丧失原本沟通的力量（Ricoeur 1971；参见 Austin 1962；Searle 1970）。意义可能与文本"作者"的意图相去甚远，颇为依赖于文本被阅读的情境。同样，随着行为和发现行为遗存之间的时间间距增大，物质文化的意义也常常依赖于使用情境，而不仅仅是生产或者"作者"的情境。甚至，超出书写文本的是，物质文化意义体现了实用主义和功能主义的关怀。因此，本书一再强调，文本——而不是语言——才是物质文化双重属性（一方面是技术性和功能性物体，另一方面是符号）的恰当喻体。

在考古学的其他运用中，两种类型的情境意义也拥有共同特征（参见 171—176 页）。所有运用都表明对具体材料而非通则理论的关怀。本书的目标之一就是提出，通则性术语和理论必须更好地根植于具体的研究情境之中。然而，"情境主义"并不等同于"特定主义"（particularism），后者在考古学中以对通则理论兴趣寥然或持完全排斥立场著称。情境考古学保留了对通则理论和理论考古学的需求，它希冀在理论和资料之间建立更密切的关联，互为表述，等量齐观地强调归纳和演绎方法。

  为了获得与通则理论相关的两种类型的情境意义，情境考古学运用分析的情境办法，研究情境资料。但是，在对情境考古学的讨论中，我们常常发现有必要考虑另外一种类型的情境——考古学家自身的特定情境。看起来，后者和其他情境紧密相连，它们的关系不容忽视。下一章将讨论考古学家的情境，并视之为后过程主义考古学带来的影响深远的变化之一。

第九章　后过程主义考古学

过程主义考古学对考古学理论的贡献在于弘扬了文化的适应性观念，并且将系统理论、信息交换理论和其他通则理论运用到考古学研究之中。这些理念中，许多已经以某种形式存在于考古学研究的早期方法之中，本章将讨论它们的后续发展。新考古学最主要贡献是方法论（Meltzer 1979；Moore and Keene 1983：4）。考古学家越来越关心推理、取样和研究设计等问题。计量和统计方法运用得更加频繁，过程得到探索并日益清晰。情境考古学就是进一步发展考古学方法论的尝试。

在理论领域中，20世纪60年代早期以来，从以宾福德（Binford 1962；1965）和弗莱纳利（Flannery 1967）的早期著作为代表的过程主义考古学萌生阶段开始，考古学理论就风潮迭起。80年代，后过程主义考古学思潮鼓励从其他学科，特别是人类学，引入众多理论转型，揭示出60年代人类考古学第一次浪潮未曾预见的众多新方向。在第二个千禧年之际，过程主义和后过程主义之争让位于更多元的考古学方法（Preucel 1995；Schiffer 2000），这场争论是否有用以及是否需要笃定的解决方案，都同样令人质疑（Hutson 2001；比较 VanPool and VanPool 1999）。本章中，我们将总结考古学从扬弃各种各样的二元对立中获益的方式，提出考古学一度只能引入，而今可以输出理论的领域。

在积极参与新理论之外，后过程主义考古学也重视参与社会。20世纪60、70年代引入考古学的实证主义方法的核心就是严格区分研究客体和从事研究的主体的社会情境。理论不问出处，但是如果它有悖于资料，就会损害清晰地验证假设的机会。正如第一章提出，大多数考古学家未能坚守这个立场。前一章中，我们强调了如何从现实政治情境和过去资料之间获取真知灼见。现实政治也成为考古学探索的一部分。因此，我们必须破解最后一个两分法：主观和客观。为了展示考古学是一个现代社会过程，我们将以说明考古学家和与考古学资料相关的其他社群之间近期的一系列互动，结束本章。

多样性和物质性

本书一再指出，考古学最前沿理论，不论其基调，都保留了规范性成分，也就是说，各种解释都预设了共同的理念和行为准则。充分讨论了个性多样性和认知的研究建立在社会行为和实践（第五章）、具现（第六章）和历史（第七章）等现代理论基础之上。

这个发现直接驳斥了新考古学关注多样性的宣称。当然，在宾福德的最新作品中（Binford 1984），隐约可见对临时的、随时势而变的行为的意识。正如我们在第二章中注意到的,这种兴趣并没有促成考古学对意识形态和象征意义的考量。即使在宾福德的研究中,个体受制于普适法则,而普适法则只关注个体在"其余相同"时该如何行动。由于宾福德没有将施加意义的过程计算在内,个体创造变化,使文化成为积极的社会过程的能力就被压制到最小。

规范和法则确实存在。我们在此提出的论点是,为了充分考虑变化、创新和能动性,规范、法则和个体之间的关系需要得到更全面的检查。在日常生活实践中,"其余"从来就不"相同"。尽管仍在规范和法则框架下,权宜之变可能随时发生(参见96页)。本书已经在个人和社会、实践和结构等关系的情境之中讨论了这些问题。

后过程主义阶段的首要进步是"过程"框架包含了对能动性的充分考量。比如,我们有必要发展出一种类型学方法,较少考虑界定"类型",而更多地描述"类型"随情境而变的多维度表面。更一般而言,考古学家们倾向于将他们的材料按照风格、文化、系统、结构等进行分类,而忽视个体变异的"任意"杂音。李奇(Leach 1954)观察到,"发展阶段"可能表达了共同的基本结构。这造成考古学家忽视多样性:比如,很少有人解释同一个地区、不同或者重叠的时代中,不同遗址都被归纳出近似发展轨迹(Frankenstein and Rowlands 1978)。

对多样性的关注在社会和文化变化上尤其重要。比如,在特定区域,大多数多样性仅见于统治集团直接控制的范围之外。

个人对多样性的认知造成在重建历史意义内容上的奇特扭曲。第八章中，我们讨论了意义内容，以及如何在情境考古学中获得意义内容，但是，我们也表明，过去并不存在唯一的意义。在不同的变化维度和不同的观察视角下，同样的客体可能具有不同的，甚至相互冲突的意义。民族学家也常常假定获取意义的正统之道。当然，每个人都应该容忍社会中不同利益集团的不同观察视角（第四章），但问题却远不仅如此。如果物质文化是一种"文本"，那么过去就存在多种阅读。范例之一就是在英国社会中朋克使用安全别针的各种意义。在霍德（Hodder 1982d）看来，每个人都可以创造出针对特定事物的说法，无所谓"对""错"——它们都是对不同言语情境和社会情境中的文本的阐释。当霍德与之交谈时，每个人都在制造物质的言语意义，作为社会策略，相互冲突或者随机应变。

文化、社会和起源等整体性概念的碎片化，以及沿着能指链的意义扩散（71页）构成后过程主义考古学的主要推动力（如Tilley 1990a；Bapty and Yates 1990）。后过程主义批评大多强调我们在现今制造了不同的过去，以及多元化观点需要接受论争。我们将在后文中回到这点，此刻，我们仅仅关注过去社会中的意义多元性。乍一看来，文化就是纠缠不清、相互冲突的阐释及其再现的多元组合，处于无休无止的运动和变化之中。这个观点给考古学家带来困扰。考虑到对过去**任何**意义的阐释的困难，考古学家怎样才能接近意义的复杂整体呢？但是，实际上这种洞察带来的可能性是可观的。考古学家再也不必将资料强制归入预先设定的类别,通过运用情境考古学方法,就可以提取出错综复杂的多重意义。这样就能面对考古学资料的真正的复杂性。格林(Greene 1987)提供了物质文化对过去不同时期、不同人群具有不同意义的范例。

也许,更重要的是第四章中文本阐释的多样性和对权力的讨论的关联。理论上,个人从不同甚至对立的视角"观察"事物的可能性是无穷无尽的。那么,意义又是怎样被社会中的利益集团控制的呢?策略可能包括将事件和它们的意义放在自然之中,使它们看起来"自然",或者放在过去之中,使它们看起来不可避免。更一般而言,物质文化具有一些显著特征,在控制意义变化中作用巨大。特别是,它既持久又具体。在"情境考古学"中讨论的物质文化的所有侧面——所有关联、对立、空间和时间韵律等——都可以用来"制造"意义。即使不是全部,很多物质文化生产都可以被描述为不同的利益集团和个人面对利益冲突,利用与生俱来的创造自己的、变化的、不受约束的方案的能力,试图建立权威或者公认的意义的过程。

"指定"意义可能在控制中心和公共仪式中最为显著。不同的文化领域、相互冲突的线索可能结合起来,重新建立统治结构。视角和控制之间关系的一个现代小案例可能有助于说明这一点。行走于大型而正式的花园之中,我们常常关注一些较大的模式。对于排列成行的树、灌木、雕像、草地和池塘,只能匆匆一瞥。花园中很多地方不准通行,个人对整体模式的认知始终是局部而个性化的,取决于在花园中的特定轨迹。我们认为,很多正式的花园都以一所大宅为中心,大宅高耸或者居于放射线中心。只有在这里,也就是控制中心,整体组织才一目了然。也只有在这里,整体模式才有意义,个人理解被纳入到由中心建构的情境之中。

文化生产的所有侧面,从上述范例的空间的使用到陶罐和金属器的风格,都被社会中的个人和利益集团,包括儿童、母亲、父亲、首领或普通人,用于协调和"制造"意义。考古学家没有假定规范和系统,试图制造边界分明的整体,而是用他们的资料去检验与利益相关的解释和再释的连续过程。利益本身就是事件的解释。

很多20世纪伟大的欧陆思想家——弗洛伊德、本雅明、拉康和福柯——都不同程度地赞赏考古学。然而,这些作者所指的"考古学"不过是一个粗浅的比喻——考古学家处理无声的痕迹或残片,或者过去被掩藏,我们必须一层一层地发掘出来——在这一点上,考古学家毫无贡献。我们无法宣称,真正的考古学工作影响了上述理论家的概念系统。然而,考古学对物质文化的关注使其有可能对于严肃思考人、物互动的任何领域——人类学、社会学、文化研究、科技史——作出贡献。

拉什杰(Rathje 1979)、米勒(Miller 1984)、尚克斯和提利(Shanks and Tilley 1987a)的早期作品表明,考古学可以通过关注习以为常的器物,增进对现实的理解和批判。1996年创刊的跨学科期刊《物质文化杂志》(*Journal of Material Culture*)大获成功,这证明包括考古学在内的很多领域都意识到器物的重要性(Shanks 2001),强调了对这个主题的论坛的渴求。作为致力于生产、消费、遗弃、风格、客体的情境和历史性的领域，考古学对物质文化的对话具有重大贡献，因此，这个专业的开创性著作出自受过考古学训练的学者之手，丝毫也不令人惊奇（Miller 1987, 1995, 1998; Schiffer 1991, 1995）。

对物质世界产生兴趣的原因很多。我们在前一章中提到，物质世界是人们赖以建立自己有意义的传记文本的基础。第六章中，我们强调，一个人的回忆和自我感与充斥生活的人物、场景和事物密切相关。第五章中，我们展示了事物不仅仅是创造有意义的生活的后盾：它们实际上获得了自己的生命。拉图在一系列情境中讨论了这点。在对科学的民族学和历史学研究（Latour 1999）中，他提出，当科学家在实验室中分离出新物质，譬如巴斯德研究的发酵微生物，它不仅揭示出本已存在的事物，而且为那些事物提供了活动和施展魅力的环境。因此，物质不应该被看成等待被创造的被动存在，而是积极的，可以帮助科学家赢得荣誉。

尽管万物皆有生命，但如果说它们"独立"生活，却并不正确。事物并不是像基岩一样，不受那些生活在它们表面、生命短暂的人们的影响。相反，部分意义上，事物的现状建立在人们的行为基础之上。拉图将这种相互建构关系看成循环系统，即在人和物之间关联和合作的网络。在对巴黎个人快速交通系统的失败的研究中，他表明人"不可能在没有充分考虑大众的激情、政策和可怜的计算的情况下接纳新技术"（Latour 1996）。因此，拉图的观点是，人们的生活与器物的生命完全交织在一起，人类科学不能仅仅是关于人类的科学。就像文本和人类行为一样，机器也必须得到阐释。

在人和物的错综复杂关系上，考古学最近有所贡献的个案是社会组织的家屋社会方法。列维-斯特劳斯（Levi-Strauss 1987）相信，家屋社会有助于说明亲属关系上阐释不清的社会结构。从中世纪欧洲的豪门望族到西北太平洋地区的夸克特尔人，在这些模棱两可的社会集团的核心，他和其他民族志学家发现了"一种由尊严、出身、亲属、姓名、符号、财富和权力构成的精神性和物质性遗产"（Levi-Strauss 1987：174）。由于传家宝或地产之类的物质遗产历史悠久，在建构社会群体上发挥了积极作用，考古学方法对理解古代、历史和当代社会都具有显著贡献（Joyce and Gillespie 2000）。

历史学家和人类学家都认识到，纪念物和物质遗产在社会中发挥了积极作用，考古学家可以从对纪念物的理论理解的视角出发，为更广泛的讨论做出贡献（Bradley 1993）。比如，罗兰兹（Rowlands 1993）讨论了社会建立与纪念物和记忆的关系的不同途径。在耶路撒冷高度政治化的情境之中，纳迪亚·阿布（Nadia Abu）关注了作为全新现实的构成成分的考古学的物质性。她提出，"在考古学中，并不仅仅只有为了过去和现代而制造的历史编纂学或者故事。相反，在发掘之中，考古学家制造了物质文化——一种在景观上镌刻特定历史和历史性的具体符号的全新物质文化。正是通过制造这些器物，考古学最强有力地'翻译'了过去和现在，它不仅能够使现存的文化和政治世界合法化，也能够重新发明它们"（Abu 1998：168）。因此，考古学不仅能够贡献于对物质性和记忆之间的关系的研究，也能在形成这些记忆中发挥积极作用。

正如我们在本书之中（第三章和第九章）一再说明的，物质文化通常不是有意识的思索或者谈话的焦点。我们对自身景观的感觉和身体对事物的调整或反应都没有在话语中建构起来。这种情况造成了伯契尼和卢卡斯（Buchli and Lucas 2001）所称的缺失性表现。对于意欲控制社会中的意义的特定利益集团而言，物质文化的非构成性或者非言语性本质尤其令人浮想联翩。

过程和结构

过去，考古学家关注两种类型过程，即历史过程（包括传播、移民、同化和分化）和适应过程（包括人口增殖、资源利用、社会复杂化、贸易等）。克拉克和柴尔德的著述表明，考古学对两种类型的研究都历史悠久，不过20世纪60、70年代的过程主义考古学格外强调后者。

本质上，两种类型的过程非常近似。如果一种文化发生变化，我们可能说这是传播过程，或者是人口增殖、环境恶化过程。当然，正如本章首先提及的，我们可以争论传播是否是适宜的解释，就像争论过程性阐释一样。讨论方式是相同的——可见的事件之间具有因果关联。实证主义新考古学就建立在这些事件的相互关系、联系和转化基础之上。

在历史和适应过程背后，存在结构以及表现与缺失的编码。这个观念与从考古学诞生之初就一直控制了考古学的经验主义和实证主义格格不入。从这个意义上讲，由于结合了结构主义和马克思主义，后过程主义考古学是迄今为止最激烈的决裂。

如果将"结构"视为统一的概念，就会危机重重。马克思主义考古学研究的社会结构类型和结构主义考古学研究的形式和意义结构之间存在显著差异。尽管如此，这个术语的使用表明了表面不可观察的事物——某些组织性方案或者原则——不一定严格或者具有决定意义，但一定是内在的，只能通过效果进行观察。这样，考古学提出了现实的新层面，常常被描述为比可被评估的证据"更深"，在其表面"之后"或者"之下"。

然而，与其讨论在历史和适应过程背后的更深层次结构，倒不如讨论这些因素如何有助于形成对始终处于变化过程的社会的整体观念。从第五章讨论的实践理论和控制与抵抗的辩证关系、第七章讨论的历史事件和结构的交织、第八章讨论的操作性意义，我们得到了一个熟悉的观念，社会从来都不是预置的：社会的再生产或转型是来自不同的、不可预测的结构的历史行为的偶然事件。结构和过程都是不稳定的，在实施过程中建构。由于时间跨度，情境有可能重组，即使是在萧规曹随的实施过程中，再生的结构也有可能大相径庭。

历史意义内容：思想和物质

后过程主义考古学第三个可以确认的方面是越来越认同既有

可能,也有必要严谨地重建情境意义。在传统考古学中,一直延伸到思想领域的"推理阶梯"(45页)几乎是不可能实现的,新考古学也持类似观点。比如,宾福德就曾经宣称,考古学本质上是唯物主义的,几乎无法开展"古心理学"(Binford 1965;1982:162)。

但是在本书中,我们已经看到,考古学家已经为处理思想亚系统、意义和行为意图做好准备。所有这些进步都有助于向考古学家表明,物质和思想之间的系统联系是有迹可循的。

我们同时发现,考古学的所有领域都越来越清楚地意识到,在运用通则理论时需要考虑特定的历史情境。旧有的规范法则态度已经面临无法衍生出有效又有趣的通则的窘境。

然而,在大多数考古学中,思维领域的研究仍然局限在对符号和仪式的功能的研究上。历史情境不过是阶段 a 如何影响阶段 b 的具体条件。在传统考古学中,意义内容也很少得到检测;物质符号被视为接触、文化关联和传播的指标。只有在第七章的若干研究中,才浮现出将意义内容看成结构和过程的相互关系的"齿轮"的明确兴趣。

由于后过程主义考古学家宣称所有的考古学家都必须利用意义内容,而这种意义构成了考古学分析的核心,必须清晰而严谨,所以,对意义内容的关注成为当代考古学和传统考古学之间的第三个分水岭。

乍看起来,意义内容和历史特定性之间的关联给考古学造成伤害。危险而消极的悲观主义暗流涌动。考古学家怎样才能理解只对自身才条理清晰的特定的他者世界呢？在第八章对情境考古学的讨论中，我们尝试证明有望全方位地、不断地接近"他者"。这最终因为，不论如何呈现为"他者"或者自成一体，历史意义都是真实的，并在物质世界中产生真正的效应，它们本身就是统一的，因而也是结构性和系统性的。借助资料的真实性、结构性系统，考古学家可以批判性地评估他们的理论。无论在客观上还是主观上，这些资料都是真实的；理论始终对进一步质疑和新视角保持开放态度。在持续的阐释过程中，我们可以不断调整，获取新洞见。

这些讨论开启了主观和客观之间关系的论争。如果每个社会和时代都能够生产自己的史前史的话，那么，对他们身处的世界而言，考古学家的责任又是什么呢？

考古学和社会

客体和主体

过程主义考古学并不以对考古学家的社会情境的研究为特色，因为它的重心放在利用民族志和考古学材料独立检验理论上。然而，20 世纪 80 年代，考古学家开始对涉及当代社会权力策略的重建过去的主观性表现出浓厚兴趣（Patterson 1980; Gibbon 1989; Meltzer 1983; Kristiansen 1981; Rowlands 1984; Wilk 1985; Leone et al. 1987; Trigger 1980）。这个问题的探索最直白地体现了考古学家对批判理论的参与。

尽管考古学家在调适理论和材料上表现得严谨而科学,但是,那些资料的定义却大多取决于我们自身。诸如柴尔德和柯林伍德等经典作家分别从他们的马克思主义和历史唯心主义的立场出发,详尽讨论了考古学知识的当代社会基础。第四章对权力和意识形态的讨论提出了考古学阐释是否是特定利益集团的意识形态的问题。

批判理论

"批判理论"是一批欧洲学者,特别是以 1923 年在法兰克福成立的社会研究所为中心,被称为"法兰克福学派"的学者的统摄理论(Held 1980)。代表学者包括霍克海默(M. Horkheimer)、阿多诺(T. W. Adorno)和马尔库塞(H. Marcuse)。近年来,哈贝马斯及其追随者重新定义了批判理论。批判理论的方法来源于德国唯心主义传统,结合了马克思主义视角。批判理论者一方面宣称,所有知识都存在于一定的历史条件之中,但另一方面又表明,真理可被评估,批判可以独立于社会利益——简而言之,批判理论在理论上拥有优先地位。

在批判理论著作的各个方面中,与考古学、美学分析和当代文化的旨趣最密切相关的可能是博物馆或电视上展示的考古学过去。在《启蒙辩证法》(*Dialect of the Enlightenment*, Horkheimer and Adorno 1973)中,霍克海默和阿多诺使用了"文化产业"一词。比如,"严肃"音乐和"通俗"音乐的区分表明,现代文化根据生产和分配技术的理性化实现标准化。个人不再"生活"在艺术和文化中——他们只是消费艺术和文化的表演。文化产业阻止了有思维能力、独立的个人的发展，它传达了调整和服从的信息。人们因此被改变、干扰并变得被动。尽管存在很多例外，电视纪录片和博物馆展示的考古学常常按照有序、被动观看的方式表达。它被当成休闲行业的文化成分消费，不再具有挑战性和参与性。考古科学家将秩序感和控制感，以及科学霸权（他们自己的科学霸权和所有统治集团的霸权）带入到通过技术革新摆脱无序、原始的过去的长时段历史观。强有力的意识形态信息就是其结果。

批判理论学者著述的另一个相关侧面是对历史哲学的讨论。哈贝马斯指出，对情境意义的唯心主义解释是不充分的，分析者必须走向对系统性扭曲的沟通的阐释。换言之，我们必须看到，一个时代的观点是如何牵涉到统治和权力的。马尔库塞、霍克海默和阿多诺都提出了类似观点。《启蒙辩证法》的主旨就是"打破各种封闭的思维系统的界限；这有助于破除所有自诩完美，鼓吹盲从社会的信仰"（Held 1980：150）。

按照黑格尔的说法，启蒙运动标志了以控制自然和人类为主要目的的普适性科学的崛起。实证主义认为，世界由可以按照普适法则调遣和排列的物质构成，历史法则与自然法则相埒。当然，我们可以提出（Hodder 1984b），自然科学模式、实证主义和系统理论在考古学中的应用支持了"控制的意识形态"，因此"远离政治"的科学家对于控制过去和未来时空的社会至关重要。

批判理论则追求新启蒙，这是批判性思维带来的，摆脱了所有统治力量的解放和解构。对于卢卡奇等人而言，社会过程结构约束、控制和决定了包括思想和意识在内的社会整体。这就是导致解放的洞见。

批判理论家描述的客观性和价值中立的理念本身就被赋予了价值。批判理论试图评判关于现实的相互竞争的观点，曝光意识形态领域，从而将人们从阶级统治中解放出来。通过强调物质和社会条件，意识形态歪曲才能被揭露出来，导致自我觉醒和解放。

考古学中，莱昂纳最旗帜鲜明地表达了将历史视为意识形态的唯物主义方法（Leone 1982; Leone et al. 1987; 同时参考 Handsman 1980, 1981）。莱昂纳注意到，当过去被阐释和构成历史时，它就转变为意识形态，他提出，对这个过程的意识或者揭露使那些写作或者学习过去的人们注意到滋生了现代日常生活的意识形态。比如，通过在 18 世纪美国资本主义成长过程中探求个人主义或者时间的现代观念的渊源，博物馆观众可能会意识到，他们自己的意识形态也是历史性建构的，他们以为天经地义的东西可能就是统治的来源。

自我批判以及对书写的社会和政治价值的观念对于考古学的进一步发展至关重要，批判理论立场——以莱昂纳和韩兹曼（R. Handsman）20 世纪 80 年代的作品为例——在我们看来，毫无疑问既有吸引力，又很重要，但是因为两个主要原因，却是困难的。

第一，这些作品表达的对过去和现在的控制的概念差强人意。莱昂纳也承认，安纳波利斯考古学合作研究的早期阶段过于关注主流意识形态，而对抵抗的可能性认识不足（第五章）。其他的口述史和安纳波利斯非裔美国自由民和奴隶的居址考古都在努力发声，讲述过去的不同经历（Leone et al. 1995）。工作新阶段能否成功地将能动性赋予这些声音尚在争论之中（Wilkie and Bartoy 2000）。

现在的视野下，社会里充斥着各种无所不包的、统一和谐的再现系统。"在他们笔下，社会是自上而下驱动的，而不是如我所信仰的那样，是对统治和资源持续不断地斗争的结果。"（Held 1980：345）然而，我们有理由相信，当代社会不同的人以不同的方式认知过去，在维系普适的西方意识形态，阻止人们认知自身生存条件上，考古学的作用还不清晰。事实上，看起来，在现代生活中建构和经历的过去既可以掩盖现在，也可以揭示现在。

梅里曼的英国公众调查（Merriman 1991）显示，当今英国社会的个人和被统治集团并不容易被统治集团对过去的阐释所愚弄：包括工人阶级在内的被统治集团看起来极度缺乏对过去的科学知识，但是在回应对过去的需求上，却最为积极。这个类别中的人们的确认为，在赋予现在以意义方面，过去和考古学是必要的和有价值的。尽管他们常常质疑媒体或政府操控的过去，但是，很多人也感到考古学家和科学家讲述的过去同样难以证明。

考古学中当代批判理论的第二个问题与这些方法宣称自身是历史产物的批判相关。批判理论怎么能够一方面宣称所有的知识都是历史性的、扭曲的沟通，而另一方面又自称为启蒙或解放的关键途径呢？它们到底通过什么权力或者途径使自身获得特殊的理论地位呢?考古学中批判理论的困境是:人们为什么需要接受我们复原过去(包括资本主义起源在内)的马克思主义或批判性分析呢?如果过去就是意识形态,我们又怎能赞同,只有少数知识分子才能透过意识形态,辨识社会现实呢?

更为晚近,莱昂纳规避了存在唯一的社会现实的假设。取而代之的是,因为理解历史需要多元观点,他的目标就成为生产一系列关于过去的视角,特别是那些没有得到历史记录的。这种方法倾向于平等地对待访谈、口述史与物质资料(Leone *et al.* 1995:122)。

为了回避上述困境,莱昂纳宣称的特别的理论地位赫然就是"唯物主义考古学"。但是,如果因为本书已经罗列的原因,我们不接受唯物主义的基本教条,也就可以宣称:唯物主义本身也是一种"错误"的意识形态——它不过是学术群体为了维护"正确地"阐释过去的特权而发展出来的另一套普适理论。

对上述第二种批评的另一种回应就是指出过去是不可能被完整地认知的。考古学家的任务就是选择作为社会成员的他所青睐的政治立场,写作过去,阐发政治观点。这显然是一种很多人认为有吸引力的、诚实的回答,但是,可能的结果却令人困扰。如果过去缺乏完整性,每个人的阐释都是等量齐观的,那么考古学就可以任由政府、精英利益集团甚至法西斯独裁者政治操纵。当资料被描述成为彻底主观时,在反对"误用"过去时,考古学家也毫无资源可用。广为传播的历史完全依靠权力和对理论、方法和交流的控制能力。然而,本书已经指出,过去的资料的确拥有与理论相关的情境性真实（208、209 页）。

考古学批判的另一个重要来源是德里达等后结构主义经典作家（Derrida 1975；参看 Bapty and Yates 1990；Tilley 1990a）。他们的基本观念（参见第三章，69 页）是意义通过能指链传播。因此，诸如真理或者起源等术语的有效性深受对其他术语的无休无止的依赖的破坏。这种批判的有利结果是，它鼓励考古学家检验自己的写作，展示它们如何受到风格和修辞的影响（Hodder 1989b；Tilley 1989）。换言之，自我标榜的客观性和真理性是通过各种各样的机制建立起来的（比如选择用词、诉诸权威、客观描述、避免第一人称、经验老到以及随机应变）。另一个有利结果是试图思考过去和我们关于过去的写作向不同视角开放的方式。然而，批判理论方法遭遇的困难也同样出现了。我们发现，过去的碎片化、意义的涣散、后现代思想的典型特征，都与资本主义晚期或高级阶段的统治集团利益保持了高度一致（Eagleton 1983）。在后现代世界中，个人、时间和空间都是碎片化和商品化的，被统治集团的直接利益遭到破坏，他们的"真理"烟消云散。这就是为什么我们拒绝激进的主体去中心化，欢迎能动性理论，以及为什么我们坚信过去的真实性和修正客观性的原因。最终，更有批判性和责任感的考古学必须能够使用其资料经历的客观性和真实性，形塑和改变世界的经历。

尽管部分意义上，考古学中出现批判理论是职业考古学家主动探索的结果，但是可以指出，批判理论方向上的某些进展应该来自于近期"主流"和"非主流"考古学的冲突、考古学家和非考古学家的互动。所谓"主流",我们指的是由西方中上阶层,基本上是盎格鲁-撒克逊男性写作的考古学。我们希望提出此类冲突和互动的三个案例,它们已经影响了考古学实践。在所有个案中,有两点需要说明:首先,过去是在现在中主观建构的,其次,主观性过去存在于现在的权力策略之中。

非裔美国人墓地项目

纽约市的非裔美国人墓地项目可被视为考古学的批判传统的一部分,也是科学考古学的目标和动机如何成功地与共享过去利益的其他社群的目标和动机相协调的典范案例(La Roche and Blakey 1997;比照 Langford 1983)。

1991 年夏天,一家文化资源管理公司获得美国政府的合约,发掘曼哈顿市政厅旁用于盖办公大楼的建筑用地。18 世纪的地图显示该区域内有一处非裔美国人墓地,该公司不到一年时间就发掘出 400 余座墓葬。由于不满于墓葬被扰动、人骨分析仅仅关注种族分类,关注此事的市民、艺术家、牧师、激进主义分子、人类学家和纽约市、州、联邦的政客们组成广泛联合阵线,成功地阻止了发掘,并将发掘出土的器物和人骨遗存移交给得到继嗣群支持的非裔美国人人类学家团队。因此,非裔美国人墓地项目不仅包含了骨骼学和科学分析(同位素分析、分子遗传学、形态学、测量学等等),也包含了非洲人和非裔美国人的历史、艺术史和民族学、公共教育和阐释计划、重新安葬骨骸,以及决定这个遗址的未来命运的计划。

非裔美国人墓地项目开展的研究讨论了历史记载中欧洲中心

观造成的一系列曲解和忽略，如果放任不顾的话，将会导致否认北方的种族主义，而认为蓄奴制度仅见于南方地区（Pittman 1998）。18 世纪，纽约的非洲人大部分是奴隶。营养不良和体力劳动过重的证据证实了众多纽约奴隶悲惨的生活质量（Blakey 1998）。对非裔纽约人的不敬在他们死后也没有丝毫改善。他们不能被埋葬在教堂墓地中，只好使用城市边缘木栅栏外沟底的一片土地。墓地遭受亵渎，不仅堆放附近制革厂和陶瓷厂的废料、医学院学生盗窃尸体，这里还被当成镇压暴动的行刑地。19 世纪荷兰人占据时代，墓地甚至一度被关闭，挖掘壕沟。具有讽刺意味的是，尽管我们现在对非裔美国人墓地有了更多了解，但艺术图像中的歪曲依然如故，墓地被画成繁花似锦、一马平川的田园风格风景，全然不是喧嚣城市旁的崎岖沟谷。这种不准确抹杀了纽约早期非洲人社群遭遇的真实苦难境地，冲淡了非裔美国人墓地的原始力量（La Roche and Blakey 1997：98）。

非裔美国人墓地项目不仅提供证据，直面被洗白的过去，也是"一项导致精神重生和更新的事业"，提供了"奴隶制度的伤疤最终得到关注"的可能性（La Roche and Blakey 1997：100；Blakey 1998：58）。换言之，非裔美国人墓地项目和其他非裔美国人历史考古学项目（Franklin 1997；Leone et al. 1995；McDavid and Babson 1997）一起，通过提供遗产以及一度被忽视、消声和剥夺公民权的祖先的贡献和苦难的有形的、物质性证据，赋权予现代继嗣群。

作为参与现代政治的考古学范例，非裔美国人墓地项目提供了考古学家和非考古学家的双赢范式。尽管考古学、体质人类学和历史学长期以来滥用或漠视非裔美国人，非裔美国人继嗣群和替代起初的文化资源管理公司的研究团队之间的系统合作导致继嗣社群全力支持科学研究计划。由于过去和现在都与非裔美国文化相关，所以考古学家和继嗣群皆为非裔美国人可能会有所帮助（La Roche and Blakey 1997：93）。然而，我们马上谈到的考古学家和美洲本土居民之间的近期合作显示，成功的合作并不一定需要参与者拥有共同族属。

土著考古学

在非工业社会工作的西方考古学家日益遭遇冲击，在后殖民时代尤为显著，一方面，他们重建的过去被认为是"西方式"的，另一方面，这些过去被认为是由政治和意识形态驱使的，而遭到坚决抵制（Layton 1989a，b）。看起来，客观资料的坚石变成了主观印象的流沙。比如，在中东和非洲等地，西方考古学阐释被否定或重估，西方考古学家遭遇排斥。

澳大利亚政府一度公开宣扬土著居民是"自然"、原始和隔绝的人类学和考古学阐释。因此，澳大利亚土著居民无法获得其他身份认同，他们对疾病、健康、法律和权力的西方知识的接触受到限制。另一方面，土著居民利用考古学阐释宣称土地所有权，类似策略也被加拿大的因纽特人采用。在欧洲，考古学也被用来宣称长期居住在特定区域的合法权益。比如在挪威，萨米人（Sami，又称拉普人［Lapp］）主权的政治议题推动了针对考古学家识别史前时代族群的能力的争论。

美国受益于近代对美洲土著居民的大规模种族灭绝，甚至一度高度评价"西进"运动，考古学对被迫流离失所的人们态度纠结（Watkins 2000）。随着时间推移，这些态度有些变化，但是他们始终认为美洲土著居民停滞不前（Trigger 1980）。因此，19世纪，本土居民被视为不开化的野蛮人，这导致"土丘建筑者"传说将北美壮观的土墩视为美洲本土居民之外的人建造的。20世纪早期，对美洲本土居民的不敬导致对阐释他们的文化发展兴趣寡然，取而代之的是描述性静态场景。在过程主义考古学中，美洲本土居民被当成基于考古学家的兴趣，检验通则判断的实验室，与美洲本土居民本身及其历史毫无瓜葛（Trigger 1980）。就这样，美洲本土居民的地位，以及欧裔美国人造成的破坏都被低估了，考古学造成了"历史遗忘"。但是，近期来，西方社会中的自由主义倾向和对环境资源的关注与美洲本土居民的土地诉求结合起来，导致西方考古学家为美国和加拿大的本土族群代言。美国甚至试图立法保护美洲本土居民对其遗产的利益诉求。这促成了考古学家和美洲本土居民之间的密切合作（Swidler *et al.* 1997；Watkins 2000），甚至导致研究过程中，涉及本土口承传统和仪式观察的考古学方法也发生改变（Dowdall and Parish 2003）。

实践中，针对非西方历史的西方视角和本土视角的差异常常难以把握。大量不信任、误解或怨怼混杂其中。但正是这种困难，迫使西方考古学家考虑自身偏见，直面阐释差异是否可以通过用客观资料检验理论来解决。在很多个案中，检验的规则本身也被认为是政治性的（Langford 1983）。它哄骗考古学家退出思想交锋和论争，而不是曝光西方经验主义和实证主义潮流对政治漠不关心的本质。

女权主义考古学

西方考古学家已经注意到，但却刻意忽视与本土考古学的思想交锋，这反过来强调了考古学中女权主义视角的重要性。所谓"女权主义"，指的是从当代社会女性观念出发的批判视角，其意义远远超出研究过去男女关系的"性别考古学"。考古学中的女权主义视角来自西方现代思潮，与遥远国度的考古学相比，不那么容易被忽视。这种可能性（Conkey and Spector 1984）迅速变成现实（Barstow 1978；Claassen 1994；Conkey and Gero 1997；Engelstad 1991；Gero 1985；Gero and Conkey 1991；Gilchrist 1993；Meskell 2002；Sørensen 1988，2000；Wright 1996）。

我们并不打算讨论考古学行业中女性代表的失衡，或者考古学文献中性别语言的使用，尽管这些都与此处讨论的女权主义考古学的主要方面以及本章主题相关。相反，我们集中在女权主义考古学家提出的两个要点上（Conkey and Spector 1984）。首先，考古学家倾向于认为过去的社会劳动的性别分工与现在的类似。比如，狩猎和贸易常常被视为男性职业，而采集和纺织则是女性职业。突出的尖状器和精加工工具与男性有关，而非轮制陶器则与女性相关。这种过去活动的性别关联倾向使现代社会的性别关系看起来既不可避免，又合理合法。

其次，考古学家更加关心占"统治"地位的男性活动。男性常常被描述成更强壮、更有攻击性、更占统治地位、更活跃、更重要，而女性则显得柔弱、被动和具有依赖性。过去常常被按照领导、权力、战争、妇女的交换、狩猎者、继承权、资源控制等标准书写。

在"人类起源"和"作为狩猎者的男性"的论争上，男性中心考古学解释潮流都得到了批判性反思（Conkey and Spector 1984）。"人类起源"上出现了妇女发挥了更主动的作用的再释（Tanner 1981）。论争同样影响了农业生成（Draper 1975；Gero and Conkey 1990）和国家崛起（Gailey 1987；Hastorf 1990）等问题。

与以上两点相关，女权主义考古学家指出，第一，我们不能假定普适等同的劳动分工和性别相关活动。与其假定"妇女"术语具有普适的文化特质，不如检查性别建构变化的方式。考古学资料中不乏性别关系是文化性建构的证据。墓葬中的器物可能与女性相关，比较男女骨骼可以检验性别关系的营养侧面（Hastorf 1990），女性在艺术和象征主义中的表现和缺失也应该得到研究。事实上，某些表现场景中女性的缺失往往有助于获得对性别建构的洞察。

与上述第二点相关，女权主义考古学家认为，女性在社会中能发挥积极作用（Tanner 1981）。比如，考古学家多认为陶器纹饰是文化指标——它是一个被动的索引装置。即使从信息流、交换和互动等角度观察，纹饰仍是被动的，与女性无关。然而，女权主义视角提出，在某些局势中，陶器纹饰可能涉及在话语的主流模式下"失声"的女性的隐秘话语（Braithwaite 1982）。事实上，家内情境中的装饰和雕琢可能更多牵涉到男女两性权力的沟通，而不仅仅是不同本地族群之间象征性接触和交流（Hodder 1984a 把这一概念应用于欧洲史前考古）。

女权主义批判最重要的侧面之一和第四章对权力的讨论相关，我们提出，不同利益集团之间，不同类型的权力错综复杂、对立冲突，但持续沟通。权力并不仅仅是武力或者资源控制的"现实"，而与意义、价值和威望密切相关。只有被赋予了文化和社会价值之后，对珍贵资源的控制才可以用作权力的基础。摩尔（Moore 1988：35）提出，"我想，大多数女权主义学者现在同意，对社会中男性或女性的文化价值评估并不仅仅来自于他们在生产关系中的不同地位"。物质文化（墓葬、服饰、艺术和空间的使用等）中性别关系的表现可能更多地揭示褒扬或贬低男性或女性的意图，而不仅仅是控制资源上男性和女性的"真实"权力。我们不能从性别关系的物质表现上读到性别统治（Hodder 1990c）。相反，在讨论性别统治的再现时，我们被迫解释象征意义。因此，我们会提出，在女权主义的更多精彩侧面落实在考古学中之前，我们需要本书提出的整体性理论转型。正如罗萨尔多（Michelle Rosaldo）提及人类学中的转型，我们追求的不是普适的通则性动因，而是充满意义的阐释。"在我看来，女性在人类社会生活中的地位与她所生产的产品没有直接关联，但是与她的活动通过具体的社会互动获得的意义有关。"（Rosaldo 1980：400）

如果我们希望解释性别关系是如何经历并获取意义，它们被如何用来定义个人以及如何微妙地参与权力的多种关系，批判性诠释方法或情境方法就必不可少了。仅就意义问题是女权主义考古学组成部分而言，实证主义就不再是适宜的框架。和其他相关学科相比，女权主义对考古学的影响相当滞后。斯塔西和索恩（Stacey and Thorne 1985）认为，在受实证主义影响越深的学科（如社会学、心理学和经济学）中，女权主义方法越难获得成功。而在以阐释方法见长的学科（如历史学、文学和社会人类学）中，女权主义则越有优势。可能正是由于日益倚重科学的资料基础，考古学近来的实证主义历史导致女权主义考古学停滞不前。

近年来，在整体性强调女性而不是性别关系，以及反抗统治话语模式的各种性别主义上，女权主义考古学内部出现论争（Voss and Schmidt 2000）。事实上，女权主义"第三次浪潮"和女权主义考古学的核心议题之一就是对男女的不同类别关注不足。与其讨论特定社会中作为整体的女性，不如关注阶级、年龄和职业等的差异，以及在界定身份认同上，什么与性别和性别认知等同重要（Joyce 2000; Meskell 1999）。对差异的强调严重冲击了对男女本质特征的判断。现在，性别差异的生物学基础也被认为根植于话语之中（Foucault 1981b）。文化"性别认知"不能和生物学"性别"对立起来，因为后者也是话语性的和历史性变迁的。这种类型的"第三次浪潮"方法导致描述个人和私人生活的尝试（Meskell 2000）。它走向对差异和社会能动性的关注，将性别和性别认知当作更广泛的、历史性和空间性变迁的社会场域的基本成分。

西方考古学的其他潮流

宇宙特创论者、丹尼肯（Von Daniken）的读者、金属探测器使用者（Gregory 1983）和风水师（Williamson and Bellamy 1983）都描绘了非主流但风靡一时的过去，正统考古学家避之唯恐不及，或者将其贬抑为"边缘"。然而，随着作为资源的过去被当成精心组合、准确回应的商品，越来越有效地为公众所用，直接冲突就风起云涌，在西方社会中尤其如此。

在很多西方国家中，考古学长期以来与中上社会阶层联系在一起。现在，在多大程度上依然如故呢？过去是如何用来使既得利益合法化的？对过去的阐释的效果究竟是什么？梅里曼（Merriman 1989a，b；1991）开展了对英国公众关于考古学的知识和态度的调查。

调查显示，现代英国的某些人群对过去的了解多于其他人群。他们对考古学家的作品有更广泛和更精确的知识。他们更常看电视中的考古纪录片，更常去博物馆和参观遗址和教堂，阅读更多关于过去的书籍。毫无疑问，与那些考古知识欠奉的人们相比，这些人常常有更好的教育（在校教育时间更长，或者有某些形式的继续教育）。他们也有更好的工作，控制更多的人力和资源。

社会中不同人群究竟如何解释历史呢？调查结果显示，教育程度越低，收入越少的人群对本地历史和作为历史的考古学越感兴趣。社会公众中的大多数人发现很难用过去的资料形成独特的过去的观念。他们醉心于丹尼肯的小说和诸如《大洪荒》和《夺宝奇兵》这样的电影,并形成过去是什么样子的个人观点,但却和考古学器物、系统分析以及社会理论术语冰炭不投。当他们试图了解曾经经历的过去时,常常与考古学权力爆发冲突,或者他们的观点被刻意忽视。比如,在英国,金属探测器使用者就与考古学权力爆发了激烈、充满敌意的辩论,加剧了社会分化(Hodder 1984b)。那些试图与金属探测器的狂热支持者合作、而不是对抗的考古学家发现了鼓励合作和理解的方法(Gregory 1983)。

在世界各地蓬勃发展的各种类型的新世纪考古学也是如此。特别是,一些考古学家已经探索考古学和各种女神组织之间的互动(如 Meskell 1995, 1998b; Tringham and Conkey 1998)。马耳他岛上的新石器时代庙宇,克里特岛上的青铜时代遗址和土耳其加泰土丘(Çatalhöyük)遗址都成为这些群体的朝圣地(Rountree 1999, 2001, 2002)。巡游者常常教育良好。他们希望比大多数游客更深入地参与到遗址项目之中,这可能导致与当地社会的冲突(Rountree 2001)。他们常常希望在遗址上跳圆圈舞或进行其他仪式。某些女神组织对当地利益和遗址保护极为敏感,而其他组织可能对考古学家持敌视态度,认为考古学家带有男性偏见、世俗、对女神的出现无动于衷。然而,我们可以试图建立和这些组织的对话,在遗址上开展成功的合作项目,使新宗教、考古科学和当地社会相安无事、和睦共处。

这样,在鼓励和帮助建立参与过去的不同的观点和方法上,考古学家大有可为（Willey 1980）。考古学家可以尝试解释过去是怎样被发掘（Leone 1983）和重建的。很多博物馆，比如约克郡的维京中心，都日益热衷于向公众提供可以体验的活生生的过去。某些声名显赫的博物馆也不例外。

结　论

在本章的后半部分，我们描述了在全球或者跨社会范围内，被统治集团的真实的和可能的考古学观点。这些另类但绝非"弱势"的观点对抗主流视角，表明我们重建的过去至少部分意义上是主观的，参与到权力的协商中。

看起来，我们不能宣称，这种"方法"容忍关于过去的不同阐释之间的差异，以此回应对考古学知识的情境讨论。实证主义、独立的中程理论、唯物主义分析都与特定的当代社会预设观念密切相连；方法也是意识形态。

乍看起来，开放的相对主义是唯一的解决方法，据此"万事皆有可能"。当然，如果允许不同观点的更多讨论和考古学更深入地参与现代社会和政治事务，这个方法不乏吸引力。但是，大部分考古学家觉得这个方法过于极端。大多数人感到某些关于过去的阐释显然不及其他，并非所有的阐释都应等量齐观。

我们重建过去的当代社会基础并不必然导致重建缺乏有效性。我们的阐释可能有偏见，但仍然可能是"正确"的。然而，重要的是我们需要了解我们的观点从何而来，以及我们为什么用特定办法重建过去。

过去和现在之间存在辩证关系：过去通过现在阐释，过去也可以用来批判和挑战现在。按照这个观点，我们可以批判性地评估过去和现在的情境，取得对双方更好的理解。人类具有接受多种主观性情境和批判性检验不同视角之间关系的智识能力。这样，讨论把我们带回到本书较早提出的关于更大整体（结构、系统）和部分（行为、实践和个体）之间关系的论断。结构和不言自明的观念可能是思想和行为的媒介，但它们本身因批判性思想和行为而变。

因此，资料并无主观、客观之分，两者都是真实的。普适的评估工具也不存在，但是却有可能了解"他者"。甚至，意义结构的普适性的观点都必须接受批判性评估，特别是用于智人出现之前。我们经常将"他们"的意义翻译成"我们"的语言，但是我们的语言却灵活而丰富，足以辨认和感知同一个"词语"在不同情境中使用方法的差异。我们无须施加自身的"客观的"主观性，他者的主观性也能得到理解；曾经一度控制考古学的主客观之分土崩瓦解。

后过程主义考古学打破了深入人心、不言自明的二元对立，敞开了对规范和个体、过程和结构、物质和观念、客体和主体之间关系的研究。后过程主义考古学并不信奉特定方法，也不会提出考古学应该发展出公认的方法。这是开启，而不是封闭，因此乐见考古学家队伍的蓬勃壮大。我们虽然倡导诠释学方法，但并不排斥其他方法。事实上，我们提出，诠释学方法极其宽泛，涵盖了高度重视实验科学或者人文学科的探索模式。最后,后过程主义考古学就是要参与到社会理论和社会群体之中。虽然在下一章中,我们主张考古学是作为考古学的考古学,但只有与其他学科最广泛地交织起来,最密切地参与社会事务时,考古学才能真正屹立于巅峰之上。

第十章 结论：作为考古学的考古学

我们倡导的考古学试图开启全新的考古学论争之门——拓展到囊括马克思主义、结构主义、实践理论、具现、女权主义批评和公共考古学。同时，我们的目标是使考古学发展成为能对知识性和公共性论争独立发声的学科。考虑到我们对于自身所处社会的观念、对社会应该怎样的观念和对最近20年考古学进展的看法，第八章讨论的情境方法只是我们一孔之见中具有吸引力的方法之一。

为了融入更广泛的跨学科论争并有所贡献，考古学家在资料中解读出各种通则意义。我们讨论了相互重叠的三种意义类型。一种是物质层面的意义，参与到事物、能量和信息的交流中；此处关注的是生产之后发挥作用、满足组织性需求、作为资源的器物。第二种则是与历史传统的结构性内容相关的器物的意义。第三种意义——操作性意义——存在于每个事件或者表达的情境的特质之中。操作性意义受前两种意义影响，但也必须考虑，(1) 过去人们支离破碎的行为背后的特定意图和（2）每个行为者特定的生存和具现经历。如果我们宣称，考古学中的这些观念（作为器物的器物、意义建构的器物、作为特定意图产物的器物、与个人经历相关的器物）都是必不可少的，我们就不会信奉"和平共处"政策，认为各种主张能够各自独立，长期共存。如果只将器物看成物质性存在的话，就几乎没给人们留下行为的余地。也许，与交换器物的来源地的距离，骨骼上附着的肉量，切割皮毛的工具的效率，可以在无须考虑历史意义的情况下就得到评估；但是，我们已经在很多例子中表明，对过去的大多数判断都包含了诸如是否是威望物交换、聚落的经济或者人口规模的假设，甚至"城墙""灰坑"和"聚落"等词语都表明了目的。我们不能假设在不同的情境中"雕像"和"农业"始终指同样的事物。考古学家常常设想置身于过去的文化情境之中——否则将收效甚微。三种方法不能独立存在，因为它们互相依赖、互为因果。本书所关注的就是讨论这种关系的必要性，讨论我们在重建历史意义的过程中应当更加明晰、更加严格，以及我们应当讨论衍生的理论和方法问题。

但是，考古学中对这种讨论的抵制依然强大。宾福德的大部分文章以此为主题。在讨论阿雅瓦那（Ayawara）澳大利亚土著居民割胶活动时，宾福德（Binford 1984）注意到土著居民的多样性。他提出问题，这种多样性是权宜之计，因时而变，还是文化性的？继而，他采纳了过程和规范的旧分野，在假定分野的确存在的预设下形成问题的框架。宾福德指出，割胶活动的多样性取决于这个过程是由男女混合集体使用女性管理的器具完成的，还是完全由远离营地的男性完成的。他总结到，割胶过程因时而变，而并非由文化决定。

显然，割胶过程可能因为女性是否参与，以及在什么地方开展而有所不同。但是，对这种变化和协变的描述与宾福德对因时而变和文化的关注毫不相干。我们已经指出，做出因时而变的决定就是情境的核心部分（第八章）；为了考察局势变迁，我们需要弄清楚，为什么女性承担某些工作，而男性却承担其他工作，我们需要检查男女相互关系策略的社会情境。为了避免承担某种工作，男女可能选择做营地内的什么其他工作？诸如此类。宾福德没有回答这些问题。为了观察文化的作用，我们需要检查种种本土态度：割胶过程中使用什么具体工具、哪些工具可以或者不可以、在营地内或者外、用于或者不用于割胶工艺、由男性或者女性使用。我们需要通过观察更多的文化情境（男女还做什么其他工作、其他不同地点用于什么活动等）检查这些态度和策略。

我们不能区分对待文化性和局势性决策，而应该认为两者在每个社会"行为"中密切交织。按照柯林伍德的术语，我们需要获取阿雅瓦那的"内在"视角。在纽纳米特（Nunamiut）研究中，宾福德没能提供充分的信息，讨论作为行为中介的文化——局势性决定发生在文化真空之中，我们无法解释它们的特质、成因和效果。论点的贫乏可见一斑。相对于理解丰富而复杂的特定事件，宾福德更关注什么"主义"正确之类的抽象理论论争上的通则性贡献。现代权力游戏已经表露无遗，而科学事业却没有相应进展。当然，在详尽地讨论阿雅瓦那割胶过程之后，我们会回到更大的理论问题，最初接触资料和阐释资料都需要通则理论，但在宾福德的考量中，却从未见到理论和资料的辩证关系和对情境的批判性比较。宾福德没有将理论完全放置到情境之中，而是选择了以预设标准"检验"理论的捷径。宾福德没有"阅读"阿雅瓦那制胶过程的"文本"。因此，在先验预设和权力基础之上，对"主义"的讨论就相互冲突了。阿雅瓦那对"主义"之争的贡献却无法落实。

检验阐释

我们并不希望以上对宾福德著述的讨论给人留下我们无法"检验"理论的印象。检验和阐释有时出现二元对立。实际上，这种二元对立与检验的不同方法有关。一些过程主义考古学家营造了考古学家如何检验理论的幻景和假象。

我们最终获得理解，而不是检验。我们的理解取决于我们与世界的当代纽带，因而会不断变化，尽管如此，这完全可能表明，某些理解比其他理解更适合资料。试验过程包括两个侧面。首先，我们可能表明，提供阐释的理论是不完整、自相矛盾的，或者无意识地带入了研究的当代情境。这种情境包括既影响考古学，又受考古学影响的权力关系，以及宣称与过去相关的其他社群的利益。其次，我们表明，与新理论相比，旧理论无力解释众多资料，或者早期理论运用了错误资料（比如年代错误），或者基于没有统计学意义的模式等等。

科学过程和假设—检验方法容易混为一谈。但是，不论是否涉及统计、定量、化学和物理研究的运用，分析的科学手段的运用就等同于诠释学方法。这些科学方法用于甄别和测试模式（比如任意性观念）、关系、年代和来源。它们有助于找到可以评估我们的诉求的模式。但是，它们不能提供摆脱诠释回路的途径。它们使我们更精确地描述模式，寻找变量的更多维度，但模式本身仍然有待阐释。我们呼吁统一性和关联性。不论如何使用统计和科学方法，也不论主要关注生态还是文化问题，我们都遵循了第八章提出的诠释学方法。

一些考古学家称考古学的这种描述是非科学的，指责我们采纳了特别的调和论点（Binford 1982）。这些考古学家认为，正确的科学论争需要实现更大程度的肯定性、稳定性和普适性，考古学知识的社会结构可以忽略不计。他们力主没有历史变化的、普遍适用的评估工具。

我们赞成，在影响考古学记录的各种非文化过程上，有望建成中程理论。比如，石器、骨器和土壤对各种外力的不同类型反应的知识有助于我们评估关于过去的假设的有效性。它们提供了基于普适的非文化过程的检验，因为建立在与被评估对象无关的理论之上，这些检验被认为是独立的。但是，在文化过程上就无法提出同样诉求。我们认为，为了形成抽象总结和建构理论，需要对文化过程进行通则化总结。考吉尔（Cowgill 1993）提出的"思维的中程理论"就是尝试对文化过程提出通则的范例。通则化包括对意义、情绪、意识形态和权力等的推理。考吉尔宣称，在假设独立于证据上，他的中程理论和其他的中程理论没有本质区别。考吉尔清晰表明，中程理论可以适应当地局势，这意味着他的方法实际上是情境性的，因而明显不同于传统的中程理论。

传统中程理论预设了情境的严格独立，最适用于非文化过程，当用于检验对思想、意义和再释等假设时，就产生了矛盾。一方面，一些过程主义考古学家认为，仪式和宗教之间的普遍关系（Renfrew 1985）允许考古学家以资料检验理论。在中程理论理解基础之上涌现出各种预测，资料则被检验是否适用。如果要让这个过程如同宣称的一样科学的话，则关于过去的假设、中程理论和资料应该相互独立，而中程知识应当普遍适用。另一方面，正如第二章所指出的，伦福儒、弗莱纳利、马库斯、宾福德和萨波罗夫都认为，每种文化都有自身的"认知系统"，或者每种方法都有范式。这两种立场并不兼容。知识的情境性瓦解了对普适性评估装置、理论的独立性和理论与资料的客观性对抗的依赖。

取而代之的是在理论和资料之间来回移动，使其中一方以清晰而严格的方式符合另一方，既对资料的独特性保持敏锐，又对理论和假设保持批判态度。尽管在实践中，大多数考古学家一再认识到，发现远比预期更加有趣而复杂，假设—检验的粗暴行为以及狭隘的"科学方法"已经给考古学带来重大损害。意义冗余要求更敏锐、更有诠释学倾向的阐释。正确的科学方法既能全面解释形形色色资料，又能批判性探索部分意义上独立的理论和资料。

不管做何感想，考古学家难以像实证主义自然科学家一样工作。我们提出,总体而言,他们所做的只是在变化的阐释潮流中,遵循简单的诠释学程式。阐释内在意义的需求表达了这种认知,它适用于所有类型的考古学。

对"阅读"过去或者内在意义的所有讨论都暗示了移情,以及科学的缺失,因此诸如"在我看来"的表述看起来成为各种讨论的最终裁断。考古学成为特定利益的牺牲品。然而,后过程主义考古学家拒绝移情,否认所有人对过去的解释——无论如何背离资料——都等同有效。有些考古学家强调,过去的不同视角之间的论争有望成为批判既得利益和无效阐释的利器,而其他人(Shanks and Tilley 1987a, b)则视考古学资料为"抵抗网络",约束了我们对过去的阐释。我们的观点是,这过于"现世主义",却没有顾及一个事实,即我们对现在的观念至少部分地脱胎于过去的事实。比如说,毫无疑问,我们对进化和进步的现代观念就得到考古学家的坚实发现的支持。同样,部分意义上,每个国家的考古学现状都与其发现相关。发现是期待发现的产物,它也影响了我们的观看之道(比如,集中关注某些丰富的或可见的遗址、地区或者时代)。考古学、现在和过去、主观和客观都处在不断变化的辩证关系中。它们和我们相互依赖,相互生成。

考古学及其显著地位

为了追求更宏大的后过程主义考古学,我们必须整合对物质意义的三种类型(作为器物、作为符号和作为操作性情境)的研

第十章 结论：作为考古学的考古学

究。这样，我们就能讨论后过程主义考古学的四个基本问题（规范和个体、过程和结构、思维和物质、主观和客观的关系）。在参与这些论争，运用来自其他学科的理论中，考古学可能会部分地丧失自身特色和独立性。后过程主义考古学就是更广泛的社会理论的一部分，情境分析的方法和理论极大地受益于语言学分析。

然而，本书已经讨论情境考古学资料可以依其自身标准进行检验，这样就有望获得过去意义的独特性。也许，作为一门独立学科，考古学可以通过运用自身的方法和理论，为一般性论争贡献自己的资料。我们希望，用不同于传统考古学和过程主义考古学方法的方式，思考这种提议，考古学既不是历史学，也不是人类学，它就是考古学。

"考古学就是作为考古学的考古学"这一宣言是由克拉克掷地有声地提出的。他的《分析考古学》（*Analytical Archaeology*, Clarke 1968）是在考古学情境基础之上阐发特定的考古学方法论的最重要的尝试。在对格拉斯顿伯里的研究中（Clarke 1972；参见上文73页），克拉克展开了详尽的结合结构主义因素的情境分析。除了反对"考古学就是人类学，否则什么都不是"的观点，克拉克也不认同大部分过程主义或"新"考古学，因为他始终关注文化整体、传播和延续。尽管研究中不乏鲜明的自然科学因素，他对轻易施加或者"检验"通则持质疑态度。因此，他的方法和本书提供的更有约束的情境考古学方法之间存在众多类似。除了方法论具体类型外，两者之间的主要差别是克拉克未能找到超越资料、阐释它们的路径。在《分析考古学》中，他的方案是分析性和经验主义的。他的考古学模式的社会和文化意义都远未清晰。他运用了简单的跨文化解释（比如在区域性文化分类的价值上），但是，无论该书还是更晚的作品都没有涉及意义内容或者"内在历史"。

泰勒（Taylor 1948）也曾宣称"考古学既不是历史学，也不是人类学"。同样，本书提出的方法和泰勒的缀合方法之间存在诸多类似，泰勒的方法以"阐明调查显示的文化关联、组合、关系和'亲缘'"为主要目标（Taylor 1948：95-6）。它的目的是检验每个单位或者遗址的情境信息，每个单位或者遗址都是自身文化表达的独立整体；它强调文化情境，而不是比较方法。更进一步，"文化是由思维内容，而不是物质或者可被观察的行为构成的精神现象"（Taylor 1948：98）。通过举例，泰勒证明了考古学家在过去社会的隐秘文化中复原思想的能力。比如，在对服饰的观察中，泰勒注意到织线向左或者向右编结，进而确认结构原则，其中之一就是克阿韦拉（Coahuila）织物"不甚关心规则性装饰整体"（Taylor 1948：182）。

尽管明显类似于第九章讨论的观点，泰勒的方法仍然存在显著不足，令我们回想到本书较早章节的批判性评论。首先，泰勒宣称，观念和实践之间存在类别区分："文化本身由观念，而不是过程构成"（Taylor 1948：110）。这与宾福德的说法针锋相对，但同样也不充分。

其次，尽管泰勒并未宣称不同"社会"多多少少拥有共同的世界观，但是，他的观点仍是规范性的。泰勒认为文化既可能是共享的，也可能是独特的。在规范性的第二种意义——行为受到规则约束上，我们不敢苟同。个人或者集体深受系统、规则或者结构控制，以至无力反抗。泰勒似乎认为文化就是由此类规则，而不是由规则和倾向表达的情境判断构成的。这样，他的方法就不是情境性的（随机应变的情境性的），而是规范性的。

尽管方法上存在诸如此类的区别（特别是泰勒没有针对资料描述和阐释的主观性发展出社会自我意识和批判性立场），显然，和柯林伍德一样，泰勒对当代考古学家影响深远。我们无意于否认与早期考古学家的关联——实际上，看起来有必要恢复被过程主义考古学简单粗暴地破坏的桥梁，重新评估所谓的"考古学理论的长眠岁月"（Renfrew 1983b）。

本书表达了这样的观念：尽管考古学参与通则理论和方法，但仍然保持独立。它包含了以下要素。第一，我们已经在第九章表明，基于对物质的情境的关注，考古学有别于古器物学。我们指出，考古学可以结合基于情境关联和对比的归纳方法，走向对特定的历史意义的批判性理解。阅读和阐释就是不同时代的翻译；它们提出普适性预设，但是结果并不完全取决于现在。通过对过去的批判性评估，阅读表达现在，并且贡献于现在。考古学家阐释的程度取决于他们的资料网络的丰富程度，也取决于他们的知识和能力。但是，独立的考古学贡献不容置疑。

第二，尽管考古学家可以阅读物质文化，但是不会把它当成文本一样阅读。物质文化显著不同于口头或书面语言，差异性有待进一步研究。物质文化往往表现为比较简单，但更模棱两可的语言,而且,与口头语言相比,物质文化更固定而持久。此外,大部分词语都是所指概念的任意能指,因此,当选用词语"树",而不是"桂树"和"柏树"时,词语"树"和概念"树"之间就存在约定俗成和历史性关系。但是,作为物质文化"词语",比如人的照片或者雕塑,就不再是所指的任意表现:相对于大多数词语,物质文化符号是像似式的和指示式的。诸如此类的差异表明,考古学家需要形成阅读自身独特资料的理论和方法。

第三,考古学可以有效利用覆盖了长时段的人类文化活动资料。这种长时段视角有助于在后过程主义考古学的四个主要问题上形成全新洞见。比如,在长时段上,个体事件在社会和文化变化的整体过程上起到什么作用?结构和过程是什么关系?在短时段上,社会和经济的决定因素也许看起来更加重要,而在长时段上,社会和经济决策可被视为结构性或者文化性韵律之下的重复模式。第五章讨论了这个方向的起步研究。

总之,考古学可以被看成一门不断探索独立的方法和理论的独立学科,但是,它必须和通则性社会理论密切结合,并有所贡献。上文讨论的三点之下,个性和共性之间关系的问题本身就是考古学如何做出独特贡献的宏大问题。

考古学器物以极端而充满刺激的方式提出个性和共性之间关系的问题。这种关系虽然遭到近年来的学院派考古学的忽视,却被哈瑞丝(Mags Harries)的波士顿街头公共艺术准确捕捉(文前插页)。我们认为她的公共艺术是考古学式的,首先,她认可日常世俗器物的即时性,即历史特定性。生产之后被搁置一旁,既无预期,也无人关注,这些器物以具体形态把握住了稍纵即逝的历史时刻。其次,我们觉得我们能够理解器物,因为尽管跨越巨大的时间间距,但却存在共通性和近似性。我们需要面对漫长的时间和普遍的经历。本书中,我们试图提出,只有通过全面利用器物自身的具体日常性,我们才能理解距离和通则。

在波士顿街头,哈瑞丝创造了考古学客体。在两种意义上,她的艺术就是考古学的。对于要成为考古学的考古学而言,它不仅仅需要挖掘出更多器物,把它们放到博物馆或者社会文化子系统中——为了在长时段通则下讨论自身的情境,我们还需要检查过去器物的特定情境。

在讨论这些方向的初步尝试中,本书特意提出远超出其所能回答的问题——个人和社会的关系、通则的存在、考古学家在社会中的地位等等。过去的意义远比我们想象的复杂。但是,与其固执地认为考古学就是如此令人绝望地困顿不堪,我们反倒建议考古学家回到将过去文本的意义翻译到他们自身的现代语言的基本原则。在情境观念基础之上的发掘和阐释方法已经成熟。通过运用这些方法——柯林伍德的提问与回答过程、统一性和关联性观念、意义建立在差异的结构性组合基础之上的观点——以及确认批判性分析的重要性,我们可以提出,过去的情境性信息可以促成对功能性和观念性意义的理解。这样,长时段历史就能重建起来,就能对现代社会理论和社会中的论争有所贡献。

参考文献

Abercrombie, N., Hill, S., and Turner, B., 1980, *The Dominant Ideology Thesis*, London: George Allen and Unwin

Abu El-Haj, N., 1998, 'Translating Truths: Nationalism, the Practice of Archaeology and the Remaking of Past and Present in Contemporary Jerusalem', *American Ethnologist* 25(2), 168–88

Althusser, L., 1977, *For Marx*, London: New Left Books

Ames, K., 1996, 'Archaeology, Style, and the Theory of Coevolution', in H. Maschner (ed.), *Darwinian Archaeologies*, New York: Plenum

Ammerman, A., 1979, 'A Study of Obsidian Exchange Networks in Calabria', *World Archaeology* 11, 95–110

Anati, M.-J., 1994, 'Archetypes, Constants, and Universal Paradigms in Prehistoric Art', *Semiotica* 100(2/4), 124–41

Appadurai, Arjun, 1986, 'Introduction: Commodities and the Politics of Value', in Arjun Appadurai (ed.), *The Social Life of Things*, Cambridge University Press

Arnold, Bettina, 1990, 'The Past as Propaganda: Totalitarian Archaeology in Nazi Germany', *Antiquity* 64, 464–78

　2001, 'The Limits of Agency in the Analysis of Elite Iron Age Celtic Burials', *Journal of Social Archaeology* 1(2), 210–24

Arnold, D., 1983, 'Design Structure and Community Organisation in Quinua, Peru', in D. Washburn (ed.), *Structure and Cognition in Art*, Cambridge University Press

Asad, Talal, 1986, 'The Concept of Cultural Translation in British Social Anthropology', in J. Clifford and G. Marcus (eds.), *Writing Culture*, Berkeley: University of California Press

Austin, J., 1962, *How to Do Things with Words*, Cambridge, MA: Harvard University Press

Bailey, G. (ed.), 1983, *Hunter-Gatherer Economy in Prehistory: A European Perspective*, Cambridge University Press

Bapty, I., and Yates, T. (eds.), 1990, *Archaeology after Structuralism: Introductory Readings in Post-Structuralism and Archaeology*, London: Routledge

Barrett, J. C., 1981, 'Aspects of the Iron Age in Atlantic Scotland: A Case Study in the Problems of Archaeological Interpretation',

Proceedings of the Society of Antiquaries of Scotland 111, 205–19

1987, 'Contextual Archaeology', *Antiquity* 61, 468–73

1988, 'Food, Gender and Metal: Questions of Social Reproduction', in M. L. Sørensen and R. Thomas (eds.), *The Transition from Bronze Age to Iron Age in Europe*, Oxford: British Archaeological Reports

1994, *Fragments from Antiquity: An Archaeology of Social Life in Britain, 2900–1200 B.C.*, Oxford: Blackwell

2000, 'A Thesis on Agency', in Marcia-Anne Dobres and John Robb (eds.), *Agency in Archaeology*, London: Routledge

and Kinnes, I. (eds.), 1988, *The Archaeology of Context in the Neolithic and Bronze Age: Recent Trends*, University of Sheffield: J. Collis

Barstow, A., 1978, 'The Uses of Archaeology for Women's History: James Mellaart's Work on the Neolithic Goddess at Catal Huyuk', *Feminist Studies* 4, 7–18

Barthes, Roland, 1975, *S/Z*, New York: Hill and Wang

Bayard, Donn, 1969, 'Science, Theory, and Reality in the New Archaeology', *American Antiquity* 34, 376–84

Beaudry, M., Cook, L. J., and Mrozowski, S. A., 1991, 'Artifacts and Active Voices: Material Culture as Social Discourse', in R. H. McGuire and R. Paynter (eds.), *The Archaeology of Inequality*, Oxford: Blackwell

Bekaert, Stefan, 1998, 'Multiple Levels of Meaning and the Tension of Consciousness', *Archaeological Dialogues* 5, 7–29

Bender, B., 1978, 'Gatherer–Hunter to Farmer: A Social Perspective', *World Archaeology* 10, 204–22

1985, 'Emergent Tribal Formations in the American Midcontinent', *American Antiquity* 50, 52–62

1993, 'Stonehenge: Contested Landscapes (Medieval to Present Day)', in B. Bender (ed.), *Landscape: Politics and Perspectives*, Oxford: Berg

Benjamin, W., 1969, *Illuminations*, New York: Schocken

Berard, C., and Durand, J.-L., 1984, 'Entrer en imagerie', in *La Cité des images*, Paris: Fernand Nathan

Bermudez, José Luis, 1995, 'Ecological Perception and the Notion of a Nonconceptual Point of View', in J. L. Bermudez, A. Marcel, and N. Eilan (eds.), *The Body and the Self*, Cambridge, MA: MIT Press

Bernstein, Richard J., 1983, *Beyond Objectivism and Relativism: Science, Hermeneutics, and Praxis*, Philadelphia: University of Pennsylvania Press

Bettinger, R. L., Boyd, R., and Richerson, P. J., 1996, 'Style, Function and Evolutionary Processes', in H. Maschner (ed.), *Darwinian Archaeologies*, New York: Plenum

Binford, L. R., 1962, 'Archaeology as Anthropology', *American Antiquity* 28, 217–25

1965, 'Archaeological Systematics and the Study of Cultural Process', *American Antiquity* 31, 203–10

1967, 'Smudge Pits and Hide Smoking: The Use of Analogy in Archaeological Reasoning', *American Antiquity* 32, 1–12

1971, 'Mortuary Practices: Their Study and Their Potential', in J. Brown (ed.), *Approaches to the Social Dimensions of Mortuary Practices*, Memoirs of the American Archaeology Society 25

(ed) 1977, *For Theory Building in Archaeology*, New York: Academic Press

1978, *Nunamiut Ethnoarchaeology*, New York: Academic Press

1982, 'Meaning, Inference and the Material Record', in A. C. Renfrew and S. Shennan (eds.), *Ranking, Resource and Exchange*, Cambridge University Press

1983, *In Pursuit of the Past*, London: Thames and Hudson

1984, 'An Ayawara Day: Flour, Spinifex Gum, and Shifting Perspectives', *Journal of Anthropological Research* 40, 157–82

and Sabloff, J. A., 1982, 'Paradigms, Systematics and Archaeology', *Journal of Anthropological Research* 38, 137–53

Bintliff, J. L., 1984, 'Structuralism and Myth in Minoan Studies', *Antiquity* 58, 35–8

(ed.), 1991, *The Annales School and Archaeology*, New York: New York University Press

Blakey, Michael L., 1998, 'The New York African Burial Ground Project: An Examination of Enslaved Lives, A Construction of Ancestral Ties', *Transforming Archaeology* 7, 53–8

Blanton, R. E., Feinman, G. M., Kowalewski, S. A., and Peregrine, P. N., 1996, 'A Dual-Processual Theory for the Evolution of Mesoamerican Civilization', *Current Anthropology* 37, 1–14

Bloch, M., 1995, 'Questions Not to Ask of Malagasy Carvings', in I. Hodder, M. Shanks, A. Alexandri, V. Buchli, J. Carman, J. Last, and G. Lucas (eds.), *Interpreting Archaeology: Finding Meaning in the Past*, London: Routledge

Boas, F., 1940, *Race, Language and Culture*, New York: Macmillan Press

Bouissac, P., 1994, 'Prehistoric Signs', a special issue of *Semiotica* 100(2/4)

Bourdieu, P., 1977, *Race, Language and Culture*, New York: Macmillan Press
1977, *Outline of a Theory of Practice*, Cambridge University Press
1988, *Homo Academicus*, Stanford: Stanford University Press
1990 [1987], *In Other Words: Essays towards a Reflexive Sociology*, London: Polity Press
1991 [1984], *Language and Symbolic Power*, Cambridge, MA: Harvard University Press
Bradley, R., 1984, *The Social Foundations of Prehistoric Britain*, London: Longman
1990, *The Passage of Arms: An Archaeological Analysis of Prehistoric Hoards and Votive Deposits*, Cambridge University Press
1993, *Altering the Earth: The Origins of Monuments in Britain and Continental Europe*, Edinburgh: Society of Antiquaries of Scotland
Braithwaite, M., 1982, 'Decoration as Ritual Symbol: A Theoretical Proposal and an Ethnographic Study in Southern Sudan', in I. Hodder (ed.), *Symbolic and Structural Archaeology*, Cambridge University Press
1984, 'Ritual and Prestige in the Prehistory of Wessex c. 2200–1400 BC: A New Dimension to the Archaeological Evidence', in D. Miller and C. Tilley (eds.), *Ideology, Power and Prehistory*, Cambridge University Press
Braudel, F., 1973, *The Mediterranean and the Mediterranean World in the Age of Philip II*, London: Collins
Braun, D. P., and Plog, S., 1982, 'Evolution of "Tribal" Social Networks: Theory and Prehistoric North American Evidence', *American Antiquity* 47, 504–25
Brown, M., 1996, 'On Resisting Resistance', *American Anthropologist* 98, 729–34
Brück, J., 2001, 'Monuments, Power and Personhood in the British Neolithic', *Journal of the Royal Anthropological Institute* 7, 649–67
Brumfiel, Elizabeth, 1991, 'Weaving and Cooking: Women's Production in Aztec Mexico', in J. M. Gero and M. Conkey (eds.), *Engendering Archaeology: Women in Prehistory*, Oxford: Blackwell
1996, 'Figurines and the Aztec State: Testing the Effectiveness of Ideological Domination', in R. P. Wright (ed.), *Gender and Archaeology*, Philadelphia: University of Pennsylvania
Buchli, V., 1995, 'Interpreting Material Culture: The Trouble with Text', in I. Hodder, M. Shanks, A. Alexandri, V. Buchli, J. Carman, J. Last, and G. Lucas (eds.), *Interpreting Archaeology: Finding Meaning in the Past*, London: Routledge

and Lucas, Gavin, 2001, 'The Absent Present: Archaeologies of the Contemporary Past', in V. Buchli and G. Lucas (eds.), *Archaeologies of the Contemporary Past*, London: Routledge

Burgière, A., 1982, 'The Fate of the History of Mentalités in the Annales', *Comparative Studies in Society and History* 24, 424–37

Butler, J., 1990, *Gender Trouble: Feminism and the Subversion of Identity*, New York: Routledge

1993, *Bodies That Matter*, New York: Routledge

1998, *Excitable Speech*, London: Routledge

Butterworth, George, 1995, 'An Ecological Perspective on the Origins of the Self', in J. L. Bermudez, A. Marcel, and N. Eilan (eds.), *The Body and the Self*, Cambridge, MA: MIT Press

Butzer, K., 1982, *Archaeology as Human Ecology*, Cambridge University Press

Campbell, Ewan, 2000, 'The Raw, the Cooked and the Burnt: Interpretation of Food and Animals in the Hebridean Iron Age', *Archaeological Dialogues* 7, 185–98

Capone, P. H., and Preucel, R. W., 2002, 'Ceramic Semiotics: Women, Pottery and Social Meanings at Kotyiti Pueblo', in R. W. Preucel (ed.), *Archaeologies of the Pueblo Revolt*, Albuquerque: University of New Mexico Press

Carr, C., 1984, 'The Nature of Organisation of Intrasite Archaeological Records and Spatial Analysis Approaches to their Investigation', in M. Schiffer (ed.), *Advances in Archaeological Method and Theory*, vol. 7, New York: Academic Press

Carsten, J., and Hugh-Jones, S., 1995, *About the House: Lévi-Strauss and Beyond*, Cambridge University Press

Case, H., 1973, 'Illusion and Meaning', in A. C. Renfrew (ed.), *The Explanation of Culture Change*, London: Duckworth

Chapman, R. W., 1981, 'The Emergence of Formal Disposal Areas and the "Problem" of the Megalithic Tombs in Prehistoric Europe', in R. Chapman, I. Kinnes and K. Randsborg (eds.), *The Archaeology of Death*, Cambridge University Press

Chesson, Meredith S., 2001, 'Social Memory, Identity, and Death: An Introduction', in Meredith S. Chesson (ed.), *Social Memory, Identity, and Death: Anthropological Perspectives on Mortuary Rituals*, Arlington, VA: American Anthropological Association

Childe, V. G., 1925, *The Dawn of European Civilisation*, London: Kegan Paul

1936, *Man Makes Himself*, London: Collins

1949, *Social Worlds of Knowledge*, Oxford University Press

1951, *Social Evolution*, New York: Schuman
Chippindale, C., 1993, 'Ambition, Deference, Discrepancy, Consumption: The Intellectual Background to a Post-Processual Archaeology', in N. Yoffee and A. Sherratt (eds.), *Archaeological Theory: Who Sets the Agenda?* Cambridge University Press
Claassen, C. (ed.), 1994, *Women in Archaeology*, Philadelphia: University of Pennsylvania
  O'Neal, M., Wilson, T., Arnold, E., and Lansdell, B., 1999, 'Hearing and Reading Southeastern Archaeology: A Review of the Annual Meetings of the SEAC from 1983 through 1995 and the Journal *Southeastern Archaeology*', *Southeastern Archaeology* 18(2), 85–97
Clark, J. G. D., 1939, *Archaeology and Society*, London: Methuen
Clarke, D. L., 1968, *Analytical Archaeology*, London: Methuen
  1972, 'A Provisional Model of an Iron Age Society and its Settlement System', in D. L. Clarke (ed.), *Models in Archaeology*, London: Methuen
  1973, 'Archaeology: The Loss of Innocence', *Antiquity* 47, 6–18
Coe, M. D., 1978, 'Supernatural Patrons of Maya Scribes and Artists', in N. Hammond (ed.), *Social Process in Maya History*, New York: Academic Press
Collet, D. P., 1993, 'Metaphors and Representations Associated with Precolonial Iron-Smelting in Eastern and Southern Africa', in T. Shaw, P. Sinclair, B. Andah, and A. Okpoko (eds.), *The Archaeology of Africa: Foods, Metals and Towns*, London: Routledge
Collingwood, R. G., 1939, *An Autobiography*, Oxford University Press
  1946, *The Idea of History*, Oxford University Press
  and Myres, J., 1936, *Roman Britain and the English Settlements*, Oxford University Press
Colwell, Rita, 1998, 'Balancing the Biocomplexity of the Planet's Living Systems: A Twenty-First Century Task for Science', *Bioscience* 48(10), 787
Conkey, Margaret, 1984, 'To Find Ourselves: Art and Social Geography of Prehistoric Hunter Gatherers', in Carmel Schrire (ed.), *Past and Present in Hunter Gatherer Studies*, New York: Academic Press
  1989, 'The Structural Analysis of Paleolithic Art', in C. C. Lamberg-Karlovsky (ed.), *Archaeological Thought in the Americas*, Cambridge University Press
  1997, 'Beyond Art and Between the Caves: Thinking about Context in the Interpretive Process', in M. Conkey, O. Soffer, D. Stratmann, and N. G. Jablonski (eds.), *Beyond Art: Pleistocene*

  Image and Symbol, San Francisco: California Academy of Arts and Sciences
  2001, 'Structural and Semiotic Approaches', in David S. Whitley (ed.), *Handbook of Rock Art Research*, Walnut Creek, CA: Altamira
  and Gero, J., 1997, 'From Program to Practice: Gender and Feminism in Archaeology', *Annual Review of Anthropology* 26, 411–37
  and Spector, J., 1984, 'Archaeology and the Study of Gender', in M. Schiffer (ed.), *Advances in Archaeological Method and Theory*, vol. 7, New York: Academic Press
  with Williams, S., 1991, 'Original Narratives: The Political Economy of Gender in Archaeology', in M. di Leonardo (ed.), *Gender at the Crossroads of Knowledge: Feminist Anthropology in the Postmodern Era*, Berkeley: University of California Press
Conrad, G. W., and Demarest, A. A., 1984, *Religion and Empire*, Cambridge University Press
Cowgill, G., 1993, 'Distinguished Lecture in Archaeology: Beyond Criticizing New Archaeology', *American Anthropologist* 95, 551–73
Cresswell, R., 1972, 'Les Trois Sources d'une technologie nouvelle', in J. M. C. Thomas and L. Bernot (eds.), *Langues et techniques, nature et société*, Paris: Klinksieck
Csordas, T. J., 1990, 'Embodiment as a Paradigm for Anthropology', *Ethos* 18, 5–47
  1995, 'Introduction: The Body as Representation and Being-in-the-World', in T. J. Csordas (ed.), *Embodiment and Experience: The Existential Ground of Culture and the Self*, Cambridge University Press
Daniel, G. E., 1962, *The Idea of Prehistory*, Harmondsworth: Penguin
Darnton, Robert, 1984, *The Great Cat Massacre and Other Episodes in French Cultural History*, New York: Vintage
Davis, D. D., 1984, 'Investigating the Diffusion of Stylistic Innovations', in M. Schiffer (ed.), *Advances in Archaeological Method and Theory*, vol. 6, New York: Academic Press
Davis, W., 1982, 'Canonical Representation in Egyptian Art', *Res* 4, 21–46
  1984, 'Representation and Knowledge in the Prehistoric Rock Art of Africa', *African Archaeological Review* 2, 7–35
de Certeau, M., 1984, *The Practice of Everyday Life*, Berkeley: University of California Press

Deetz, James, 1967, *Invitation to Archaeology*, New York: Natural History Press

1977, *In Small Things Forgotten*, New York: Anchor Books

1983, 'Scientific Humanism and Humanistic Science: A Plea for Paradigmatic Pluralism in Historical Archaeology', *Geoscience and Man* 23, 27-34

1988a, 'History and Archaeological Theory: Walter Taylor Revisited', *American Antiquity* 53, 13-22

1988b, 'Material Culture and Worldview in Colonial Anglo-America', in M. Leone and P. B. Potter (eds.), *The Recovery of Meaning*, Washington: Smithsonian

Demarrais, Elizabeth, Castillo, Jaime Luis, and Earle, Timothy, 1996, 'Ideology, Materialization and Power Strategies', *Current Anthropology* 37, 15-31

Derrida, J., 1976, *Of Grammatology*, Baltimore: Johns Hopkins University Press

Digard, J.-P., 1979, 'La technologie en anthropologie: fin de parcours ou nouveau siffle?', *L'Homme* 19, 73-104

Dobres, Marcia-Anne, and Robb, John (eds.), 2000a, *Agency in Archaeology*, London: Routledge

2000b, 'Agency in Archaeology: Paradigm or Platitude?', in Marcia-Anne Dobres and John Robb (eds.), *Agency in Archaeology*, London: Routledge

Donley, L., 1982, 'House Power: Swahili Space and Symbolic Markers', in I. Hodder (ed.), *Symbolic and Structural Archaeology*, Cambridge University Press

1990, 'A Structuring Structure: The Swahili House', in S. Kent (ed.), *Domestic Architecture and the Use of Space*, Cambridge University Press

Doran, J., and Hodson, F. R., 1975, *Mathematics and Computers in Archaeology*, Edinburgh: Edinburgh University Press

Douglas, M., 1969, *Purity and Danger*, London: Routledge and Kegan Paul

1970, *Natural Symbols*, New York: Vintage

Dowdall, K., and Parrish, O., 2003, 'A Collaborative Approach to Archaeology on the Sonoma Coast, California', unpublished paper

Draper, P., 1975, '!Kung Women: Contrasts in Sexual Egalitarianism in Foraging and Sedentary Contexts', in R. R. Reiter (ed.), *Toward an Anthropology of Women*, New York: Monthly Review Press

Drennan, R., 1976, 'Religion and Social Evolution in Formative Mesoamerica', in K. Flannery (ed.), *The Early Mesoamerican Village*, New York: Academic Press

Dreyfus, Hubert L., 1991, *Being-in-the-World: A Commentary on Heidegger's Being and Time, Division I*, Cambridge, MA: MIT Press

Drummond, L., 1983, 'Jonestown: A Study in Ethnographic Discourse', *Semiotica* 46, 167–209

Duby, G., 1980, *The Three Orders*, Chicago: University of Chicago Press

Duke, Philip, 1992, 'Braudel and North American Archaeology: An Example from the Northern Plains', in A. B. Knapp (ed.), *Archeology, Annales and Ethnohistory*, Cambridge University Press

Dumezil, G., 1977, *Les Dieux-Souverains des Indo-Européens*, Paris: Gallimard

Dunnell, Robert, 1986, 'Methodological Issues in Americanist Artifact Classification', in M. B. Schiffer (ed.), *Advances in Archaeological Method and Theory 9*, New York: Academic Press

Eagleton, T., 1983, *Literary Theory*, Oxford: Blackwell

Earle, T. K., 1990, 'Style and Iconography as Legitimisation in Complex Chiefdoms', in M. W. Conkey and C. A. Hastorf (eds.), *The Uses of Style in Archaeology*, Cambridge University Press

and Ericson, J. (eds.), 1977, *Exchange Systems in Prehistory*, New York: Academic Press

and Preucel, R. M., 1987, 'Processual Archaeology and the Radical Critique', *Current Anthropology* 28, 501–38

Edmonds, M., 1999, *Ancestral Geographies of the Neolithic: Landscapes, Monuments and Memories*, London: Routledge

Elias, N., 1994 [1936], *The Civilizing Process: The History of Manners*, Oxford: Blackwell

Elliott, Anthony, 1994, *Psychoanalytic Theory*, Oxford: Blackwell

Engelstad, Ericka, 1991, 'Images of Power and Contradiction: Feminist Theory and Post-Processual Archaeology', *Antiquity* 65, 502–14

Ericson, J., and Earle, T. (eds.), 1982, *Contexts for Prehistoric Exchange*, New York: Academic Press

Faris, J., 1972, *Nuba Personal Art*, London: Duckworth

1983, 'From Form to Content in the Structural Study of Aesthetic Systems', in D. Washburn (ed.), *Structure and Cognition in Art*, Cambridge University Press

Fausto-Sterling, Anne, 1985, *Myths of Gender: Biological Theories about Women and Men*, New York: Basic Books

1989, 'Life in the XY Corral', *Women's Studies International Forum* 12(3), *Special Issue on Feminism and Science: In Memory of Ruth Bleier*, ed. Sue Rosser

Ferguson, L., 1991, 'Struggling with Pots in South Carolina', in R. H. McGuire and R. Paynter (eds.), *The Archaeology of Inequality*, Blackwell: Oxford

Fink, Bruce, 1995, *The Lacanian Subject: Between Language and Jouissance*, Princeton: Princeton University Press

Flannery, K. V., 1967, 'Culture History v. Culture Process: a Debate in American Archaeology', *Scientific American* 217, 119–22

1973, 'Archaeology with a Capital S', in C. Redman (ed.), *Research and Theory in Current Archaeology*, New York: Wiley

1982, 'The Golden Marshalltown: A Parable for the Archaeology of the 1980's', *American Anthropologist* 84, 265–78

and Marcus, J., 1976, 'Formative Oaxaca and the Zapotec Cosmos', *American Scientist* 64, 374–83

1983, *The Cloud People*, New York: Academic Press

Fletcher, R., 1977, 'Settlement Studies (Micro and Semi-Micro)', in D. L. Clarke (ed.), *Spatial Archaeology*, New York: Academic Press

1992, 'Time Perspectivism, Annales, and the Potential of Archaeology', in A. B. Knapp (ed.), *Archeology, Annales and Ethnohistory*, Cambridge University Press

Fotiadis, Michael, 1994, 'What is Archaeology's "Mitigated Objectivism" Mitigated By? Comments on Wylie', *American Antiquity* 59, 545–55

Foucault, Michel, 1970 [1966], *The Order of Things*, New York: Vintage Books

1972, *The Archaeology of Knowledge*, New York: Pantheon

1977, *Discipline and Punish*, New York: Vintage Books

1979, 'What is an Author?', in J. Harari (ed.), *Textual Strategies: Perspectives in Post-Structuralist Criticism*, Ithaca: Cornell University Press

1981a, *The History of Sexuality, Volume 1: An Introdution*, London: Penguin

1981b [1970], 'The Order of Discourse', in R. Young (ed.), *Untying the Text*, Boston: Routledge and Kegan Paul

1986, *The Use of Pleasure*, New York: Vintage

Frankenstein, S., and Rowlands, M., 1978, 'The Internal Structure and Regional Context of Early Iron Age Society in South-Western Germany', *Bulletin of the Institute of Archaeology* 15, 73–112

Franklin, Maria, 1997, 'Why Are There So Few Black American Archaeologists?', *Antiquity* 71, 799–801

Friedman, J., 1974, 'Marxism, Structuralism and Vulgar Materialism', *Man* 9, 444–69

　　1975, 'Tribes, States and Transformations', in M. Bloch (ed.), *Marxist Analyses in Social Anthropology*, London: Association of Social Anthropologists

　　and Rowlands, M. (eds.), 1978, *The Evolution of Social Systems*, London: Duckworth

Fritz, J., 1978, 'Paleopsychology Today: Ideational Systems and Human Adaptation in Prehistory', in C. Redman *et al.* (eds.), *Social Archaeology: Beyond Dating and Subsistence*, New York: Academic Press

Gadamer, H.-G., 1975, *Truth and Method*, New York: Seabury Press

　　1981, *Reason in the Age of Science*, Cambridge, MA: MIT Press

Gailey, C. W., 1987, *Kinship to Kingship*, Austin: University of Texas Press

Gazzaniga, Michael S., 1998, *The Mind's Past*, Berkeley: University of California Press

Geertz, Clifford, 1973, *The Interpretation of Cultures*, New York: Basic Books

Gell, Alfred, 1998, *Art and Agency*, Oxford: Clarendon

Gellner, Ernest, 1970, 'Concepts and Society', in B. R. Wilson (ed.), *Rationality*, Oxford: Basil Blackwell

　　1982, 'What is Structuralism?', in C. Renfrew, M. Rowlands and B. Seegraves (eds.), *Theory and Explanation in Archaeology*, London: Academic Press

Gero, J., 1985, 'Socio-Politics and the Woman-at-Home Ideology', *American Antiquity* 50, 342–50

　　2000, 'Troubled Travels in Agency and Feminism', in Marcia-Anne Dobres and John Robb (eds.), *Agency in Archaeology*, London: Routledge

　　and Conkey, M. (eds.), 1990, *Engendering Archaeology: Women and Prehistory*, Oxford: Blackwell

Lacy, David M., and Blakey, Michael L. (eds.), 1983, *The Socio-Politics of Archaeology*, Research Reports 23, Amherst: Department of Anthropology, University of Massachusetts

Gibbon, G., 1989, *Explanation in Archaeology*, Oxford: Blackwell

Gibbs, L., 1987, 'Identifying Gender Representation in the Archaeological Record: A Contextual Study', in I. Hodder (ed.),

The Archaeology of Contextual Meaning, Cambridge University Press
Gibson, James J., 1966, *The Senses Considered as Perceptual Systems*, Boston: Houghton Mifflin
Giddens, A., 1976, 'Introduction', in M. Weber, *The Protestant Ethic and the Spirit of Capitalism*, London: George Allen and Unwin
    1979, *Central Problems in Social Theory*, London: Macmillan
    1981, *A Contemporary Critique of Historical Materialism*, London: Macmillan
Gilchrist, R., 1993, *Gender and Material Culture: The Archaeology of Religious Women*, London: Routledge
Gilman, A., 1984, 'Explaining the Upper Palaeolithic Revolution', in M. Spriggs (ed.), *Marxist Perspectives in Archaeology*, Cambridge University Press
Glassie, J., 1975, *Folk Housing of Middle Virginia*, Knoxville: University of Tennessee Press
Gledhill, J., 1989, 'Formative Development in the North American South West', *British Archaeological Report* 47, 241-84
Gosden, C., 1994, *Social Being and Time*, Oxford: Blackwell
Gottdeiner, M., 1993, *Postmodern Semiotics*, Oxford: Blackwell
Gould, R., 1980, *Living Archaeology*, Cambridge University Press
Graves, M., and Ladefoged, T. N., 1995, 'The Evolutionary Significance of Ceremonial Architecture in Polynesia', in P. A. Teltser (ed.), *Evolutionary Archaeology: Methodological Issues*, Tucson: University of Arizona Press
Greene, G., 1987, 'Gothic Material Culture', in I. Hodder (ed.), *Archaeology as Long-Term History*, Cambridge University Press
Gregory, T., 1983, 'The Impact of Metal Detecting on Archaeology and the Public', *Archaeological Review from Cambridge* 2, 5-8
Hall, R. L., 1976, 'Ghosts, Water Barriers, Corn, and Sacred Enclosures in the Eastern Woodlands', *American Antiquity* 41, 360-4
    1977, 'An Anthropocentric Perspective for Eastern United States Prehistory', *American Antiquity* 42, 499-517
    1983, 'A Pan-continental Perspective on Red Ochre and Glacial Kame Ceremonialism', in R. C. Dunnell and D. K. Grayson (eds.), *Lulu Linear Punctuated: Essays in Honour of George Irving Quimby*, University of Michigan Anthropological Papers, 72
Hamann, Byron, 2002, 'The Social Life of Pre-Sunrise Things: Indigenous Mesoamerican Archaeology', *Current Anthropology* 43, 351-82

Hamilakis, Y., Pluciennik, M., and Tarlow, S. (eds.), 2002, *Thinking through the Body: Archaeologies of Corporeality*, New York: Plenum

Handsman, R., 1980, 'Studying Myth and History in Modern America: Perspectives for the Past from the Continent', *Reviews in Anthropology* 7, 255–68

——1981, 'Early Capitalism and the Centre Village of Canaan, Connecticut, a Study of Transformations and Separations', *Artifacts* 9, 1–21

——and Leone, Mark, 1989, 'Living History and Critical Archaeology in the Reconstruction of the Past', in Valerie Pinsky and Alison Wylie (eds.), *Critical Traditions in Contemporary Archaeology*, Cambridge University Press

Haraway, D., 1991, *Simians, Cyborgs and Women*, New York: Routledge

Hardin, M., 1970, 'Design Structure and Social Interaction: Archaeological Implications of an Ethnographic Analysis', *American Antiquity* 35, 332–43

Harding, S., 1986, *The Science Question in Feminism*, Ithaca, NY: Cornell University Press

Harris, M., 1979, *Cultural Materialism: The Struggle for a Science of Culture*, New York: Random House

Hastorf, G., 1990, 'Gender, Space and Food in Prehistory', in J. Gero and M. Conkey (eds.), *Engendering Archaeology: Women and Prehistory*, Oxford: Blackwell

Haudricourt, A. G., 1962, 'Domestication des animaux, culture des plantes et traitement d'autrui', *L'Homme* 2, 40–50

Hawkes, C., 1942, 'Race, Prehistory and European Civilisation', *Man* 73, 125–30

——1954, 'Archaeological Theory and Method: Some Suggestions from the Old World', *American Anthropologist* 56, 155–68

——1972, 'Europe and England: Fact and Fox', *Helinium* 12, 105–16

——1976, 'Celts and Cultures: Wealth, Power, Art', in C. Hawkes and P.-M. Duval, *Celtic Art in Ancient Europe*, London: Seminar Press

Hawkes, J., 1968, 'The Proper Study of Mankind', *Antiquity* 42, 255–62

Hebdige, Dick, 1979, *Subculture: The Meaning of Style*, London: Methuen

Heidegger, M., 1971, *Poetry, Language and Thought*, trans. A. Hofstadter, New York: Harper and Row

——1996, *Being and Time*, trans. J. Stambaugh, Albany: SUNY Press

Held, D., 1980, Introduction to *Critical Theory*, London: Hutchinson

Helskog, K., 1995, 'Maleness and Femaleness in the Sky and the Underworld – and in between', in K. Helskog and B. Olsen (eds.), *Perceiving Rock Art: Social and Political Perspectives*, Oslo: The Institute for Comparative Research in Human Culture

Herzfeld, Michael, 1992, 'Metapatterns: Archaeology and the Uses of Evidence Scarcity', in Jean-Claude Gardin and Christopher Peebles (eds.), *Representations in Archaeology*, Bloomington: Indiana University Press

Higgs, E. S., and Jarman, M., 1969, 'The Origins of Agriculture: A Reconsideration', *Antiquity* 43, 31–41

Hill, J. D., 1995, *Ritual and Rubbish in the Iron Age of Wessex*, Oxford: BAR British Series

Hillier, B., Leaman, A., Stansall, P., and Bedford, M., 1976, 'Space Syntax', *Environment and Planning* Series B3, 147–85

Hingley, Richard, 1990, 'Domestic Organization and Gender Relations in Iron Age and Romano-British Households', in Ross Samson (ed.), *The Social Archaeology of the House*, Edinburgh University Press

　1997, 'Iron, Ironworking, and Regeneration: A Study of the Symbolic Meaning of Metalworking in Iron Age Britain', in A. Gwilt and Colin Haselgrove (eds.), *Reconstructing Iron Age Societies: New Approaches to the British Iron Age*, Oxford: Oxbow

Hobsbawn, E., and Ranger, T. (eds.), 1984, *The Invention of Tradition*, Cambridge University Press

Hodder, I., 1979, 'Social and Economic Stress and Material Culture Patterning', *American Antiquity* 44, 446–54

　1981, 'Towards a Mature Archaeology', in I. Hodder, G. Isaac and N. Hammond (eds.), *Pattern of the Past*, Cambridge University Press

　1982a, *Symbols in Action*, Cambridge University Press

　1982b, 'Sequences of Structural Change in the Dutch Neolithic', in I. Hodder (ed.), *Symbolic and Structural Archaeology*, Cambridge University Press

　1982c, 'Theoretical Archaeology: A Reactionary View', in I. Hodder (ed.), *Symbolic and Structural Archaeology*, Cambridge University Press

　1982d, *The Present Past*, London: Batsford

　1984a, 'Burials, Houses, Women and Men in the European Neolithic', in D. Miller and C. Tilley (eds.), *Ideology, Power and Prehistory*, Cambridge University Press

　1984b, 'Archaeology in 1984', *Antiquity* 58, 25–32

1985, 'New Generations of Spatial Analysis in Archaeology', in F. Burillo (ed.), *Arqueologia Espacial*, Tervel: Colegio Universitario

1986, *Reading the Past*, 1st edn, Cambridge University Press

(ed.), 1987a, *The Archaeology of Contextual Meanings*, Cambridge University Press

(ed.), 1987b, *Archaeology as Long-Term History*, Cambridge University Press

1989a, 'This is not an Article about Material Culture as Text', *Journal of Anthropological Archaeology* 8, 250–69

1989b, 'Writing Archaeology: Site Reports in Context', *Antiquity* 63, 268–74

1990a, *The Domestication of Europe*, Oxford: Blackwell

1990b, 'Post-Processual Archaeology: The Current Debate', in R. Preucel (ed.), *Processual and Postprocessual Archaeologies: Multiple Ways & Knowing the Past*, Carbondale: Southern Illinois University Press

1990c, 'Gender Representation and Social Reality', Proceedings of the 1989 Chacmool Conference, University of Calgary

1991, 'The Decoration of Containers; an Ethnographic Study', *American Antiquity* 56, 7–18

1992, 'Towards Radical Doubt: A Dialogue', in Ian Hodder (ed.), *Theory and Practice in Archaeology*, London: Routledge

1999a, *The Archaeological Process*, Oxford: Blackwell

1999b, 'British Prehistory: Some Thoughts Looking in', *Cambridge Archaeological Journal* 9, 376–80

2000, 'Agency and Individuals in Long-Term Process', in Marcia-Anne Dobres and John Robb (eds.), *Agency in Archaeology*, London: Routledge

and Evans, C., 1984, 'Report on the Excavations at Haddenham, Cambs.', *Cambridgeshire Archaeological Committee Annual Report* 3, 11–14

and Lane, P., 1982, 'A Contextual Examination of Neolithic Axe Distribution in Britain', in J. Ericson and T. Earle (eds.), *Contexts for Prehistoric Exchange*, New York: Academic Press

and Okell, E., 1978, 'An Index for Assessing the Association between Distributions of Points in Archaeology', in I. Hodder (ed.), *Simulation Studies in Archaeology*, Cambridge University Press

and Orton, C., 1976, *Spatial Analysis in Archaeology*, Cambridge University Press

Parker Pearson, M., Peck, N., and Stone, P., 1985, *Archaeology, Knowledge and Society: Surveys in Britain* (typescript)

Horkhcimer, M., and Adorno, T., 1973, *Dialectics of the Enlightenment*, London: Allen Lane

Huffman, T. N., 1981, 'Snakes and Birds: Expressive Space at Great Zimbabwe', *African Studies* 40, 131–50

1984, 'Expressive Space in the Zimbabwe Culture', *Man* 19, 593–612

Hutson, Scott, 1998, 'Strategies for the Reproduction of Prestige in Archaeological Discourse', *Assemblage* 4: http://www.shef.ac.uk/~assem/4/

2001, 'Synergy through Disunity, Science as Social Practice: Comments on Vanpool and Vanpool, *American Antiquity* 66, 349–60

2002a, 'Built Space and Bad Subjects: Domination and Resistance at Monte Albán, Oaxaca, Mexico', *Journal of Social Archaeology* 2(1), 53–80

2002b, 'Gendered Citation Practices in *American Antiquity* and Other Archeology Journals', *American Antiquity* 67, 331–42

and Markens, Robert, in press 'Rethinking Emic Pottery Classification', *Kroeber Anthropological Society Papers* 89, Department of Anthropology, University of California, Berkeley

Iannone, Giles, 2002, 'Annales History and the Ancient Maya State: Some Observations on the "Dynamic Model"', *American Anthropologist* 104, 68–78

Ingold, T., 1986, *The Appropriation of Nature*, Manchester: Manchester University Press

1995, 'Building, Dwelling, Living: How Animals and People Make Themselves at Home in the World', in M. Strathern (ed.), *Shifting Contexts: Transformations in Anthropological Knowledge*, London: Routledge

2000, *The Perception of the Environment: Essays on Livelihood, Dwelling and Skill*, London: Routledge

Isbell, W. H., 1976, 'Cosmological Order Expressed in Prehistoric Ceremonial Centres', *Andean Symbolism Symposium*, Paris: International Congress of Americanists

Jameson, Fredric, 1984, 'Postmodernism, or the Cultural Logic of Late Capitalism', *New Left Review* 196, 53–92

Jochim, T., 1983, 'Palaeolithic Cave Art in Ecological Perspective', in G. Bailey (ed.), *Hunter-Gatherer Economy in Prehistory*, Cambridge University Press

Johnson, G., 1982, 'Organisational Structure and Scalar Stress', in A. Renfrew, M. Rowlands and B. Seagrave (eds.), *Theory and Explanation in Archaeology*, New York: Academic Press

Johnson, M. H., 1989, 'Conceptions of Agency in Archaeological Interpretation', *Journal of Anthropological Archaeology* 8, 189–211

Joyce, A. A., Bustamante, Laura A., and Levine, Marc N., 2001, 'Commoner Power: A Case Study from the Classic Period Collapse on the Oaxaca Coast', *Journal of Archaeological Method and Theory* 8(4), 343–85

Joyce, R. A., 1993, 'Women's Work: Images of Production and Reproduction in Prehispanic Southern Central America', *Current Anthropology* 34(3), 255–74

　1994, 'Dorothy Hughes Popenoe: Eve in an Archaeological Garden', in C. Claassen (ed.), *Women in Archaeology*, Philadelphia: University of Pennsylvania Press

　1998, 'Performing the Body in Prehispanic Central America', *Res* 33, 147–65

　1999, 'Girling the Girl and Boying the Boy', *World Archaeology* 31, 473–83

　2000, *Gender and Power in Ancient Mesoamerica*, Austin: University of Texas Press

　2001, 'Burying the Dead at Tlatilco: Social Memory and Social Identities', in Meredith S. Chesson (ed.), *Social Memory, Identity, and Death: Anthropological Perspectives on Mortuary Rituals*, Arlington, VA: American Anthropological Association

　2002, *The Languages of Archaeology*, Oxford: Blackwell

　and Gillespie, S. D. (eds.), 2000, *Beyond Kinship: Social and Material Reproduction in House Societies*, Philadelphia: University of Pennsylvania Press

Kearney, Michael, 1996, *Reconceptualizing the Peasantry*, Boulder: Westview

Kehoe, A. B., 1979, 'The Sacred Heart: A Case for Stimulus Diffusion', *American Ethnologist* 6, 763–71

　1998, *The Land of Prehistory*, New York: Routledge

　and Kehoe, T. F., 1973, 'Cognitive Models for Archaeological Interpretation', *American Antiquity* 38, 150–4

　1977, 'Stones, Solstices and Sun Dance Structures', *Plains Anthropologist* 22, 85–95

Keller, Evelyn Fox, 1985, *Reflections on Gender and Science*, New Haven: Yale University Press.

Kent, S., 1984, *Analysing Activity Areas*, Albuquerque: University of New Mexico Press

Kintigh, K., and Ammerman, A. J., 1982, 'Heuristic Approaches to Spatial Analysis in Archaeology', *American Antiquity* 47, 31–63

Kirch, P. V., 1992, *Anahulu, vol. 2: The Archaeology of History*, Chicago: University of Chicago Press

Knapp, A. Bernard (ed.), 1992a, *Archaeology, Annales and Ethnohistory*, Cambridge University Press

  1992b, 'Archaeology and Annales: Time, Space and Change', in A. B. Knapp (ed.), *Archaeology, Annales and Ethnohistory*, Cambridge University Press

Kohl, P. L., 1981, 'Materialist Approaches in Prehistory', *Annual Review of Anthropology* 10, 89–118

Kohn, Marek, and Mithen, Steven, 1999, 'Handaxes: Products of Sexual Selection', *Antiquity* 73, 518–26

Kramer, C. (ed.), 1979, *Ethnoarchaeology*, New York: Columbia University Press

Kristiansen, K., 1981, 'A Social History of Danish Archaeology (1805–1975)', in G. Daniel (ed.), *Towards a History of Archaeology*, London: Duckworth

  1984, 'Ideology and Material Culture: An Archaeological Perspective', in M. Spriggs (ed.), *Marxist Perspectives in Archaeology*, Cambridge University Press

  1989, 'Value, Ranking and Consumption in the European Bronze Age', in D. Miller, M. Rowlands and C. Tilley (eds.), *Domination and Resistance*, London: Unwin Hyman

  and Rowlands, M., 1998, *Social Transformations in Archaeology*, London and New York: Routledge

Kroeber, A. L., 1963, *Anthropology: Culture, Patterns and Processes*, New York: Harcourt Brace Jovanowich

Kus, Susan, 1992, 'Toward an Archaeology of Body and Soul', in Chris Peebles and Jean Claude Gardin (eds.), *Representations in Archaeology*, Bloomington: University of Indiana Press

Kushner, Gilbert, 1970, 'A Consideration of Some Processual Designs for Archaeology as Anthropology', *American Antiquity* 2, 125–32

La Roche, Cheryl J., and Blakey, Micheal L., 1997, 'Seizing Intellectual Power: The Dialogue at the New York African Burial Ground', *Historical Archaeology* 31, 84–106

Ladurie, E., 1980, *Montaillou*, London: Penguin

Lakoff, George, and Johnson, Mark, 1999, *Philosophy in the Flesh: The Embodied Mind and Its Challenge to Western Thought*, New York: Basic Books

Lampeter Archaeology Workshop, 1997, 'Relativism, Objectivity and the Politics of the Past', *Archaeological Dialogues* 4, 166–75

　1998, 'Relativism, Politics, and Debate', *Archaeological Dialogues* 5, 43–53.

Langford, R. F., 1983, Our Heritage – Your Playground, *Australian Archaeology* 16, 1–6

Laqueur, T., 1990, *Making Sex: Body and Gender from the Greeks to Freud*, Cambridge, MA: Harvard University Press

Last, Jonathan, 1995, 'The Nature of History', in I. Hodder, M. Shanks, A. Alexandri, V. Buchli, J. Carman, J. Last, and G. Lucas (eds.), *Interpreting Archaeology*, London: Routledge

Lathrap, D. W., 1977, 'Our Father the Layman, our Mother the Gourd: Spinden Revisited, or a Unitary Model for the Emergence of Agriculture in the New World', in C. Reed (ed.), *Origins of Agriculture*, The Hague: Mouton

Latour, Bruno, 1996, *Aramis, or, the Love of Technology*. Cambridge, MA: Harvard University Press

　1999, *Pandora's Hope: Essays on the Reality of Science Studies*, Cambridge, MA: Harvard University Press

Layton, R. (ed.), 1989a, *Conflict in the Archaeology of Living Traditions*, London: Unwin Hyman

　(ed.), 1989b, *Who Needs the Past? Indigenous Values and Archaeology*, London: Unwin Hyman

Leach, E., 1954, *Political Systems of Highland Burma: A Study of Kachin Social Structure*, London: Bell

　1973, 'Concluding Address', in A. C. Renfrew (ed.), *The Explanation of Culture Change*, London: Duckworth

Lechtmann, H., 1984, 'Andean Value Systems and the Development of Prehistoric Metallurgy', *Technology and Culture* 25, 1–36

Leenhardt, M., 1979 [1947], *Do Kamo*, Chicago: University of Chicago Press

Le Goff, J., 1985, *The Medieval Imagination*, Chicago: University of Chicago Press

Lemonnier, P., 1976, 'La Description des chaines opératoires: contribution à l'étude des systèmes techniques', *Techniques et Culture* 1, 100–5

1983, 'L'Etude des systèmes techniques, une urgence en technologie culturelle', *Techniques et Culture* 1, 11–26

1984, 'L'Ecorce battue chez Les Auga de Nouvelle-Guinée, *Techniques et Culture* 4, 127–75

Lenssen-Erz, T., 1994, 'The Rock Art Paintings of the Brandberg, Namibia, and a Concept of Textualization for Purposes of Data Processing', *Semiotica* 100(2/4), 169–200

Leone, M., 1978, 'Time in American Archaeology', in C. Redman *et al.* (eds.), *Social Archaeology: Beyond Subsistence and Dating*, New York: Academic Press

1982, 'Some Opinions about Recovering Mind', *American Antiquity* 47, 742–60

1983, 'The Role of Archaeology in Verifying American Identity', *Archaeological Review from Cambridge* 2, 44–50

1984, 'Interpreting Ideology in Historical Archaeology: The William Paca Garden in Annapolis, Maryland', in D. Miller and C. Tilley (eds.), *Ideology, Power and Prehistory*, Cambridge University Press

1988, 'The Georgian Order as the Order of Merchant Capitalism in Annapolis', in M. Leone and P. B. Potter (eds.), *The Recovery of Meaning*, Washington: Smithsonian Institution Press

Mullins, Paul R., Creveling, Marian C., Hurst, Laurence, Jackson-Nash, Barbara, Jones, Lynn, Jopling Kaiser, Hannah, Logan, George C., and Warner, Mark S., 1995, 'Can an African-American Historical Archaeology be an Alternative Voice?', in I. Hodder, M. Shanks, A. Alexandri, V. Buchli, J. Carman, J. Last, and G. Lucas (eds.), *Interpreting Archaeology*, London: Routledge

and Potter, Parker B., 1988, *The Recovery of Meaning: Historical Archaeology in the Eastern United States*, Washington, Smithsonian Institution Press

Potter, P. B., and Shackel, P., 1987, 'Toward a Critical Archaeology', *Current Anthropology* 28, 251–82

Leroi-Gourhan, A., 1943, *L'Homme la mattère*, Paris: Albin Michel

1945, *Milieu et techniques*, Paris: Albin Michel

1965, *Préhistorie de l'art occidental*, Paris: Mazenod

1982, *The Dawn of European Art*, Cambridge University Press

Lévi-Strauss, C., 1963, *Structural Anthropology*, New York: Basic Books

1987, *The Way of the Masks*, trans. S. Modelski, Seattle: University of Washington Press

Levin, Michael E., 1973, 'On Explanation in Archaeology: A Rebuttal to Fritz and Plog', *American Antiquity* 38, 387–95

Little, Barbara, 1997, 'Expressing Ideology without a Voice, or Obfuscation and the Enlightenment', *International Journal of Historical Archaeology* 1, 225–41

Longacre, W., 1970, *Archaeology as Anthropology*, Tucson: Anthropological Papers of the University of Arizona, 17

McCafferty, S. D., and McCafferty, G. A., 1988, 'Powerful Women and the Myth of Male Dominance in Aztec Society', *Archaeological Review from Cambridge* 7(1), 45–59

1991, 'Spinning and Weaving as Female Gender Identity in Postclassic Mexico', in M. B. Schevill, J. C. Berlo and E. B. Dwyer (eds.), *Textile Traditions of Mesoamerica and the Andes: An Anthology*, New York: Garland

1994, 'Engendering Tomb 7 at Monte Albán: Respinning an Old Yarn', *Current Anthropology* 35, 143–66

McDavid, C., and Babson, D. (eds.), 1997, *In the Realm of Politics: Prospects for Public Participation in African-American and Plantation Archaeology*, *Historical Archaeology* 31(3)

McGhee, R., 1977, 'Ivory for the Sea Woman: The Symbolic Attributes of a Prehistoric Technology', *Canadian Journal of Archaeology* 1, 141–59

McGuire, R. H., 1988, 'Dialogues with the Dead: Ideology and the Cemetery', in M. Leone and P. B. Potter (eds.), *The Recovery of Meaning*, Washington: Smithsonian Institution Press

1992, *A Marxist Archaeology*, New York: Academic Press

and Howard, A. V., 1987, 'The Structure and Organization of Hohokam Shell Exchange', *The Kiva* 52, 113–46

and Paynter, R. (eds.), 1991, *The Archaeology of Inequality*, Oxford: Blackwell

McKellar, Judith, 1983, 'Correlates and the Explanation of Distributions', *Atlatl, Occasional Papers 4*, Tucson: Anthropology Club, University of Arizona

Maquet, Jacques, 1995, 'Objects as Instruments, Objects as Signs', in Stevan Lubar and W. David Kingery (eds.), *History from Things: Essays on Material Culture*, Washington: Smithsonian Institution Press

Marx, K., 1971, *A Contribution to the Critique of Political Economy*, London: Lawrence and Wishart

1977 [1852], 'The Eighteenth Brumaire of Louis Bonaparte', in D. McLellan (ed.), *Karl Marx, Selected Writings*, Oxford University Press and Engels, F., 1970, *German Ideology*, London: Lawrence and Wishart

Mauss, M., 1973 [1935], 'Techniques of the Body', *Economy and Society* 2, 70–88

Meltzer, D., 1979, 'Paradigms and the Nature of Change in Archaeology', *American Antiquity* 44, 644–57

1981, 'Ideology and Material Culture', in R. Gould and M. Schiffer (eds.), *Modern Material Culture, the Archaeology of Us*, New York: Acdemic Press

1983, 'The Antiquity of Man and the Development of American Archaeology', *Advances in Archaeological Method and Theory* 6, 1–51

Fowler, D. D., and Sabloff, J. A. (eds.), 1986, *American Archaeology Past and Future*, Washington: Smithsonian Institution Press

Merleau-Ponty, M., 1962, *Phenomenology of Perception*, trans. C. Smith, London: Routledge and Kegan Paul

Merriman, N., 1987, 'An Investigation into the Archaeological Evidence for "Celtic Spirit"', in I. Hodder (ed.), *Archaeology as Long Term History*, Cambridge University Press

1989a, 'Museum Visiting as a Cultural Phenomenon', in P. Vergo (ed.), *The New Museology*, London: Reaktion Books

1989b, 'The Social Role of Museum and Heritage Visiting', in S. Pearce (ed.), *Museum Studies in Material Culture*, Leicester University Press

1991, Beyond the Glass Case, Leicester University Press

Meskell, L., 1995, 'Goddesses, Gimbutas and "New Age" Archaeology', *Antiquity* 69, 74–86

1996, 'The Somatization of Archaeology: Institutions, Discourses, Corporeality', *Norwegian Archaeological Review* 29, 1–16

1998a, 'Intimate Archaeologies: The Case of Kha and Merit', *World Archaeology* 29, 363–79

1998b, 'Twin Peaks. The Archaeologies of Çatalhöyük', in L. Goodison and C. Morris (eds.), *Ancient Goddesses: The Myths and the Evidence*, London: British Museum Press

1999, *Archaeologies of Social Life*, Oxford: Blackwell

2002, *Private Life in New Kingdom Egypt*, Princeton: Princeton University Press

Miller, D., 1982a, 'Artifacts as Products of Human Categorisation Processes', in I. Hodder (ed.), *Symbolic and Structural Archaeology*, Cambridge University Press

1982b, 'Structures and Strategies: An Aspect of the Relationship between Social Hierarchy and Cultural Change', in I. Hodder (ed.), *Symbolic and Structural Archaeology*, Cambridge University Press

1983, 'Things Ain't What They Used To Be', *Royal Anthropological Institute Newsletter* 59, 5–7

1984, 'Modernism and Suburbia as Material Ideology', in D. Miller and C. Tilley (eds.), *Ideology, Power and Prehistory*, Cambridge University Press

1985a, 'Ideology and the Harappan Civilization', *Journal of Anthropological Archaeology* 4, 34–71

1985b, *Artifacts as Categories*, Cambridge University Press

1986, *The Limits of Dominance: Comparative Studies in the Development of Complex Societies*, edited by the World Archaeological Congress, London: Allen and Unwin

1987, *Material Culture and Mass Consumption*, Oxford: Blackwell

(ed.), 1995, *Acknowledging Consumption*, London: Routledge

(ed.), 1998, *Material Cultures: Why Some Things Matter*, Chicago: University of Chicago Press

Rowlands, M., and Tilley, C., 1989a, 'Introduction', in D. Miller, M. Rowlands, and C. Tilley (eds.), *Domination and Resistance*, London: Routledge

Rowlands, M., and Tilley, C. (eds.), 1989b, *Domination and Resistance*, London: Unwin Hyman

and Tilley, C. (eds.), 1984, *Ideology, Power and Prehistory*, Cambridge University Press

1984, 'Ideology, Power and Prehistory: An Introduction', in D. Miller and C. Tilley (eds.), *Ideology, Power and Prehistory*, Cambridge University Press

Mithen, Steven, 1996a, 'Ecological Interpretations of Paleolithic Art', in R. Preucel and I. Hodder (eds.), *Contemporary Archaeology in Theory*, Oxford: Blackwell

1996b, *The Prehistory of the Mind: A Search for the Origins of Art, Science and Religion*, London and New York: Thames and Hudson

1998a, 'Introduction', in S. Mithen (ed.), *Creativity in Human Evolution and Prehistory*, London: Routledge

1998b, 'A Creative Explosion? Theory of Mind, Language and the Disembodied Mind of the Upper Paleolithic', in S. Mithen (ed.), *Creativity in Human Evolution and Prehistory*, London: Routledge

2001, 'Archeological Theory and Theories of Cognitive Evolution', in Ian Hodder (ed.), *Archaeological Theory Today*, Cambridge: Polity

Monaghan, John, 1998, 'Dedication: Ritual, or Production?', in Shirley Mock (ed.), *The Sowing and the Dawning*, Albuquerque: University of New Mexico Press

Moore, H., 1982, 'The Interpretation of Spatial Patterning in Settlement Residues', in I. Hodder (ed.), *Symbolic and Structural Archaeology*, Cambridge University Press

   1988, *Feminism and Anthropology*, Oxford: Polity Press

   1990, 'Paul Ricoeur: Action, Meaning and Text', in C. Tilley (ed.), *Reading Material Culture*, Oxford: Blackwell

   1994, 'Gendered Persons: Dialogues between Anthropology and Psychosis', in S. Head and A. Deluz (eds.), *Anthropology and Psychoanalysis: An Encounter through Culture*, New York: Routledge

Moore, J. A., and Keene, A. S., 1983, 'Archaeology and the Law of the Hammer', in J. A. Moore and A. S. Keene (eds.), *Archaeological Hammers and Theories*, New York: Academic Press

Moran, Paul, and Hides, David Shaun, 1990, 'Writing, Authority and the Determination of a Subject', in I. Bapty and T. Yates (eds.), *Archaeology after Structuralism*, London: Routledge

Morgan, Charles G., 1973, 'Archaeology and Explanation', *World Archaeology* 4, 259–76

Morris, Ian, 1999, *Archaeology as Cultural History*, Oxford: Blackwell

Muller, J., 1971, 'Style and Culture Contact', in C. L. Riley (ed.), *Man Across the Sea*, Houston: University of Texas Press

Naroll, R., 1962, 'Floor Area and Settlement Population', *American Antiquity* 27, 587–8

Nash, Ronald J., 1997, 'Archetypal Landscapes and the Interpretation of Meaning', *Cambridge Archaeological Journal* 7, 57–69

Neiman, Fraser, 1995, 'Stylistic Variation in Evolutionary Perspective: Inferences from Decorative Diversity and Interassemblage Distance in Illinois Woodland Ceramics', *American Antiquity* 60, 7–37

   1997, 'Conspicuous Consumption as Wasteful Social Advertising: A Darwinian Perspective on Spatial Patterns in Classic Maya Terminal Monument Dates', in G. Clarke and M. Barton (eds.), *Rediscovering Darwin: Evolutionary Theory in Archaeological Explanation*, Arlington: American Anthropological Association

Nelson, Margaret C., Nelson, Sarah. M, and Wylie, Alison (eds.), 1994, *Equity Issues for Women in Archaeology*, Archaeological Papers of the American Anthropological Association 5, Washington: American Anthropological Association

Norwegian Archaeological Review, 1989, 'Discussions', *Norwegian Archaeological Review* 22, 1–54

Okely, J., 1979, 'An Anthropological Contribution to the History and Archaeology of an Ethnic Group', in B. C. Burnham and J. Kingsbury (eds.), *Space, Hierarchy and Society*, Oxford: British Archaeological Reports International Series, 59

Olsen, Bjornar, 1990, 'Roland Barthes: From Sign to Text', in Christopher Tilley (ed.), *Reading Material Culture: Structuralism, Hermeneutics and Post-Structuralism*, Oxford: Blackwell

O'Neale, L. M., 1932, *Yurok-Karok Basket Weavers*, University of California Publications in American Archaeology and Ethnology 32

Orser, C. Jr., 1991, 'The Continued Pattern of Dominance: Landlord and Tenant on the Postbellum Colonial Plantation', in R. H. McGuire and R. Paynter (eds.), *The Archaeology of Inequality*, Blackwell: Oxford

Ortner, S., 1995, 'Resistance and the Problem of Ethnographic Refusal', *Comparative Studies in Society and History* 37(1), 173–93

Paddaya, K., 1981, 'Piaget, Scientific Method, and Archaeology', *Bulletin of the Deccan College Research Institute* 40, 325–64

Pader, E., 1982, *Symbolism, Social Relations and the Interpretation of Mortuary Remains*, Oxford: British Archaeological Reports International Series, 130

Palkovich, Ann M., 1988, 'Asymmetry and Recursive Meanings in the 18th Century: The Morris Pound House', in Mark Leone and Parker Potter, Jr (eds.), *The Recovery of Meaning: Historical Archaeology in the Eastern United States*, Washington: Smithsonian Institution Press

Parker Pearson, M., 1982, 'Mortuary Practices, Society and Ideology: An Ethnoarchaeological Study', in I. Hodder (ed.), *Symbolic and Structural Archaeology*, Cambridge University Press

1984a, 'Economic and Ideological Change: Cyclical Growth in the Pre-state Societies of Jutland', in D. Miller and C. Tilley (eds.), *Ideology, Power and Prehistory*, Cambridge University Press

1984b, 'Social Change, Ideology and the Archaeological Record', in M. Spriggs (ed.), *Marxist Perspectives in Archaeology*, Cambridge University Press

1996, 'Food Fertility and Front Doors: Houses in the First Millennium', in Timothy Champion and J. R. Collis (eds.), *The Iron Age in Britain and Ireland: Recent Trends*, Sheffield: Sheffield Academic Press

1999, 'Food, Sex and Death: Cosmologies in the British Iron Age with Particular Reference to East Yorkshire', *Cambridge Archaeological Journal* 9, 43–69

Parkington, J., 1989, 'Interpreting Paintings without a Commentary: Meaning and Motive, Content and Composition in the Rock Art of the Western Cape, South Africa', *Antiquity* 63, 13–26

Patrik, L. E., 1985, 'Is there an Archaeological Record?', in M. B. Schiffer (ed.), *Advances in Archaeological Method and Theory*, vol. 8, New York: Academic Press

Patterson, T. C., 1986, 'The Last Sixty Years: Toward a Social History of Americanist Archaeology in the United States', *American Anthropologist* 88, 7–26

Pauketat, T., 2000, 'The Tragedy of the Commoners', in M.-A. Dobres and J. Robb (eds.), *Agency in Archaeology*, London: Routledge

Paynter, R., 1988, 'Steps to an Archaeology of Capitalism: Material Change and Class Analysis', in M. Leone and P. B. Potter (eds.), *The Recovery of Meaning*, Washington: Smithsonian Institution Press

1989, 'The Archaeology of Equality and Inequality', *Annual Review of Anthropology* 18, 369–99

and McGuire, R. H., 1991, 'The Archaeology of Inequality: Material Culture, Domination and Resistance', in R. H. McGuire and R. Paynter (eds.), *The Archaeology of Inequality*, Oxford: Blackwell

Piggott, S., 1959, *Approach to Archaeology*, Harvard: McGraw Hill

1965, *Ancient Europe*, Edinburgh: Edinburgh University Press

Pittman, C., 1998, 'If Bones Could Speak', *Transforming Anthropology* 7, 59–63

Plog, S., 1978, 'Social Interaction and Stylistic Similarity', in M. B. Schiffer (ed.), *Advances in Archaeological Method and Theory*, vol. 2, New York: Academic Press

Preucel, R. (ed.), 1991, *Between Past and Present: Issues in Contemporary Archaeological Discourse*, Carbondale: Southern Illinois University Press

1995, 'The Post-Processual Condition', *Journal of Archaeological Research* 3, 147–75

and Bauer, Alexander A., 2001, 'Archaeological Pragmatics', *Norwegian Archaeological Review* 34(2), 85–96

Pyburn, K. A., Dixon, B., Cook, P., and McNair, A., 1998, 'The Albion Island Settlement Pattern Project: Domination and Resistance in Early Classic Northern Belize', *Journal of Field Archaeology* 25, 37–62

Raab, L. M., and Goodyear, A. C., 1984, 'Middle-Range Theory in Archaeology: A Critical Review of Origins and Applications', *American Antiquity* 49, 255–68

Rahtz, P., 1981, *The New Medieval Archaeology*, York: University of York

Randsborg, K., 1982, 'Rank, Rights and Resources: An Archaeological Perspective from Denmark', in C. Renfrew and S. Shennan (eds.), *Ranking, Resource and Exchange*, Cambridge University Press

Rappaport, R. A., 1971, 'Ritual, Sanctity, and Cybernetics', *American Anthropologist* 73, 59–76

Rathje, W., 1978, 'Archaeological Ethnography... Because Sometimes It Is Better to Give than to Receive', in R. Gould (ed.), *Explorations in Ethnoarchaeology*, Albuquerque: University of New Mexico Press

　1979, 'Modern Material Culture Studies', *Advances in Archaeological Method and Theory* 2, 1–27

　and Schiffer, Michael B., 1982, *Archaeology*, New York: Harcourt Brace Jovanovich

Read, Dwight, 1989, 'Intuitive Typology and Automatic Classification: Divergence or Full Circle?', *Journal of Anthropological Archaeology* 8, 158–88

Renfrew, A. C., 1969, 'Trade and Culture Process in European Prehistory', *Current Anthropology* 10, 151–69

　1972, *The Emergence of Civilisation*, London: Methuen

　(ed.), 1973a, *The Explanation of Culture Change*, London: Duckworth

　1973b, *Social Archaeology*, Southampton: Southampton University

　1976, 'Megaliths, Territories and Populations', in S. J. de Lact (ed.), *Acculturation and Continuity in Atlantic Europe*, Bruges: de Tempel

　1977, 'Space, Time and Polity', in J. Friedman and M. J. Rowlands (eds.), *The Evolution of Social Systems*, London: Duckworth

　1982, 'Discussion: Contrasting Paradigms', in C. Renfrew and S. Shennan (eds.), *Ranking, Resource and Exchange*, Cambridge University Press

　1983a, *Towards an Archaeology of Mind*, Cambridge University Press

　1983b, 'Divided We Stand: Aspects of Archaeology and Information', *American Antiquity* 48, 3–16

　1985, *The Archaeology of Cult*, London: Thames and Hudson

　1989, 'Comments in Archaeology into the 1990s', *Norwegian Archaeological Review* 22, 33–41

1993, 'Cognitive Archaeology: Some Thoughts on the Archaeology of Thought', *Cambridge Archaeological Journal* 3, 248–50

1994a, 'Towards a Cognitive Archacology', in C. Renfrew (ed.), *The Ancient Mind: Elements of a Cognitive Archaeology*, Cambridge University Press

1994b, 'The Archaeology of Religion', in C. Renfrew (ed.), *The Ancient Mind: Elements of a Cognitive Archaeology*, Cambridge University Press

1998, 'All the King's Horses: Assessing Cognitive Maps in Later Prehistoric Europe', in S. Mithen (ed.), *Creativity in Human Evolution and Prehistory*, London: Routledge

2001, 'Symbol before Context: Material Engagement and the Early Development of Society', in Ian Hodder (ed.), *Archaeological Theory Today*, Cambridge: Polity

Richards, C., and Thomas, J., 1984, 'Ritual Activity and Structured Deposition in Later Neolithic Wessex', in R. Bradley and J. Gardiner (eds.), *Neolithic Studies: A Review of some Current Research*, Oxford: British Archaeological Reports British Series, 133

Ricoeur, P., 1971, 'The Model of the Text: Meaningful Action Considered as a Text', *Social Research* 38, 529–62

Rindos, D., 1986, 'The Evolution of the Capacity for Culture: Sociobiology, Structuralism, and Cultural Selection', *Current Anthropology* 27, 315–32

Rosaldo, M., 1980, 'The Uses and Abuses of Anthropology: Reflections on Feminism and Cross-Cultural Understanding', *Signs* 5, 400

Rountree, K., 1999, 'Goddesses and Monsters: Contesting Approaches to Malta's Neolithic Past', *Journal of Mediterranean Studies* 9, 204–31

2001, 'The Past is a Foreigners' Country: Goddess Feminists, Archaeologists, and the Appropriation of Prehistory, *Journal of Contemporary Religion* 16, 5–27

2002, 'Re-inventing Malta's Neolithic Temples: Contemporary Interpretations and Agendas', *History and Anthropology* 13, 31–51

Rowlands, M., 1984, 'Conceptualising the European Bronze Age and Early Iron Ages', in J. Bintliff (ed.), *European Social Evolution*, Bradford: Bradford University Press

1993, 'The Role of Memory in the Transmission of Culture', *World Archaeology* 25, 141–51

and Seagraves, B., 1982, *Theory and Explanation in Archaeology*, New York: Academic Press

Russell, James, 1995, 'At Two with Nature: Agency and the Development of Self-World Dualism', in J. L. Bermudez, A. Marcel, and N. Eilan (eds.), *The Body and the Self*, Cambridge, MA: MIT Press

Sahlins, M., 1972, *Stone Age Economics*, Chicago: Aldine

    1981, *Historical Metaphors and Mythical Realities*, Ann Arbor: University of Michigan Press

    1996, 'The Sadness of Sweetness: The Native Anthropology of Western Cosmology', *Current Anthropology* 37, 395–428

Saxe, A., 1970, *Social Dimensions of Mortuary Practices*, unpublished Ph.D thesis, University of Michigan

Scheper-Hughes, N., and Lock, M., 1987, 'The Mindful Body', *Medical Anthropological Quarterly* 1(1), 6–41

Schiffer, M. B., 1976, *Behavioural Archaeology*, New York: Academic Press

    1987, *Formation Processes of the Archaeological Record*, Albuquerque: University of New Mexico Press

    1991, *The Portable Radio in American Life*, Tucson: University of Arizona Press

    1995, *Behavioral Archaeology: First Principles*, Salt Lake City: University of Utah Press

    1996, 'Some Relationships between Behavioral and Evolutionary Archaeologies', *American Antiquity* 61, 643–62

    1999, 'Behavioral Archaeology: Some Clarifications', *American Antiquity* 64, 166–8

    2000, 'Social Theory in Archaeology: Building Bridges', in M. B. Schiffer (ed.), *Social Theory in Archaeology*, Salt Lake City: University of Utah Press

    and Skibo, James, 1997, 'The Explanation of Artifact Variability', *American Antiquity* 62, 27–50

Schmidt, P., 1997, *Iron Technology in East Africa: Symbolism, Science, and Archaeology*, Bloomington: University of Indiana Press

Schnapp, A., 1984, 'Eros en chasse', in *La Cité des images*, Paris: Fernand Nathan

Schrire, C., 1980, 'Hunter-Gatherers in Africa', *Science* 210, 890–1

Scott, J. C., 1985, *Weapons of the Weak*, New Haven: Yale University Press

    1990, *Domination and the Arts of Resistance*, New Haven: Yale University Press

Searle, J., 1970, *Speech Acts: An Essay in the Philosophy of Language*, Cambridge University Press

Shackel, Paul, 2000, 'Craft to Wage Labor: Agency and Resistance in American Historical Archaeology', in M.-A. Dobres and J. Robb (eds.), *Agency in Archaeology*, London: Routledge

Shanks, Michael, 2001, 'Culture/Archaeology: The Dispersion of a Discipline and Its Objects', in Ian Hodder (ed.), *Archaeological Theory Today*, Cambridge: Polity

and Hodder, I., 1995, 'Processual, Postprocessual and Interpretive Archaeologies', in I. Hodder, M. Shanks, A. Alexandri, V. Buchli, J. Carman, J. Last, and G. Lucas (eds.), *Interpreting Archaeology: Finding Meaning in the Past*, London: Routledge

Shanks, M., and Tilley, C., 1982, 'Ideology, Symbolic Power and Ritual Communication: A Reinterpretation of Neolithic Mortuary Practices', in I. Hodder (ed.), *Symbolic and Structural Archaeology*, Cambridge University Press

1987a, *Re-Constructing Archaeology*, Cambridge University Press

1987b, *Social Theory and Archaeology*, Cambridge: Polity Press

Shennan, S., 1983, 'Monuments: An Example of Archaeologists' Approach to the Massively Material', *Royal Anthropological Institute News* 59, 9–11

2001, 'Demography and Cultural Innovation: A Model and Its Implications of the Emergence of Modern Human Culture', *Cambridge Archaeological Journal* 11, 5–16

and Wilkinson, J. R., 2001, 'Ceramic Style Change and Neutral Evolution: A Case Study from Neolithic Europe', *American Antiquity* 66, 577–94

Sherratt, A., 1982, 'Mobile Resources: Settlement and Exchange in Early Agricultural Europe', in C. Renfrew and S. Shennan (eds.), *Ranking, Resource and Exchange*, Cambridge University Press

Silliman, Stephen, 2001, 'Agency, Practical Politics and the Archaeology of Culture Contact', *Journal of Social Archaeology* 1(2), 190–209

Small, D., 1987, 'Toward a Competent Structuralist Archaeology', *Journal of Anthropological Archaeology* 6, 105–21

Smith, Adam, 1999, 'The Making of an Urartian Landscape in Southern Transcaucasia: A Study of Political Architectonics, *American Journal of Archaeology* 103, 45–71

2001, 'The Limitations of Doxa: Agency and Subjectivity from an Archaeological Point of View', *Journal of Social Archaeology* 1(2), 155–71

Sørensen, M. L. S., 1987, 'Material Order and Cultural Classification: The Role of Bronze Objects in the Transition from Bronze Age to Iron Age in Scandinavia', in I. Hodder (ed.), *The Archaeology of Contextual Meanings*, Cambridge University Press

1988, 'Is there a Feminist Contribution to Archaeology?', *Archaeological Review from Cambridge* 7, 7–20

2000, *Gender Archaeology*, Cambridge: Polity Press

Spector, Janet, 1993, *What This Awl Means*, St. Paul: Minnesota Historical Society Press

Spriggs, M. (ed.), 1984, *Marxist Perspectives in Archaeology*, Cambridge University Press

Stacey, J. and Thorne, B., 1985, 'The Missing Feminist Revolution in Sociology', *Social Problems* 32, 301–16

Strathern, A., 1996, *Body Thoughts*, Ann Arbor: University of Michigan Press

Swidler, N., Dongoske, K., Anyon, R., and Downer, A. (eds.), 1997, *Native Americans and Archaeologists: Stepping Stones to Common Ground*. Walnut Creek, CA: Altamira

Tanner, N., 1981, *On Becoming Human*, Cambridge University Press

Tarlow, Sarah, 1999, *Bereavement and Commemoration*, Oxford: Blackwell

Taylor, C., 1985, *Philosophy and the Human Sciences*, Cambridge University Press

1999, 'To Follow a Rule...', in R. Shusterman (ed.), *Bourdieu: A Critical Reader*, Oxford: Blackwell

Taylor, W., 1948, *A Study of Archaeology*, New York: Memoirs of the American Anthropological Association 69

Thomas, J., 1988, 'The Social Significance of Cotswold-Severn Burial Practices', *Man* 23, 540–59

1995, 'Reconciling Symbolic Significance with Being-in-the-World', in I. Hodder, M. Shanks, A. Alexandri, V. Buchli, J. Carman, J. Last, and G. Lucas (eds.), *Interpreting Archaeology: Finding Meaning in the Past*, London: Routledge

1996, *Time, Culture and Identity*, London: Routledge

1998, 'The Socio-Semiotics of Material Culture', *Journal of Material Culture* 3, 97–108

and Tilley, C., 1993, 'The Axe and the Torso: Symbolic Structures in the Neolithic of Brittany', in C. Tilley (ed.), *Interpretative Archaeology*, Providence: Berg

Thompson, J. B., 1981, *Critical Hermeneutics*, Cambridge University Press

Thorpe, I., 1984, 'Ritual, Power and Ideology: A Reconstruction of Earlier Neolithic Rituals in Wessex', in R. Bradley and J. Gardiner (eds.), *Neolithic Studies*, British Archaeological Report 133

Tilley, C., 1984, 'Ideology and the Legitimation of Power in the Middle Neolithic of Southern Sweden', in D. Miller and C. Tilley (eds.), *Ideology, Power and Prehistory*, Cambridge University Press

　　1989a, 'Discourse and Power: The Genre of the Cambridge Inaugural Lecture', in D. Miller, M. Rowlands and C. Tilley (eds.), *Domination and Resistance*, London: Unwin Hyman

　　1989b, 'Archaeology as Sociopolitical Action in the Present', in Valerie Pinsky and Alison Wylie (eds.), *Critical Traditions in Contemporary Archaeology*, Cambridge University Press

　　(ed.), 1990a, *Reading Material Culture*, Oxford: Blackwell

　　1990b, *The Art of Ambiguity: Material Culture and Text*, London: Routledge

　　1990c, 'On Modernity and Archaeological Discourse', in I. Bapty and T. Yates (eds.), *Archaeology after Structuralism*, London: Routledge

　　1991, *Material Culture and Text: The Art of Ambiguity*, London: Routledge

　　1993, 'Introduction: Interpretation and a Poetics of the Past', in C. Tilley (ed.), *Interpretative Archaeology*, Oxford: Berg

　　1994, *A Phenomenology of Landscape*, Providence: Berg

Tolstoy, P., 1966, 'Method in Long Range Comparison', *Congreso Internacional de Americanistas* 36, 69–89

　　1972, 'Diffusion: As Explanation and as Event', in N. Barnard (ed.), *Early Chinese Art and its Possible Influence in the Pacific Basin*, New York: Intercultural Arts Press

Treherne, P., 1995, 'The Warrior's Beauty: The Masculine Body and Self-Identity in Bronze Age Europe', *Journal of European Archaeology* 3, 105–44

Trigger, B., 1978, *Time and Tradition*, Edinburgh University Press

　　1980, 'Archaeology and the Image of the American Indian', *American Antiquity* 45, 662–76

　　1984, 'Marxism and Archaeology', in J. Maquet and N. Daniels (ed.), *On Marxian Perspectives in Anthropology*, Malibu: Undena

　　1989, 'Hyperrelativism, Responsibility, and the Social Sciences', *Canadian Review of Sociology and Anthropology* 26, 776–97

Tringham, Ruth, 1991, 'Men and Women in Prehistoric Architecture', *TDSR* 3(1), 9-28
  1994, 'Engendered Places in Prehistory', *Gender, Place, and Culture* 1(2), 169-204
  and Conkey, M., 1998, 'Rethinking Figurines. A Critical View from Archaeology of Gimbutas, the "Goddess" and Popular Culture', in L. Goodison and C. Morris (eds.), *Ancient Goddesses: The Myths and the Evidence*, London: British Museum Press
Trubitt, M. B. D., 2000, 'Mound Building and Prestige Goods Exchange: Changing Strategies in the Cahokia Chiefdom', *American Antiquity* 65, 669-90
Tuggle, H. David, Townsend, Alex, and Riley, Thomas J., 1972, 'Laws, Systems, and Research Designs: A Discussion of Explanation in Archaeology', *American Antiquity* 37, 3-12
Turner, B. S., 1994, *Orientalism, Postmodernism and Globalism*, London: Routledge
Van de Velde, P., 1980, *Elsloo and Hienheim: Bandkeramik Social Structure*, Analecta Praehistorica Leidensia 12, Leiden: University of Leiden
VanPool, C. S. and VanPool, T. L., 1999, 'The Scientific Nature of Postprocessualism', *American Antiquity* 64, 33-54
Voss, Barbara, and Schmidt, Robert (eds.), 2000, *Archaeologies of Sexuality*, New York: Routledge
Walker, William, 1998, 'Where Are the Witches of Prehistory?', *Journal of Archaeological Method and Theory* 5, 245-308
Washburn, D. (ed.), 1983, *Structure and Cognition in Art*, Cambridge University Press
Watkins, J., 2000, *Indigenous Archaeology*, Walnut Creek, CA: Altamira
Watson, P.J., 1986, 'Archaeological Interpretation, 1985', in D. J. Meltzer, D. D. Fowler and J. A. Sabloff (eds.), *American Archaeology Past and Present*, Washington: Smithsonian Institution Press
  Leblanc, S. J., and Redman, C. L., 1971, *Explanation in Archaeology: An Explicitly Scientific Approach*, New York: Columbia University Press
Weber, M., 1976, *The Protestant Ethic and the Spirit of Capitalism*, London: George Allen and Unwin
Weiner, Annette, 1992, *Inalienable Possessions: The Paradox of Keeping-While-Giving*, Berkeley: University of California Press

Wells, P. S., 1984, 'Prehistoric Charms and Superstitions', *Archaeology* 37, 38–43
1985, 'Material Symbols and the Interpretation of Cultural Change', *Oxford Journal of Archaeology* 4, 9–17
Whallon, R., 1974, 'Spatial Analysis of Occupation Floors, II: The Application of Nearest Neighbour Analysis', *American Antiquity* 39, 16–34
Wiessner, Polly, 1983, 'Style and Information in Kalahari San Projectile Points', *American Antiquity* 48(2), 253–76
1985, 'Style or Isochrestic Variation? A Reply to Sackett', *American Antiquity* 50(1), 160–6
Wilk, R. R., 1985, 'The Ancient Maya and the Political Present', *Journal of Anthropological Research* 41, 307–26
Wilkie, L., and Bartoy, K., 2000, 'A Critical Archaeology Revisited', *Current Anthropology* 41, 747–77
Willey, G., 1980, *The Social Uses of Archaeology*, Murdoch Lecture (unpublished typescript), Harvard University
1984, 'Archaeological Retrospect 6', *Antiquity* 58, 5–14
Williamson, T., and Bellamy, L., 1983, *Ley Lines in Question*, London: Heinemann
Willis, P., 1977, *Learning to Labour*, Saxonhouse: Westmead
Wittig, M., 1985, 'The Mark of Gender', *Feminist Issues* 5(2), 1–10
Wobst, M., 1976, 'Locational Relationships in Palaeolithic Society', *Journal of Human Evolution* 5, 49–58
1977, 'Stylistic Behaviour and Information Exchange', University of Michigan Museum of Anthropology, Anthropological Paper 61, 317–42
and Keene, A., 1983, 'Archaeological Explanation as Political Economy', in J. M. Gero, D. M. Lacy, and M. L. Blakey (eds.), *The Socio-Politics of Archaeology*, Research Reports 23, Department of Anthropology, University of Massachusetts Amherst
Woodburn, J., 1980, 'Hunters and Gatherers Today and Reconstruction of the Past', in E. Gellner (ed.), *Soviet and Western Anthropology*, London: Duckworth
Wright, Rita, 1995, 'Technological Styles: Transforming a Natural Material into a Cultural Object', in Stevan Lubar and W. David Kingery (eds.), *History from Things: Essays on Material Culture*, Washington: Smithsonian Institution Press
(ed.), 1996, *Gender and Archaeology*, Philadelphia: University of Pennsylvania Press

Wylie, M. A., 1982, 'Epistemological Issues Raised by a Structuralist Archaeology', in I. Hodder (ed.,), *Symbolic and Structural Archaeology*, Cambridge University Press

1985, 'The Reaction against Analogy', in M. Schiffer (ed.), *Advances in Archaeological Method and Theory*, New York: Academic Press

1989a, 'Archaeological Cables and Tacking: The Implications of Practice for Bernstein's "Options beyond Objectivism and Relativism"', *Philosophy of the Social Sciences* 19, 1–18

1989b, 'Introduction: Sociopolitical Context', in Valerie Pinsky and Alison Wylie (eds.), *Critical Traditions in Contemporary Archaeology*, Cambridge University Press

1992a, 'The Interplay of Evidential Constraints and Political Interests: Recent Archaeological Research on Gender', *American Antiquity* 57, 15–35

1992b, 'On "Heavily Decomposing Red Herrings": Scientific Method in Archaeology and the Ladening of Evidence with Theory', in Lester Embree (ed.), *Metaarchaeology*, Dordrecht: Kluwer

1993, 'A Proliferation of New Archaeologies: "Beyond Objectivism and Relativism"', in Norman Yoffee and Andrew Sherratt (eds.), *Archaeological Theory: Who Sets the Agenda?*, Cambridge University Press

1994, 'On "Capturing Facts Alive in the Past" (or Present): Response to Fotiadis and to Little', *American Antiquity* 59, 556–60

2000, 'Questions of Evidence, Legitimacy, and the (Dis)Union of Science', *American Antiquity* 65, 227–38

Wynn, T., 1979, 'The Intelligence of later Achenlian Hominids', *Man* 14, 371–91

Yates, T., 1989, 'Habitus and Social Space: Some Suggestions about Meaning in the Saami (Lapp) Tent ca. 1700–1900', in I. Hodder (ed.), *The Meanings of Things*, London: Unwin Hyman

1990, 'Archaeology through the Looking Glass', in I. Bapty and T. Yates (eds.), *Archaeology after Structuralism: Post-Structuralism and the Practice of Archaeology*, London: Routledge

1993, 'Frameworks for an Archaeology of the Body', in C. Tilley (ed.), *Interpretative Archaeology*, Providence: Berg

Yellen, J. E., 1977, *Archaeological Approaches to the Present*, New York: Academic Press

Yentsch, Anne, 1991, 'The Symbolic Dimensions of Pottery: Sex-Related Attributes of English and Anglo-American Household

Pots', in Randall H. McGuire and Robert Paynter (eds.), *The Archaeology of Inequality*, Oxford: Blackwell

and Beaudry, Marilyn, 2001, 'American Material Culture in Mind, Thought, and Deed', in Ian Hodder (ed.), *Archaeological Theory Today*, Cambridge: Polity

Young, T. C., 1988, 'Since Herodotus, Has History Been a Valid Concept?', *American Antiquity* 53, 7–12